现代应用文写作教程

（第二版）

主　编　杨安翔　赵锁龙
副主编　何　琰　陈　蔚
编　委　缪军荣　董自厚　尚　林
主　审　卢　振

东南大学出版社
·南京·

内容提要

随着社会经济发展的需要,高校应用文写作这一课程具有了广阔的市场和专业需求,教与学都出现了一个求知求新的趋势。发展带来的新思考,促使我们去构建新的应用文写作课程的体系,使现代应用文教学更具针对性和应用性。《现代应用文写作教程》是为高等学校应用写作课程编写的教材,本教材在应用写作基本理论和基本概念的框架下,对具体的各种应用文文体进行有序整合,将专业文书分类,形成一个系统的、相对完整的应用文写作体系。全书共分四编十六章,按党政公文写作、管理文书写作、职场文书写作、礼仪文书写作四大类分类,对各类文种从概念、性质、特点、分类等方面进行详尽阐释,揭示其规律性。本书的突出特点是实例丰富,训练有针对性,作为教材,无论是教师或学生都能够从各自的角度获益。

鉴于《2012年最新党政机关公文格式和条例》的发布,本教材对相应篇章予以了修订。

本书可作为高等院校本科及高等职业教育的教材,也可用于公务员、各类行政管理和企业管理干部、秘书工作者的培训与自学教材。

图书在版编目(CIP)数据

现代应用文写作教程/杨安翔,赵锁龙主编.—2版.
南京:东南大学出版社,2011.6(2020.2重印)
ISBN 978-7-5641-2839-5

Ⅰ.①现… Ⅱ.①杨…②赵… Ⅲ.①汉语—应用文—写作—教材 Ⅳ.①H152.3

中国版本图书馆 CIP 数据核字(2011)第 107438 号

现代应用文写作教程(第二版)

出版发行:东南大学出版社
社　　址:南京四牌楼2号　邮编:210096
出 版 人:江建中
网　　址:http://www.seupress.com
经　　销:全国各地新华书店
印　　刷:虎彩印艺股份有限公司
开　　本:787mm×1092mm　1/16
印　　张:17.75
字　　数:450千字
版　　次:2011年6月第2版
印　　次:2020年2月第4次印刷
书　　号:ISBN 978-7-5641-2839-5
定　　价:36.00元

本社图书若有印装质量问题,请直接与营销部联系。电话:025-83791830。

目　录

绪论 ……………………………………………………………………………… (1)
 第一节　应用文写作的性质 ……………………………………………… (1)
 第二节　应用文写作的特征 ……………………………………………… (2)
 第三节　应用文写作的作者 ……………………………………………… (4)
 第四节　应用文的读者 …………………………………………………… (7)
 第五节　应用文的要素构成 ……………………………………………… (8)
 第六节　应用文写作的拟稿过程 ………………………………………… (9)

第一编　党政公文写作 …………………………………………………… (13)

第一章　党政公文概述 …………………………………………………… (15)
 第一节　党政公文性质 …………………………………………………… (15)
 第二节　公文的格式 ……………………………………………………… (17)
 第三节　公文的行文规则 ………………………………………………… (20)
 第四节　公文的语言 ……………………………………………………… (30)
 第五节　公文的拟制过程 ………………………………………………… (32)

第二章　指挥性公文的写作 ……………………………………………… (35)
 第一节　命令(令)的写作 ………………………………………………… (35)
 第二节　决定的写作 ……………………………………………………… (39)
 第三节　批复的写作 ……………………………………………………… (48)

第三章　报请性公文的写作 ……………………………………………… (54)
 第一节　报告的写作 ……………………………………………………… (54)
 第二节　请示的写作 ……………………………………………………… (62)
 第三节　意见的写作 ……………………………………………………… (67)

第四章　知照性公文的写作 ……………………………………………… (76)
 第一节　公报的写作 ……………………………………………………… (76)
 第二节　公告的写作 ……………………………………………………… (78)
 第三节　通告的写作 ……………………………………………………… (81)
 第四节　通知的写作 ……………………………………………………… (84)
 第五节　通报的写作 ……………………………………………………… (91)
 第六节　函的写作 ………………………………………………………… (97)

第五章　会议性公文的写作 ……………………………………………… (107)
 第一节　决议的写作 ……………………………………………………… (107)
 第二节　纪要的写作 ……………………………………………………… (111)
 第三节　议案的写作 ……………………………………………………… (119)

第二编 管理文书写作 …………………………………………………… (123)

第六章 业务管理文书概述 ………………………………………………… (125)
- 第一节 管理文书的性质及特点 ……………………………………… (125)
- 第二节 管理文书的种类 ……………………………………………… (125)

第七章 事务管理文书的写作 ……………………………………………… (127)
- 第一节 事务管理文书概述 …………………………………………… (127)
- 第二节 计划 …………………………………………………………… (128)
- 第三节 总结 …………………………………………………………… (141)
- 第四节 简报 …………………………………………………………… (148)
- 第五节 调查报告 ……………………………………………………… (152)

第八章 信息类文书的写作 ………………………………………………… (157)
- 第一节 信息类文书概述 ……………………………………………… (157)
- 第二节 市场调查报告 ………………………………………………… (158)
- 第三节 市场预测报告的写作 ………………………………………… (164)
- 第四节 可行性研究报告的写作 ……………………………………… (171)
- 第五节 招标书和投标书 ……………………………………………… (176)
- 第六节 策划书的写作 ………………………………………………… (181)

第九章 契约类文书的写作 ………………………………………………… (190)
- 第一节 契约类文书概述 ……………………………………………… (190)
- 第二节 经济合同 ……………………………………………………… (191)
- 第三节 协议书 ………………………………………………………… (197)
- 第四节 意向书 ………………………………………………………… (201)

第十章 规章类文书的写作 ………………………………………………… (205)
- 第一节 规章类文书概述 ……………………………………………… (205)
- 第二节 条例的写作 …………………………………………………… (206)
- 第三节 规定的写作 …………………………………………………… (209)
- 第四节 办法的写作 …………………………………………………… (212)

第三编 职场文书写作 …………………………………………………… (219)

第十一章 职场文书写作概述 ……………………………………………… (221)
- 第一节 职场文书写作的性质和作用 ………………………………… (221)
- 第二节 职场文书写作的特征与类别 ………………………………… (221)

第十二章 求职类文书 ……………………………………………………… (223)
- 第一节 求职信的写作 ………………………………………………… (223)
- 第二节 简历的写作 …………………………………………………… (225)
- 第三节 招聘启事的写作 ……………………………………………… (226)

第十三章　职场(任职)类文书 ………………………………………… (229)

第一节　述职报告的写作 ……………………………………………… (229)

第二节　公示的写作 …………………………………………………… (232)

第三节　倡议书的写作 ………………………………………………… (233)

第四节　演讲稿的写作 ………………………………………………… (235)

第五节　申论的写作 …………………………………………………… (238)

第六节　学术论文的写作 ……………………………………………… (244)

第四编　礼仪文书写作 ………………………………………………… (251)

第十四章　礼仪文书概述 …………………………………………… (253)

第一节　礼仪文书的性质、作用和应用范围 ………………………… (253)

第二节　礼仪文书的特征 ……………………………………………… (253)

第三节　礼仪文书的类别 ……………………………………………… (254)

第十五章　交际性礼仪文书写作 …………………………………… (255)

第一节　贺信、贺电的写作 …………………………………………… (255)

第二节　慰问信的写作 ………………………………………………… (258)

第三节　感谢信的写作 ………………………………………………… (260)

第四节　邀请信(书)、请柬、聘书的写作 …………………………… (261)

第十六章　致辞性礼仪文书 ………………………………………… (265)

第一节　致辞性礼仪文书的特点 ……………………………………… (265)

第二节　致辞性文书的格式 …………………………………………… (266)

第三节　开幕词、闭幕词的写作 ……………………………………… (266)

第四节　欢迎词、欢送词、答谢词的写作 …………………………… (268)

第五节　贺词、悼词的写作 …………………………………………… (272)

主要参考书目 ……………………………………………………………… (277)

后记 ………………………………………………………………………… (278)

绪　论

第一节　应用文写作的性质

一、应用文的含义与性质

应用文是指处理政务、业务与私人事务的简洁、有效的文书或文章,是用于交流、沟通、纪录、管理的一种重要工具。

清·刘熙载《艺概·文概》中提出"应用文"的概念,指出:"辞命体,推之文即可为一切应用之文。应用文有上行,有平行,有下行。重其辞乃所以重其实也。"这主要指公文。现代应用文以公文为主,包括公、私及交际性应用文。公,指党政机关、企事业团体等组织的政务、业务或事务;私,指个人的事务;交际包括了组织或个人的交往礼仪事务。应用文的性质主要是应用性。以应用的实际为内容,以应用的效果为目的。应用性决定应用写作的格式、语言、方法,决定应用文写作的思维与题材。应用性决定应用写作的独立地位与其他写作的区别。

二、应用文的范围

应用文的范围与类型尚未有界定。凡具有应知、能用的文书或文章,都可属应用文。应用文与具体的工作、业务、管理及人们的日常生活结合得更为紧密,针对性、目的性更强。直接针对现实工作、生活中迫切需要解决的问题有的放矢,及时地交流信息、处理事务和解决问题;形式上它使用社会上约定俗成或法定规范的格式,时效上,要迅速及时、有效。

应用文范围具有确定性与发展性。就已有应用文的状况看,应用文的范围有其确定性。即指依法行政,进行公务活动,科学管理和日常生活、学习、工作等所写作的文书或文章。短至留言、字据,长至数千、数万字的报告、说明书等。

应用文的范围又有不确定性。社会实践、日常生活、科学技术、经济活动等在不断发展、变化,为适应这些发展变化的需要,应用文也不断发展、变化,其范围、新文种也不断扩大、更新。

三、应用文写作的类型

应用文种类繁多,不同的分类标准常常导致划分的种类也不尽相同。我们从应用文写作实际出发,按作者的性质,将应用文写作首先分为个体性应用文写作、组织性应用文写作、礼仪性应用文写作,然后再分类。

1. 党政公文写作

包括:决议、命令(令)、决定、公报、公告、通告、通知、通报、议案、报告、请示、批复、意见、函、纪要。

2. 管理文书写作

包括：法规、规章、调查报告、计划、总结、述职报告、讲话稿、市场调查报告、经济预测报告、可行性研究报告、招标书、投标书、经济合同等。

3. 职场应用文写作

包括自叙性应用文写作、论说性应用文写作、需求性应用文写作。

4. 礼仪文书写作

包括：贺信、慰问信、倡议书、欢迎词、贺词、悼词等。

第二节 应用文写作的特征

关于应用文、应用文写作的特征或特点、特性，已有研究作了多种不同概括。

我们从写作角度，总结应用文写作的实践与应用文名篇的经验，并与其他写作相比较，概括出应用文写作的特征。

一、求实求真

应用文写作的应用性决定了其求实求真的特征。从生活、实践中积累丰富事实；从调查、采访中，从查阅文献资料中获取事实、材料，是为求实作准备、打基础。

求实是在大量的、丰富的事实与材料的基础上，在正确理论指导下分析筛选出有意义的、具有本质性、规律性的事实，形成思想、观点、意见、方法等，才能作为写作的内容。求实是应用写作最重要的一种真功夫、硬本领。列宁在讲到马克思的巨著《资本论》写作时说，"《资本论》不是别的，正是'把堆积如山的实际材料总结为几点概括的、彼此紧相联系的思想'"。面对一大堆事实、材料，不熟悉、不思考、不用思想理论指导，就不能发现其中具有思想性的事实、材料，并从中总结出思想观点。先求实然后求是。如果只知事实、材料，而不知要对事实、材料分析、提炼，是写不好应用文的，即使成文了，也是一般化，或者堆砌事实、材料，而无实用价值。所以，应用文写作要对事实分析、归类、概括，形成本质的认识，确定主旨，再选择、组织事实，形成思路，才能成文。

求真是指真实性和客观性。它有两方面的含义。一方面是"核实"，对事实的真实性、可靠性查核，不能有丝毫讹误、差错；另一方面是主观认识与客观反映要切实准确，不能失真、虚夸。

求实求真是写得是否"实"的首要标准，也是应用文写作同文学写作相区别的主要依据。

二、适用有效

这是应用写作功能方面的特征。从应用写作活动来说，构思一定要以适用有效为目的。从写成文的角度来说，传递、发表后要使受体能适用并产生实际效果或效益。

适用，就是适合实际执行或指导行为，或者应是适用的知识与经验。

有效，是对个体、组织、社会能产生效果、效益。古人论写作特别强调效用。《韩非子·亡征》中就提出："好辩发而不求其用，滥于文丽而不顾其功者，可亡也。"东汉王充《论衡·对称》中也强调："起事不空为，因因不妄作，作有益于化，化有补于世。"应用文应该有用、有效。

适用有效，是检验应用文写得怎样的功能标准。决定该写什么、不该写什么、应采用什么格式、语言、写法，局部至整体究竟怎样组织、安排，这也决定作者要有很高的责任心，对个人、组织及社会高度负责，用以指导自己的写作。中共中央办公厅、国务院办公厅2012年7月1日起执行的《党政机关公文处理工作条例》在行文规则第十三条规定："行文应当确有必要，讲求实效，注重针对性和可操作性。"公文写作这样，其他应用文写作也应当遵循这个原则。

一篇或一种应用文，是否实用、有效，不是光凭作者的设想、意图，还要经得起生活、实践的检验，由读者的反馈来证明。所以有些应用文尤其公文，首先要经过"试行"、"暂行"，或者广泛征求意见，然后按照实践、群众意见，再修改、定稿，才正式发布。有些应用文比较原则，执行时还得根据实际制定实施细则或具体规定，才适用有效。

三、简洁精当

简洁精当，是应用文写作语言上的特征，也是内容、材料选择与表达上的特征。简洁，是以最少的文字、语言及符号，简短的篇幅及图表，表达丰富而明畅的内容。言简意赅，惜墨如金，干脆利索，开门见山，直截了当。

简洁，实际上是形式与内容相统一的特征。不仅要求字斟句酌，而且要求精干，善于选材，提炼；因此分析、概括的思维能力要强。

应用写作的简洁，是从本质、特征上反映全过程、全貌与整体，是概括性、提纯性的简洁。应用写作既要简洁，又要保持反映事实、对象的全面性、有序性、系统性。唐代刘知几说："言近而旨远，辞浅而义深，虽发语已殚，而含义未尽"。应用写作的简洁，却是言近而旨明，辞浅而义露，让人一看便知，便懂，而不应含蓄，令人揣摩、费神。

精当，与简洁直接相连，关系密切，相互作用。精当，有语言精练、恰切的一方面，但偏重于对象内容方面。一是选材精，切合主旨、表意。二是主旨精，即主题、立意单一、集中。一篇应用文只能有一个主旨，其他思想、内容，都由这一主旨分化而成，并围绕、集中于这一主旨，始终同一。这才切合实践、生活所需并有效。这与文学写作多主旨显然有根本区别。三是单义。字、词、语只能有一种含义，即使在语境、上下文，也仍只有一义，不会引起或产生多义、歧义。这是语义选用上的特征与要求。简洁、精当，是写得准不准、好不好的标准。由应用写作的目的、主旨及内容决定。废话连篇，词不达意，语不切实，言不由衷，必然不符合这个标准。

四、明白通畅

明白通畅，是应用文写作语言、格式、结构等形式上的显著特征。由简洁精当直接决定，并由读者阅读、可知的效果反映出来。

明白，指字、词、语、句的意思，所指对象一看就懂，不要劳神费思。东汉王充指出："口则务在明言，笔则务在露文。高士之文雅，言无法不可晓，指无法不可睹。观读之者，晓然若盲之开目，聆然若聋之通耳。"（《论衡·自纪》）这是明白的最高境界，应是应用写作所追求的。文学写作的语言也要求明白，但内含的感情、思想都是含蓄的、丰富复杂的；应用文写作的明白是直白、显露，意思与所指对象单一。明白，决定了用词要通俗，切合生活与实践，除专业应用文外，通用的应用文要尽可能化专为通，不用专业术语，用了要进行通俗的解释。此外，不能用冷僻、晦涩的词语，不规范、不通行的词语，不能堆砌概念，"概念轰炸"。还要忌学生腔，不用文白相杂的词语。所有语言要合语法、合逻辑、合规范。

通畅，指语言的连贯、系统，文从字顺，顺理成章。按规范、基本规范的格式，标注项目、组织、安排结构层次、顺序，是通畅的一个方面。正文多采用"三段式"或章条式、条列式的结构模式。"三段式"，即：一、前言（导语）；二、主体；三、结尾。有的还在前言之前加"提要"；文后加附件或附录。章条式，是分章、分条的模式，先分章，章内分条，条下分款、项；章、条序号相连。条列式，又叫分条不分章式，条由序号加要点组成，也是连续编序次。这些模式可以仿拟、反复运用，仍由内容、目的、逻辑关系、逻辑顺序和思路变化决定，并不是刻板的照搬，也不妨碍内容与写法上的独特性、创新性。

明白通畅是检验语言、结构与思路怎样的标准。虽然主要由读者感知，但是作者写作时就要按读者需要考虑。

应用文写作的四个特征，从内容、功能到形式相互联系、相互作用、相互统一，构成了应用文的总貌，形成了应用文写作的全过程。

第三节 应用文写作的作者

应用文写作的作者是应用文写作的主体，它直接影响到应用文的写作过程、文章的质量和社会功用。因此，充分认识作者在整个写作活动中的主导地位，了解应用文写作作者的特性和类别，明确作者应当具备的基本素养和能力，对于应用文写作作者来说是至关重要的。

一、应用文作者的特性

1. 具有强烈的读者意识

写作是一种社会实践活动，作者不仅要"为我"写作，而且要"为读者"写作。只有具备不同程度的读者意识，也就是说把读者的需要、接受心理、接受能力和审美趋向纳入自己写作思维活动中，作品的作用才能在读者的接受中产生。一句话，应用文的作者要为读者着想，根据读者的需求和特点决定自己的写作方式。

2. 熟悉方针政策、法律法规

组织写作的应用文具有领导与指导各项工作、处理相互之间的关系、确定各岗位职责等功能，其每一项决策、每一种写作都与党和国家方针、政策的制定和贯彻落实有着密切的关系。因此，应用文的作者必须熟悉党和国家的各项方针、政策、法律规定，不断提高自身的政策水平。如果文章的内容偏离国家的法律法规和党的方针政策，就会在受众中产生直接的、明显的不良影响，甚至会给国家、集体的利益造成很大的损害。应用文作者应与时俱进，站在时代的高度，努力使文章体现我国先进生产力的发展要求，体现我国先进文化的前进方向，体现我国最广大人民的根本利益，为推动党和国家的路线、方针、政策的贯彻执行，推动经济和社会的发展，发挥自己应有的作用。

3. 遵循规范化的格式

应用文的作者在写作时，虽然也需要有创造性，但这种创造性表现为根据实际需要，准确表达自己或组织的意图。在表达形式上不是刻意追求变异和创新，而是更多地表现为对约定俗成或法定体式的行文规范的趋同，把自己或他人的意图、主张纳入通常的规范化的形式之中，以适应读者的接收心理定势，适应对文书的现代化管理的要求。这种在写作行为中的趋同性，养成了应用文作者严格的规范意识，使应用文的写作更加规范化、科学化，从而发挥其应有的社会效用。

4. 具有默默奉献精神

应用文的作者,在很多情况下是受命作文,特别党政公文和法律文书等,大多以机关、单位或以法定代表人的名义行文,具体的文稿撰写者为谁,读者不得而知。因此,应用文的作者只是以领会和准确地表达他人和领导者的意图,以所作应用文发挥应有的社会作用来显现其自身的劳动价值。优秀的应用文作者,应是淡泊名利,认清自己的角色,乐于默默奉献、具有自觉服务意识的工作者。

5. 具有较强的信息处理技能

21世纪是信息化高度发展的时代,这就要求应用文作者具有较强的信息收集、处理的技能。应用文的作者一方面必须收集应用文写作的信息,如社会信息、自然信息、经济信息、生活信息、语言信息及各行各业的专业知识,储存多方面的信息,并具备选择、提炼、组织信息的技能;另一方面,应用文作者还必须具备相关的信息处理技能,如利用电脑处理文件,具有用传真机、打印机、互联网收集资料、发送信息等办公自动化的技能。

二、应用文作者的类别

应用文的撰写者和署名者的关系比较复杂,根据应用文的撰写者和署名者的关系,可以将应用文的作者分为三种类别:

1. 自然作者

自然作者,是署名者就是文章的实际撰写者的作者。即是由谁执笔就署谁的名。例如个人计划、个人总结、述职报告、申请书、求职信等,通常都是自然作者。自然作者,从文章的选题、立意到表达,在不违反政策法规和基本格式的前提下,具有相当大的灵活性。自然作者写作的根本出发点是对自己、他人和社会负责。

2. 法定作者

法定作者,是指为了处理和解决公共事务而以法人组织或法定代表人的名义撰写应用文的作者。例如,党政公文和一些专用文书中的署名就与实际撰写者不完全一致。有的署名为法人,如人大常委会、各级人民政府及具有法人资格的机关或单位;有的署名在法人机关名称后加上法定代表人的职务名称和法定代表人的姓名。法定作者,主要包括机关、企业、事业单位、社团、法人等组织名义的作者。

3. 代言作者

代言作者,是指代他人或单位撰稿的作者。例如,秘书人员为履行自己的职责或受领导的指派,代法人或法定代表人撰写党政公文、合同、讲话稿等;以服务者的身份帮助自然人写书信、申请书、起诉状等。代言作者是隐性作者,其写作的成功与否,关键在于是否摆正自己的角色位置,能否准确理解被代言者的意图,能否发挥主观能动性,运用文字语言符号准确地传达被代言者所要表达的内容、目的。

自然作者、法定作者和代言作者的主要区别在于:自然作者是"我为我"而写作;法定作者是"他为我"而写作;代言作者是"我为他"而写作。

三、应用文作者的思维

思维,是人类特有的一种精神活动,是在表象、概念的基础上进行分析、综合、判断、推理等认识活动的过程。思维是语言的内容,语言是思维的工具和表达方式。了解应用文写作思维的特点,对学好应用文写作是至关重要的。

（一）应用文作者的思维特点

1. 思维的精确性

思维的精确性是指人们的思维活动中关于对象的类属边界及其性质状态清晰、确定的一种思维特性。即思维对象的量的规定或质的规定非常明确、清晰。应用文作者必须实事求是,一切从实际出发,对生活现象的思维和对思维结果的表述必须符合生活的真实,必须客观准确,不可凭主观想象。这是与其他写作尤其文学写作的根本区别。长于文学写作的,会表现出驰骋的想象和发散性思维,这在应用文写作中要改变,做到精确的思维。

2. 思维的定位性

思维的定位性是指思维主体的角色位置相对稳定的思维特性。应用文写作作者在写作时,思维主体的角色只有两种:一种是"为我"思维,如自己撰写书信、申请书、个人总结、述职报告等,是在自我角色位置上的思维;另一种是"代他人"思维,如代别人写讲话稿、起诉状、合同、代组织写公文等,是在他人或组织位置上的思维。"我的思维"一定要转化为"他人的思维"或"组织的思维"。无论是"为我"写作还是"代他人"写作,思维主体的位置都相对稳定。

3. 思维的循规性

思维的循规性是指人们严格遵循规定的思路,要确定的概念,在通行的格式规范下展开思维活动,即思维要合规合体。做到这一点,必须经过不断训练、自觉改变,才能逐渐适应。

（二）应用文作者的思维能力

1. 分析思维能力

分析思维能力是指把思维对象分解成几个部分,把握各个部分的思维能力。在应用文写作过程中,作者要运用分析思维能力来进行写作。例如"述职报告"的写作如果分解为"基本情况"、"主要业绩"、"存在不足"、"今后打算"等四个方面,就要对自己的岗位职责履行实况进行相应的分析、提炼,才能将这四部分分清。

2. 辩证思维能力

辩证思维,是指把握认识对象辩证关系的思维。辩证思维能力,是指思维主体按照辩证法,自觉地依循思维对象的辩证联系而把握对象的思维活动能力。应用文内在的逻辑联系体现在各部分之间的有序并列、层层推进、正反对比,或成绩、问题、因果关系,或主次、轻重等。这就要求应用文作者具备较强的辩证思维能力。

3. 综合思维能力

综合思维能力,是指把思维对象的各个部分、各个方面联系起来,使之成为有机整体的思维能力。应用文写作需要作者通过综合思考,正确地把握各种现象的实质和内在联系,得出正确的结论,形成所要表达的主旨。从个别、特殊上升到整体、普遍,具有规律性、指导性。这就要求应用文作者具备较强的综合思维能力。

（三）应用文作者的修养

所谓修养,是指人的理论、政治、思想、道德、知识技能等方面所达到的一定的水平,也是人们所养成的在待人处事方面的正确态度。应用文作者的修养与应用文写作水平、质量的高低有密切的联系。应用文作者的修养包括以下几个方面:

1. 理论修养

所谓理论修养,是指应用文作者对客观世界的认知水平和政策理论水平的综合体现,主要包括辩证唯物主义和历史唯物主义的修养、政策理论修养、专业理论修养和非专业理论修养。只有具备正确的理论修养,才能沿着正确的方向前进,才能在写作中运用马克思主义的立场、观点和方法,才能透过现象看到事物的本质,把握好写作方向。

2. 知识修养

应用文的作者还必须具备一定的知识修养。一方面,应用文的作者要具备本部门、本行业相关的专业知识,如经济文书、司法文书的写作;另一方面,应用文的作者还应有一定的文体写作知识修养,如熟悉并掌握应用文法定的格式或体例。

3. 技能修养

技能是掌握和运用专门技术的能力。这里主要是指应用文写作技能的修养。应用文作者必须具有应用文写作的技能。一方面要研究应用文写作的技能,另一方面要多练、多写,并多总结。从写作应用文的实践中不断体会、领悟、增强、提高应用文写作的技能。应用文写作不像文学创作讲究技巧,但其写作仍要讲究技能。尤其是抓住本质特征,高度概括的技能,全面领悟、准确把握授意者和受文者心理、想法的技能;围绕与突出主旨选材、整合结构的技能,运用文字语言及符号、图表确切表意的技能等等。

第四节 应用文的读者

读者,是指接受应用文的个人或组织,又叫受文者、受体。凡有称呼的读者或听者,都有特指或一定范围对象的读者。

一、读者的类型

(一) 特定的读者

特定的读者,是指定向的、确指的读者。又分为个体读者、组织读者、群体读者;或者分为行政的读者、专业的读者。

1. 个体读者

一是私对私,如书信、私务文书的来往;二是组织作者对个体读者。如行政组织或单位对其个体成员的行文,通知、函等。

2. 组织读者

一是组织对组织,如公文的主送机关;另一类是个体对组织。如申请书、报告、建议等。

3. 群体读者

是专业性的或性别、年龄层次性的读者。专业性的读者是指具有专业或行业特征、内容的读者,如科技写作、经济写作、讲话稿写作等的读者。性别、年龄层次性的读者指有特定性别、年龄规定的读者或听者。

(二) 泛读者

泛读者是指不确定的读者,即为公开发表、出版的应用文的接受者,如公告、通告、产品说明书等的读者。

二、读者的作用

读者决定写作的目的、内容、写法、格式及用语。写作时，应先了解、熟悉不同读者的情况，确定写作目的，决定主旨、选材、提炼、组织以及写法。其中最重要的是组织读者，是上下级、领导与被领导的关系，又有个人与组织的相互关系，还有相关的机关、单位、部门的相互关系。要事先了解、熟悉与研究读者，然后才能确定写什么、怎么写。应用文写作一定要重视读者的作用，为读者着想，使读者满意，能知、能用。

三、作者与读者的关系

应用文的作者与读者的关系非常密切。不仅在写作时要有强烈的读者意识，为读者着想，而且常是作者、读者集于一身，即作者同是读者，所谓作者的双重身份。最典型的是契约文书的写作。如合同、协议，双方既是作者，又是读者、执行者。

第五节 应用文的要素构成

应用文的构成要素，分为内容要素、形式要素、正文组合模式三个方面。

一、应用文的内容要素

应用文的内容要素包括六个方面：事实、依据、解释、分析、判断、办法。

1. 事实

"事实"，简称"事"，即事情、情况、事由或问题。这是应用文写作在撰文时要回答的"什么事情"、"什么情况"、"什么问题"。要真实、准确地叙述事情的时间、地点、人物、结果等。

2. 依据

"依据"，简称"据"，即根据、依据、凭据。据，理论、政策、文件或上级指示依据，目的依据。回答"凭什么"、"根据什么"、"依据什么"等。

3. 解释

"解释"，简称"释"，即阐释、说明、解答、解说。在介绍、说明类应用文写作中比较常见。回答"怎么样"的问题。

4. 分析

"分析"，简称"析"，即解析、辨析、推理。主要回答"为什么"的问题。

5. 判断

"判断"，简称"断"，即论断、决断、综合。回答"什么决定"、"或什么决策"、"什么打算"或"什么规定"、"怎样安排"等问题。

6. 办法

"办法"，简称"法"，即做法、方法、措施、法规。应用文写作时主要回答"怎么办"、"怎么做"等问题。

二、应用文的形式要素

应用文的形式要素主要包括文头、眉首、标题、称呼、正文、落款、文尾等。

1. 文头

文头,公文称"眉首",主要指应用文标题以上的格式要素,如党政公文的发文机关、发文字号、秘密等级、紧急程度等,简报的报头部分。大部分应用文不必要"文头"。

2. 标题

标题是应用文的重要组成部分,它不同于一般文章的标题。有的标题由发文机关、事由和文种三个要素构成,有的标题省略了发文机关,有的标题省略了事由,但文种是必备要素。

3. 称呼

称呼是文章的发送对象或文章的接受者。公文,主送机关或单位;个体性文书是受文者的姓名与称谓,有些应用文不必有称呼。

4. 正文

正文是应用文的主体部分,用来表达应用文的主要内容。一般包括前言(导语)、事项和结语三个部分。前言主要说明发文的原因、目的和依据。事项主要围绕行文的基本意向展开内容、叙述情况、分析问题或说明情况、提出要求、规定、办法、措施。结语是正文的结束语,有的应用文事项完了就自然结束,有的应用文有结尾部分。常用的结语如"特此通知"、"以上报告如无不妥,请批转执行"、"以下请示如无不妥,请批复"等。

5. 落款

落款通常由发文单位名称、印章、日期三部分组成。

6. 文尾

文尾主要指落款以下的部分。在公文和简报中比较常见,在其他文书中一般不用。

三、应用文正文的组合模式

按照应用文内容的要求组织不同顺序,主要可分为四种结构模式。

1. "据—事—断"式

这是一种叙述模式,按照人们正常的思维习惯展开,即"凭什么—是什么—怎么样",公文类、致词类文书常采用这种模式。

2. "断—释—法"式

这是一种说明模式,以"断"为中心。公关广告、说明书、解说词等常采用这种模式。

3. "事—析—断"式

这是叙述和议论相结合的模式,以"事"为中心。讲话稿、调查报告等常采用这种模式。

4. "事—断—法"式

这是以叙述为主的模式,按照"什么事—怎么样—如何做"的顺序组合,各种报告常采用这种模式。

第六节 应用文写作的拟稿过程

一、因事立体

如果说文学写作是"因情立体",应用写作则是"因事立体"。写作前应结合写作的实际需要,认定对象、辨明用意、确定文种、分析读者。

1. 确认写作对象

确认写作对象,即是明"事",弄清楚为哪件事而写、写什么的问题。无论是授意写作或是因某种需要自我写作,写作者都要明确写作对象。

2. 辨明写作意图

写作对象的确认只解决了为哪件事而写、写什么的问题,而在实际的写作活动过程中,还应解决为什么写的问题。特别是有些应用文的写作是代他人立言,以撰稿人的身份参与写作活动。如秘书代领导写讲话稿,律师代当事人写诉状等。尤其要辨明写作意图。写作意图是写作动机的体现,是形成文章主旨的基础。但是,写作意图的形成是非常复杂的,如何辨明写作意图呢?

首先,必须全面地理解授意的关键点。如某个会议的决策,某个领导的意见等。其次,要从不同角度论证意图的准确性。第三,要结合实际情况体会意图。只有这样,写作才能有针对性、较好地表达写作意图。

3. 选择适用文种

一般来说,在应用文写作过程中,一个对象、一种意图往往只有一个文种适用。准确地选择文种必须掌握一定的方法。如可以根据写作意图选择文种,可根据行文方向选择文种,也可根据文种特性选择文种等。当然,在具体操作中,需要综合考虑。

4. 分析读者

应用文的读者一般来说是比较具体的,应用文的写作作者想把文章的信息传达给具体真实的读者,获得充分的传达效果,必须分析读者的心态,明确读者的需要,充分考虑读者的心态,这样才能获得预期的效果。

二、选材结构

选材结构是保证应用文质量优劣的关键。在材料的整理过程中,一方面要进行筛选鉴别,另一方面要对材料进行分析研究。分析研究主要有以下几种方法:对比分析法、因素分析法、定性和定量分析法、预测分析法等。

三、草拟文稿

草拟文稿是应用文写作的实质性操作阶段。草拟文稿的过程实际上是运用科学的思维方法,在明确了写作意图、写作对象和对写作材料充分分析研究的基础上确定文章整体框架的过程。草拟文稿时应注意以下几点:

1. 观点正确

应用文要有用,其观点必须准确无误地表达,应直接说明。不能因材料或结构复杂就离题万里或包含很多观点。

2. 格式规范

应用文的格式规范包含两种含义:一是组成应用文的各个部分要规范,如文头、标题、落款、结尾等要符合要求;二是指语法、修辞、逻辑等要规范。

3. 层次分明

应用文写作中应合理安排层次,以便读者易于接受。

4. 语体适当

应用文的语言要准确、简约、得体。准确是指表达不能有歧义，要明白易懂，有关时间、地点、人物等要准确无误；简约就是文章要言简意赅；得体就是指应用文的语言、语气要与文种、读者相符。

四、检查修改

应用文的写作是应时写作，因此，写完后要及时进行检查、修改，这是保证应用文写作质量的重要环节。

检查修改包括两个方面：一是指实质性的检查修改，一是规范性的检查修改。实质性检查修改是指对文中实质性部分，如主旨、整体结构、解决问题的方法等进行修改。规范性检查修改主要是对应用文中不规范的地方，如语气、语体、标点符号、格式等进行修改，目的是使已完成的应用文更加完善、易知、易用。

写作训练

一、解释概念

1. 应用文
2. 法定作者
3. 读者意识

二、简答题

1. 应用文的性质是什么？怎样理解？
2. 有些应用文为什么具有权威性？
3. 应用文作者的思维特点有哪些？
4. 应用文作者应具备哪些能力？
5. 拟稿者怎样领会交拟者的意图？
6. 怎样对待与怎样进行修改？
7. 应用文写作应怎样选择材料？
8. 应用写作正文结构应遵循哪些原则？常用结构方式有哪些？

三、改错题

仔细阅读下列语句，找出问题，分析原因，进行修改。

1. 风助火势，越烧越旺。
2. 市内其他一些活动场所也将为儿童开设一些有意义的活动。
3. 新一代多普勒雷达站的建设，将使我省气象预报的效果发生很大改进。
4. 新形势下，我们随时都会遇到新情况、新问题、新经验。
5. 要努力培养和不断提高师资水平。

6. 凡国有资产严重流失的企业，一概追究领导责任。
7. 简捷、明快、规范行文，是应用写作的起码要求。
8. 我们收获最大的三天，是在培训班最后三天的学习。
9. 市政府将清理露天乱放易燃物作为防止发生火灾的一大隐患。
10. 我局将省政府《……》文件转发给你们，必须认真贯彻执行，把我县创建卫生城工作向前大大推进一步。

第一编　党政公文写作

第一卷

東亰文芸雑件

第一章　党政公文概述

第一节　党政公文性质

一、党政公文的定义

中共中央办公厅、国务院办公厅发文从2012年7月1日起,执行《党政机关公文处理工作条例》(中办发〔2012〕14号)。《条例》指出:党政机关公文是党政机关实施领导、履行职能、处理公务的具有特定效力和规范体式的文书,是传达贯彻党和国家方针政策,公布法规和规章,指导、布置和商洽工作,请示和答复问题,报告、通报和交流情况等的重要工具。

这个定义包括五个要点。一是作者。必须是"党政机关",包括各级人民政府、政府各职能部门的法定组织,又称为法定作者。二是依据、内容。必须是"履行职能,处理公务"的,或称行政实践、行政管理实践。三是特征。法定的权威性、强制性、约束力的"特定效力"以及形式的"规范体式"。四是属性。公文属于"文书",不同于一般文章。五是性质。公文是"传达贯彻党和国家方针政策,公布法规和规章,指导、布置和商洽工作,请示和答复问题,报告、通报和交流情况等的重要工具。"是依法治理与管理国家、社会,体现国家意志、利益的重要工具。明白与掌握这五个要点,有利于全面正确认识公文,指导公文写作。

二、党政公文的特点

党政公文具有以下几方面的特点:

(一) 法定的权威性

行政机关公文的作者必须是具有制发公文权力的机关、部门或法定组织。即使以领导者名义发文,也是代表机关、组织,而不是个人行文。由于领导机关具有在职权范围内制发公文的权利,其制发的公文内容与党和国家的方针、政策、法律、法规密切相关,直接反映了国家机关的指挥意志、政策意向、行动要求和人民群众的根本利益,是实施行政管理的重要工具。因此具有法定的权威性,下属机关必须切实遵照执行,不得违抗。

(二) 鲜明的政治性

公文,政策性强、政治观点鲜明,体现领导机关政治意图、全局利益。下行文用于贯彻党和国家的方针政策、法律法规,具有鲜明的政治倾向;上行文也须以党和国家的政策、法规为依据,有鲜明的政治色彩;平行文,也具有同样的政治性。

(三) 体式的规范性

公文有明确的、严格的规范体式。由眉首、主体、版记三部分组成,有规定的标题、正文、发文机关等基本组成部分,每个文种各有适用范围、性质、作用的规范。在撰写和办理公文时都必须严格遵守,不能擅自改变。

（四）制发的程序性

《条例》规定了严格公文拟制、管理和办理的程序。如发文办理要经过复核、登记、印制、核发等程序。这些程序必须按序进行，不能改变。

三、行政公文的作用

（一）指导作用

领导机关通过公文传达方针政策，作出工作部署和提出工作意见，对下级机关落实、执行工作起指导作用。

（二）协调作用

上级机关、下级机关、平级机关以及不相隶属机关之间具有桥梁沟通作用，使彼此相互了解情况，交流信息，交流经验，相互协调与配合。

（三）宣传作用

公文是宣传党和国家的方针政策以及法规的主要渠道。通过公文的传达，可以让广大群众了解领导的意图，统一认识和看法，促进工作的开展。

（四）凭证作用

各类公文，都是一定历史时期内的政治、经济、文化等方面活动的真实记录。在归档后，对今后的工作具有查考、凭证作用，或成为研究历史的第一手资料，具有重要的史料价值。

四、党政公文类型

公文按照不同标准，可以有许多分类法。

（一）按适用范围分类

《条例》从适用范围角度，将行政公文划分为15种。即：决议、命令（令）、决定、公报、公告、通告、通知、通报、议案、报告、请示、批复、意见、函、纪要。

（二）按行文方向分类

1. 上行文。具有直接隶属关系的下级机关向上级机关呈送的公文。如报告、请示及呈转性意见等。

2. 下行文。具有直接隶属关系的上级机关向下属机关发送的公文。如决议、命令（令）、批复、决定及规定性通知、通报、部署性意见等。

3. 平行文。平级机关或者不相隶属机关之间，由于工作需要相互往来的公文。如函、交流性的纪要、平级的周知性通知、议案等。另外，平级政府机关向立法机构请求审议的公文，也属平行文。

（三）按性质作用分类

1. 指挥性公文。上级机关对下级机关进行指挥、管理的一类公文。如决议、命令（令）、决定、批复等。

2. 报请性公文。向上级机关汇报工作、反映情况、提出建议或请求指示、批准、批转的一类公文。如报告、请示等。

3. 知照性公文。向有关组织或公众告知有关事项和要求的一类公文。如公报、公告、通告、通知、通报、函等。

4. 会议性公文。用来记载会议内容、传达会议精神、议定事项、请求会议审议的一类公文。如纪要、议案。

（四）按紧急程度分类

分为紧急公文和普通公文。紧急公文通常还分"特急"和"急件"两类。

（五）按秘密等级分类

分为无保密要求的普通文件和有保密要求的保密文件两类。按照秘密等级的不同，还可分为绝密、机密、秘密文件。

第二节 公文的格式

《条例》第三章"公文格式"对公文格式的各要素及编排、用纸作了严格的规定。国家质量监督检验检疫总局、国家标准化管理委员会发布了《党政机关公文格式》国家标准(GB/T 9704—2012)。该标准于2012年7月1日起正式实施。规定了公文中各组成部分的标识规则。把公文的格式要素划分为"眉首、主体、版记"三部分。

本标准将版心内的公文格式各要素划分为版头、主体、版记三部分。公文首页红色分隔线以上的部分称为版头；公文首页红色分隔线（不含）以下、公文末页首条分隔线（不含）以上的部分称为主体；公文末页首条分隔线以下、末条分隔线以上的部分称为版记。

页码位于版心外。

一、公文格式构成

（一）公文眉首

公文眉首又称版头，俗称文头、红头。置于公文首页红色反线以上的各要素统称公文眉首。眉首包括：公文份数序号、秘密等级和保密期限、紧急程度、发文机关标识、发文字号、签发人。

1. 发文机关标识规则

发文机关标识，叫公文版头。由发文机关全称或者规范化简称加"文件"二字组成，也可以使用发文机关全称或者规范化简称。发文机关标识居中排布，上边缘至版心上边缘为35 mm，使用小标宋体字，颜色为红色，以醒目、美观、庄重为原则。

联合行文时，如需同时标注联署发文机关名称，一般应当将主办机关名称排列在前；如有"文件"二字，应当置于发文机关名称右侧，以联署发文机关名称为准，上下居中排布。

在国务院的发文机关标志中，就有《国务院文件》《中华人民共和国国务院》等多种形式。

2. 公文份数序号标识规则

公文份数序号，又叫份号，是指依据同一文稿印制若干份时每份在总印数中的顺序编号。如需标注份号，一般用6位3号阿拉伯数字，顶格编排在版心左上角第一行。

绝密、机密级公文应当标明份数序号。

3. 发文字号标识规则

发文字号，简称文号。包括机关代字、年份、序号。联合行文，一般只标明主办机关发文字号。

发文字号位于发文机关标识下空2行，用3号仿宋体字，居中排布；年份、序号用阿拉伯数码标识；年份应标全称，用六角括号〔〕括入；序号不编虚位（即1不编001），不加"第"字。

如《国务院关于授予巴金"人民作家"荣誉称号的决定》一文,发文字号是"国发〔2011〕27号"。"国"是国务院的代字,〔2011〕是发文年份,27号是国务院2011年发文顺序号,即表明这一文件是该年度国务院发出的第27号文件。

发文字号之下4 mm处印一条与版心等宽的红色反线。

4. 签发人标识规则

上行文应当注明签发人。"签发人"用3号仿宋体字,后标全角冒号,冒号后用3号楷体字标识签发人姓名。签发人的姓名编排在发文机关标识下空2行位置。平行排列于发文字号右侧。发文字号居左空1字,签发人姓名居右空1字;如有多个签发人,主办单位签发人姓名置于第1行,其他签发人姓名从第2行起在主办单位签发人姓名处在同一行并使红色反线与之的距离为4 mm。

5. 秘密等级和保密期限标识规则

密级分为绝密、机密和秘密;保密期限是对公文秘密等级时效规定的说明。如需标识秘密等级,用3号黑体字,顶格标识在版心右上角第1行,两字之间空1字;如需同时标识秘密等级和保密期限,用3号黑体字,顶格标识在版心右上角第1行,秘密等级和保密期限之间用★隔开。

6. 紧急程度标识规则

紧急程度是对公文送达和办理的时限要求。如需标识紧急程度,用3号黑体字,顶格标识在版心右上角第1行,两字之间空1字;如需同时标识秘密等级与紧急程度,秘密等级顶格标识在版心右上角第1行,紧急程度顶格标识在版心右上角第2行。

公文根据紧急程度,标注"特急"、"加急";紧急电报分为"特提"、"特急"、"加急"、"平急"。有的紧急公文不仅标明紧急程度,还可在标题的文种前加以限定,如《××局关于××的紧急通知》等。

7. 红色反线(版头中的分隔线)标识规则

红色反线(版头中的分隔线)的作用在于把眉首部分和主体部分隔开。一般放在发文机关标识或发文字号之下4 mm处。

(二)公文主体格式构成

公文主体格式包括:公文标题、主送机关、正文、附件说明、成文日期、印章、附注、附件等。

1. 公文标题标识规则

公文标题"应当准确简要地概括公文的主要内容并标明公文种类,一般应当标明发文机关。公文标题中除法规、规章名称加书名号外,一般不用标点符号。"公文标题位于红色反线下空2行,用2号小标宋体字,可分一行或多行居中排布;回行时,要做到词意完整,排列对称,间距恰当。

公文的标题有三项式、两项式两种。

三项式公文标题。由发文机关、事由和文种名称三项内容构成。发文机关尽量写全称或规范化的简称。事由指公文中所反映的主要事项,一般用"关于"引出。文种的名称放在最后。如《国务院关于做好免除城市义务教育阶段学生学杂费工作的通知》。其中"国务院"是发文机关,"关于做好免除城市义务教育阶段学生学杂费工作"是事由,"决定"是文种。

两项式公文标题。由发文机关和文种名称构成,如《中华人民共和国人民代表大会公告》;或者由事由和文种名称构成,如《关于计划外增加出口涤棉布的复函》。

2. 主送机关标识规则

公文主送机关指公文的主要受理机关,应当使用主送机关全称或者规范化的简称、统称。

上行文一般只写一个主送机关,下行文可标一个或多个主送机关,公开发布或公布的周知性公文,可不标主送机关。

主送机关应在标题下空1行,左侧顶格用3号仿宋体字标识,回行时仍顶格;最后一个主送机关名称后标全角冒号。

3. 正文一般结构

正文是公文的主体部分。

正文的内容除简短公文外,一般由开头(引言)、主体、结语三部分构成。如何写好正文,应根据每份公文的实际情况和惯用体式来确定,没有适合一切公文的统一模式。各种公文的基本写法,在各文种中将分别予以介绍。

4. 附件说明标识规则

公文如有附件,在正文下空一行左空2字用3号仿宋体字标识"附件",后标全角冒号和名称。附件如有序号使用阿拉伯数码(如"附件:1.××××× ");附件名称后不加标点符号。

5. 发文机关印章或签署标识规则

也称发文机关落款,位于正文之下偏右位置。签发机关落款要写与印章相符的机关全称,不得用简称。几个机关联合行文的,主办机关落款在先。如果标题上已有发文机关名称,落款可以不写签发机关名称,直接写签发日期,盖章即可。如由机关负责人落款的叫签署。公文除会议纪要以外一般都要加盖发文机关印章。联合上报的公文,由主办机关加盖印章;联合下发的公文,联合机关都应加盖印章。印章要端正盖在成文日期上方,并做到上不压正文,下压成文日期年、月、日4~7个字,使印章字迹不受成文日期影响而更加清晰。

6. 成文日期标识规则

位于签发机关或领导人签署之下。一般性公文,以机关负责人签发之日为准;联合行文以最后签发机关领导人的签发日期为准;法规性文件以批准日期为准;会议通过的公文以通过之日为准(可标识于标题正下方,加括号);电报以发出日期为准。成文日期用阿拉伯数字将年、月、日标全,年份应标全称,月、日不编虚位(即1不编为01)。

(三) 公文版记构成

置于抄送机关以下的各要素统称为版记。包括抄送机关、印发机关和印发日期。

1. 抄送机关标识规则

抄送机关是指主送机关外,需要执行或知晓公文内容的其他机关,应当使用全称或者规范化简称、统称。如果需要抄送的机关有上级或平级、不相隶属机关等,在安排顺序上应上级机关在前,不相隶属机关在后。向下级机关的重要行文应同时抄送直接上级机关。向上级请示、报告时,不得同时抄送下级机关。受双重领导的机关,在向一个机关主送时,应同时向另一个机关抄送。

2. 印发机关和日期标识规则

公文的印制工作一般由发文机关的办公厅(室)承担。印发时间,指公文开印的具体时间,不同于发文时间。印发机关和印发日期一般用4号仿宋体字,编排在末条分隔线之上,印发机关左空 1 字,印发日期右空 1 字,用阿拉伯数字将年、月、日标全,年份应标全称,月、日不编虚位(即 1 不编为 01),后加"印发"二字。

3. 印发份数

在印发机关和日期之下行末,用阿拉伯数字标明"共印××份"。

4. 反线标识规则

版记中各要素之下均应加一条反线,宽度同版心。

二、公文的印装规格

为了公文处理和管理现代化,公文用纸和排版格式应根据《党政机关公文处理工作条例》(2012 年 7 月 1 日)和《党政机关公文格式》(GB/T 9704—2012)的规定实行。

(一) 公文用纸

公文用纸幅面采用国际标准 A4 型。幅面尺寸为:210 mm×297 mm。特殊形式的公文用纸幅面,根据实际需要确定。

(二) 公文书写形式

文字从左到右横写、横排;其标识第一层为"一、",第二层为(一),第三层为"1.",第四层为(1)。

少数民族按其习惯书写、排版。在民族自治区域,可同时使用汉字和民族文字。

(三) 字号的选用

发文机关标识使用 2 号小标宋体字,红色标识;秘密等级、保密期限、紧急程度用 3 号黑体字;发文字号、签发人、主送机关、附注、抄送机关、印发机关、印发时间用 3 号仿宋体字;签发人姓名用 3 号楷体字;正文以 3 号仿宋体字,一般每面排 22 行,每行排 28 字,正文中如有小标题可用 3 号小标宋体字或黑体字。

附图:(见后图 1~图 8 各页)

第三节　公文的行文规则

一、公文行文规则概述

学习和把握行文规则,则必须首先了解行文关系、行文方向和行文方式。

(一) 行文关系

行文关系根据隶属关系和职权确定。

1. 上下级关系。即领导和被领导关系。这是直接隶属的关系,如国务院和省政府,省政府和厅、局。

2. 平级关系。是在一个系列中的同等级别的机关或者部门、单位之间的关系。

3. 非隶属关系。指不是同一垂直系列,不发生直接职能往来的机关及其部门、单位之间的关系。

(二) 行文方向

行文方向是以发文机关为立足点向不同机关运行的去向。

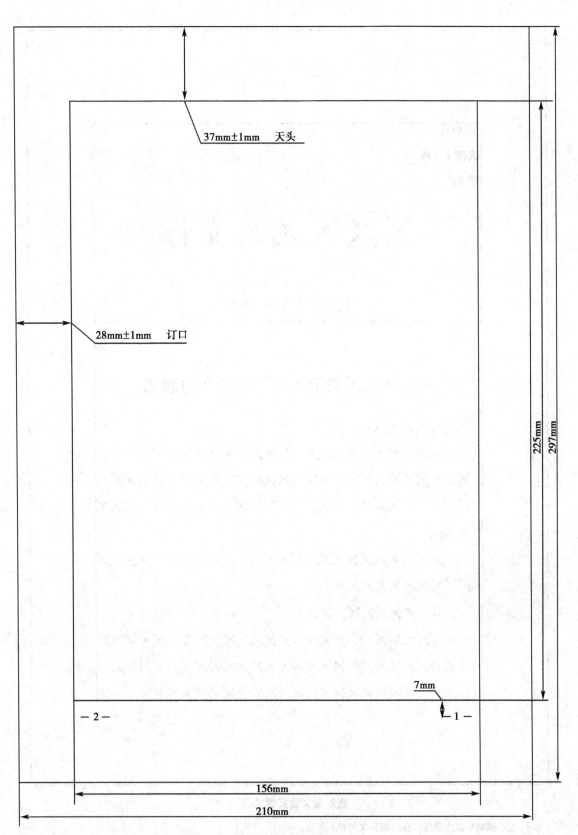

图1. A4型公文用纸页边及版心尺寸

```
000001
机密★1年
特急

               ×××××文件

             ×××〔2012〕10 号
─────────────────────────────────

        ×××××关于××××××的通知

×××××××：
    ××××××××××××××××××××××××××××
××××。
    ××××××××××××××××××××××××××××
×××××××。
    ××××××××××××××××。
    ×××××××××。××××××××××××××××
××××××
×××××××
```

— 1 —

图2. 公文首页版式

注：版心实线框仅为示意，在印制公文时并不印出。

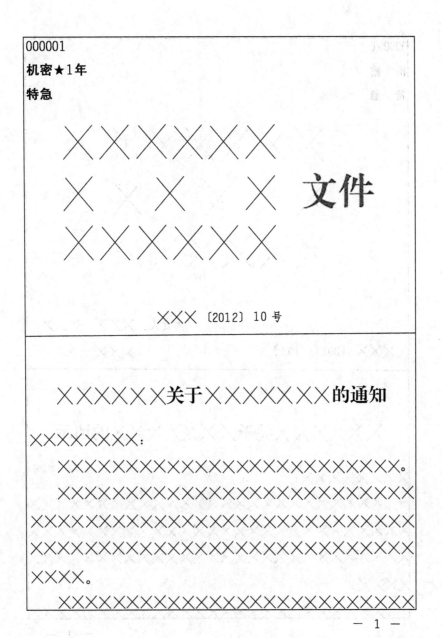

图3. 联合行文公文首页版式1

注：版心实线框仅为示意，在印制公文时并不印出。

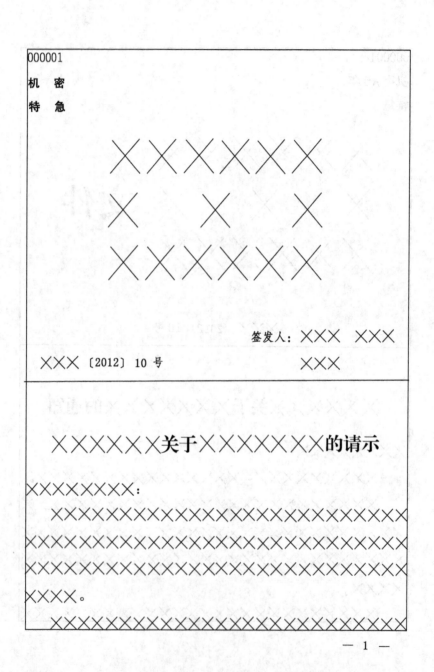

图4. 联合行文公文首页版式2

注：版心实线框仅为示意，在印制公文时并不印出。

图5. 公文末页版式1

注：版心实线框仅为示意，在印制公文时并不印出。

××××××××××××××××。

××××××××××××××××××××××××××××

××××××××××××××××××××××××××××××

××××××××××××。

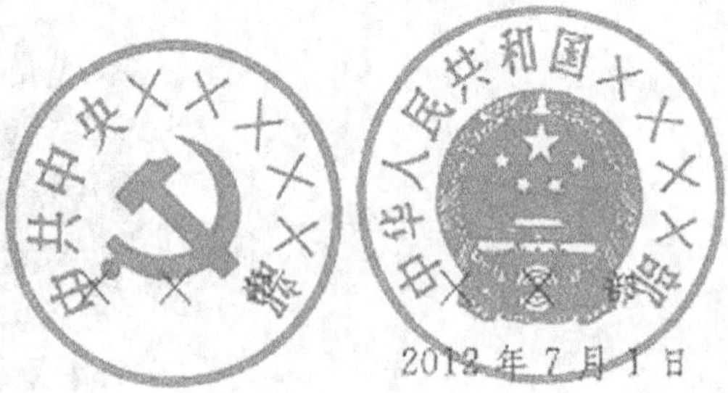

2012年7月1日

（×××××）

抄送：××××××××，××××××，×××××，×××××，×××××。

×××××××××× 2012年7月1日印发

— 2 —

图6. 联合行文公文末页版式1

注：版心实线框仅为示意，在印制公文时并不印出。

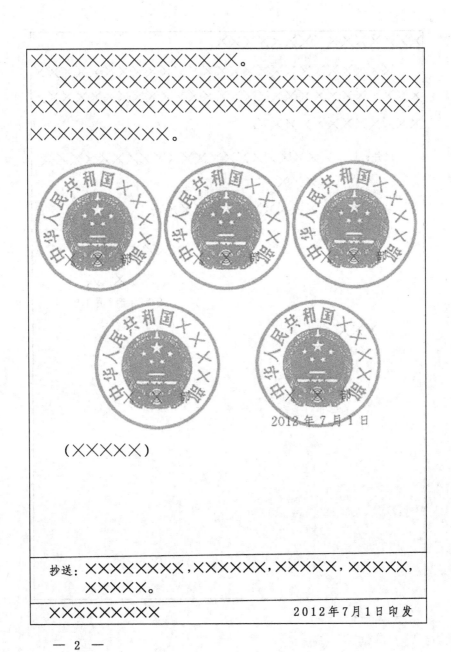

图7. 联合行文公文末页版式2

注：版心实线框仅为示意，在印制公文时并不印出。

```
        ××××××××××××。
      ××××××××××××××××××
   ××××××××××××××××××××
   ××××××××××。
      附件：1. ××××××××××××××××××
              ×××××
           2. ××××××××××

                          ×××××××
                          ×  ×  ×  ×
                       2012年7月1日

   (×××××)




                    — 2 —
```

图8. 附件说明页版式

注：版心实线框仅为示意，在印制公文时并不印出。

1. 上行。指公文向上级机关运行。党政公文的上行文有报告和请示。
2. 下行。指公文向下级机关运行。下行的党政公文较多,如命令(令)、决定、通报等。
3. 平行。指公文向同级或不相隶属的机关单位运行。主要是函。
4. 普行。指向社会公布的公文。主要是公告和通告。

(三) 行文方式

行文方式,指行文的形式和方法。

1. 从行文对象分

① 逐级行文:向直接的上级或者直接下级行文。

② 越级行文:越过自己的直接上级或下级行文。

③ 多级行文:向直接上级并呈非直接上级或者向直接下级并转非直接下级的一次性行文。

④ 通行行文:向隶属机关和非隶属机关以及社会群体一次性普向行文。

2. 从发文机关分

① 单独行文。

② 联合行文。

3. 从对象主次分

① 主送。

② 抄送。

二、公文的行文规则

《条例》第十三条指出:"行文应当确有必要,讲求实效,注重针对性和可操作性。"第十四条指出:"行文关系根据隶属关系和职权范围确定。一般不得越级行文,特殊情况需要越级行文的,应当同时抄送被越过的机关。"具体的行文规则包括:下行文规则、上行文规则、联合行文规则、部门事务或具体问题行文规则等。

(一) 下行文规则

1. 部门行文规则

《条例》第十六条:"党委、政府的办公厅(室)根据本级党委、政府授权,可以向下级党委、政府行文,其他部门和单位不得向下级党委、政府发布指令性公文或者在公文中向下级党委、政府提出指令性要求。需经政府审批的具体事项,经政府同意后可以由政府职能部门行文,文中须注明已经政府同意。"即"条条"不能对"块块"发指挥性公文。部门内设机构除办公厅(室)外,不得对外正式行文。

《条例》第十六条:"部门之间对有关问题未经协商一致,不得各自向下行文。如擅自行文,上级机关应当责令纠正或撤销。"

2. 抄送规则

《条例》第十六条:"主送受理机关,根据需要抄送相关机关。重要行文应当同时抄送发文机关的直接上级机关。"

《条例》第十六条:"上级机关向受双重领导的下级机关行文,必要时抄送该下级机关的另一个上级机关。"

（二）上行文规则

1. 请示行文规则

《条例》第二十一条："党委、政府的部门向上级主管部门请示、报告重大事项，应当经本级党委、政府同意或者授权；属于部门职权范围内的事项应当直接报送上级主管部门。"

《条例》第二十一条："请示应当一文一事。"

2. 报告行文规则

《条例》第二十一条："不得在报告等非请示性公文中夹带请示事项。"

3. 主送规则

《条例》第十五条："除上级机关负责人直接交办事项外，不得以本机关名义向上级机关负责人报送公文，不得以本机关负责人名义向上级机关报送公文。"

《条例》第十五条："受双重领导的机关向一个上级机关行文，必要时抄送另一个上级机关。"

三、联合行文规则

1. 同级原则

《条例》第十七条："同级党政机关、党政机关与其他同级机关必要时可以联合行文。属于党委、政府各自职权范围内的工作，不得联合行文。"同级，是原则。不同级则不得联合行文。

2. 相互行文

《条例》第十七条："党委、政府的部门依据职权可以相互行文。"

3. 盖印规定

《条例》规定："联合上报的公文，由主办机关加盖印章；联合下发的公文，发文机关都应当加盖印章。"

四、部门事务或具体问题行文规则

《条例》第十五条规定："属于部门职权范围内的事项应当直接报送上级主管部门。""需经政府审批的具体事项，经政府同意后可以由政府职能部门行文，文中须注明已经政府同意。"一般用审批函行文。

《条例》第十六条："涉及多个部门职权范围内的事务，部门之间未协商一致的，不得向下行文；擅自行文的，上级机关应当责令其纠正或者撤销。"

第四节　公文的语言

公文写作在语言及其表达方式上有其特殊的要求，独特的语言风格称公文语体。用词准确贴切，句式简练严谨，保留固定的惯用语。公文的表达方式以客观直陈式说明为主，包括概括叙述、断定性议论等。

一、表述准确贴切

这是对公文语言最基本的要求。用规范的书面语言，不用口语、方言、俗语俚词。概念清晰,词义准确,概括性强,简约明确,"一字入公文,九牛拔不出"。一般不用描述性、比喻性词语。

二、句式简练严谨

简练是指用简洁的语言把意思表达明白;严谨是指语句紧凑,表达意思确切严密。多一字则冗,少一字不明。多用短语、短句,操作性强的直陈句,省主语的动宾式,少用长句、复句。避免重复啰嗦,句子冗长。

三、固定的惯用语

公文中适当运用惯用语,可以使公文显得简洁明了,严谨平实,言简意赅,突出庄重性。常用惯用语有:

1. 开头用语

用于说明发文缘由、意义、根据或介绍背景材料及情况。

表示依据:根据、依据、依照、按照、遵照;

表示目的:为、为了;

表示原因:由于、因、因此;

表示伴随情况:目前、当前、兹、查、奉等。

2. 承启用语

用于承接上文、引起下文。有:特作如下通知(决定、规定),通告(通知)如下,现将有关事项通告(通知)如下,提出以下意见,拟采取以下措施或上述、综上所述等。

3. 结尾用语

用于结尾,表示收束。不同的文种,有不同的结尾用语,如函用的结尾:为盼、为荷。通知(通告)用"特此通知"(通告);报告用"特此报告"、"专此报告"等;请示用"当否,请批复""可否,请批复"等;批复用"此复""特此批复"等。

4. 称谓用语

对各机关称谓的简称。我(局、公司)、本(局、公司)、你(局、公司)、贵(局、公司)、该(局、公司)。

5. 经办用语

用于说明公务处理情况或要求。经、业经、现将、已经、兹经、责成、执行、试行、贯彻执行、研究执行、参照执行、遵照执行。

6. 引叙用语

即引叙来件的用语。悉、收悉、欣悉、惊悉、接、前接、近接、现接等。

7. 表态用语

用于表明公文办理机关对公务事项的态度。同意、不同意、照办、可办、不可、应、应该、批准执行、请遵照执行、原则同意、原则批准等。

8. 期请用语

表示发文者的期望、要求。请、希、望、盼、拟请、恳请、即请、报请等。

9. 批转用语

用于批转、转发、印发时的用语。批示、审批、阅批、批转、转发等。

10. 征询用语

表示征求、询问对有关事项的意见和态度。当否,妥否,可否,是否妥当,是否同意,如无不当(妥),如果可行等。

第五节 公文的拟制过程

公文写作从交拟开始至签发结束,是集体性、程序性的复杂过程。

一、交拟

领导或领导集体将公文的写作意图交给草拟者,草拟者必须全面、准确、深刻领会、把握写作意图。写作意图包括事项、目的、文种、收文对象及要求等。

二、构思

草拟者要严格按写作意图进行构思、拟稿。首先理清思路,整理材料,确定写作角度、依据、对象、目的和内容。其次分清主次、轻重、虚实、先后等,反复思考写什么、写哪些、为什么写、谁做、怎样做、达到什么效果及提哪些规定或要求等问题,最后制定大体思路与内容的框架。如有问题,应及时请示、汇报,不能自作主张。

三、确立提纲

根据构思所思考清楚的问题,写出简单而又明了的提纲。必要时,提纲要经集体讨论,并经领导批准。

四、草拟

《条例》第十八条规定:公文拟制包括公文的起草、审核、签发等程序。

《条例》第十九条规定,公文起草应当做到:

(一)符合国家法律法规和党的路线方针政策,完整准确体现发文机关意图,并同现行有关公文相衔接。

(二)一切从实际出发,分析问题实事求是,所提政策措施和办法切实可行。

(三)内容简洁,主题突出,观点鲜明,结构严谨,表述准确,文字精炼。

(四)文种正确,格式规范。

(五)深入调查研究,充分进行论证,广泛听取意见。

(六)公文涉及其他地区或者部门职权范围内的事项,起草单位必须征求相关地区或者部门意见,力求达成一致。

(七)机关负责人应当主持、指导重要公文起草工作。

五、修改

公文修改,可以由草拟人对初稿自行修改,也可以集体修改或会议修改。领导签发后,则不能私自改动。

公文修改,必须高度重视、十分严谨,反复、多次进行。首先,从总体上检查内容是否准确、全面、深刻地体现出写作意图,是否符合行政实践,是否可行有效。第二,从总体上检查结构是否合逻辑。即要点(或小标题)是否明确、简要;语言结构、字数是否大体统一;分类是否恰当;分层是否清楚;前后关系是否必然;总体是否全面、完整、严密。第三,检查层、段的内容要点概括是否准确、明了,内容是否与要点一致;层、段之间关系是否必然、协调,语言风格、字数是否相同或大体相似。第四,检查词语、标点是否准确、规范。

六、审核发布

《条例》第二十条规定,公文文稿签发前,应当由发文机关办公厅(室)进行审核。审核的重点是:

（一）行文理由是否充分,行文依据是否准确。

（二）内容是否符合国家法律法规和党的路线方针政策;是否完整准确体现发文机关意图;是否同现行有关公文相衔接;所提政策措施和办法是否切实可行。

（三）涉及有关地区或者部门职权范围内的事项是否经过充分协商并达成一致意见。

（四）文种是否正确,格式是否规范;人名、地名、时间、数字、段落顺序、引文等是否准确;文字、数字、计量单位和标点符号等用法是否规范。

（五）其他内容是否符合公文起草的有关要求。

需要发文机关审议的重要公文文稿,审议前由发文机关办公厅(室)进行初核。

第二十一条规定,经审核不宜发文的公文文稿,应当退回起草单位并说明理由;符合发文条件但内容需作进一步研究和修改的,由起草单位修改后重新报送。

第二十二条规定,公文应当经本机关负责人审批签发。重要公文和上行文由机关主要负责人签发。党委、政府的办公厅(室)根据党委、政府授权制发的公文,由受权机关主要负责人签发或者按照有关规定签发。签发人签发公文,应当签署意见、姓名和完整日期;圈阅或者签名的,视为同意。联合发文由所有联署机关的负责人会签。

写作训练

一、填空题

1. 公文的标题一般由_____、_____、_____三大部分组成。
2. 发文字号由_____、_____、_____三部分组成。
3. 公文拟制包括公文的_____、_____、_____等程序。
4. 标题中除_____、_____名称加书名号外,一般不加标点符号。
5. 联合行文时,使用_____的发文字号。
6. 报告中不得夹带_____事项。

二、修改公文标题

1. ××财政局关于更新××医院锅炉设备的请示报告
2. ××市工业公司关于拟在2012年下半年建立中心化验室,需要增添部分仪器设备,请批准在××费中开支的请示

3. 关于张明同志任职批复的通知
4. ×市玻璃厂订货会公告
5. 关于请求追认××同志为革命烈士的报告
6. ××大学关于呈报试行教学津贴情况的报告

三、判断说明题

1. 公文的标题必须三要素俱全。
2. 几个单位联合发文，只加盖主办单位的印章即可。
3. 公文附件的位置应标于发文日期的左下方。
4. 无论是普发性公文还是特指性公文都可以有两个或两个以上的主送机关。
5. 落款的发文机关可以使用全称或简称。
6. 发文字号指文件印刷的份数序号。
7. 成文日期指完成稿件的日期。
8. 抄送机关即指下级机关。
9. 公文作者指单位第一负责人。
10. 请示可以抄送给本机关的上下机关。
11. 收到请示可以根据事情的大小或必要性决定是否行文。
12. 省军区与县人民政府之间的行文应用下行文。

第二章　指挥性公文的写作

指挥性公文,是上级机关向下级机关及所属部门、单位的行文,即下行文。主要文种有命令(令)、决定、批复。其次,决议、规定性通知、部署性意见、决定性会议纪要等,也有指挥功能。这类公文,下级机关必须遵照、贯彻执行。

第一节　命令(令)的写作

一、命令(令)的适用范围

《条例》规定:命令(令)"适用于公布行政法规和规章、宣布施行重大强制性措施、批准授予和晋升衔级、嘉奖有关单位和人员。"

二、命令的特点

(一) 内容的重大性

命令(令)涉及的内容都是重大事项,或重大的强制性的行政措施,影响面广。非重大的事项不能用命令来行文。

(二) 作者的权威性

根据我国法律,国家主席、全国人大常委会及其委员长,国务院及其总理,县以上各级人民政府及其首脑以及其他法定党政机关和负责人有权发布命令。其他行政机关和各企事业单位、人民团体不能使用命令。命令的权威性最高、最强,必须不折不扣地坚决执行、照办。

(三) 执行的强制性

命令(令)严肃、庄重。命令禁止的,一旦发布,必须坚决服从和严格执行。命令的强制性和约束力最强,令行则行,令禁则止。

(四) 语体的庄重性

命令(令)语体十分严谨、庄重,言简意赅,一丝不苟,坚定有力,字字千钧,体现了集体的意志和利益。

三、命令的类型

命令按作用可分为发布令、奖惩令、行政令、任免令、嘉奖令。

(一) 发布令

用以发布主要法规或规章的命令。

(二) 任免令

用以任免国家行政机关首长命令。以国家主席发布的"任免令",任免的工作人员是经全国人大常委会决定的部长级以上干部;以国务院发布的"任免令",任免的工作人员是副部长级干部。地方上的人事任免用"任免决定"或"任免通知"。

（三）行政令

用以宣布重大强制性行政措施的命令。

（四）嘉奖令

用以嘉奖杰出贡献有功单位及人员的命令。

四、命令的结构

（一）命令的标题

命令的标题一般由发文机关名称和文种的名称构成。如《中华人民共和国主席令》、《北京市人民政府令》。有的由发文机关名称、事由和文种构成。如《中华人民共和国国务院关于发行新版人民币的命令》。

（二）命令的文号

命令的发文字号有两种构成方式。

1. 由发文机关代字、年份、序号组成。如国发〔2011〕25号。

2. 用令号代替发文字号，写在标题的正下方。令号的编排用流水号，从发令机关或发令人的任职开始编号，直至其任职期满。下任另外从头编号。令号无须加括号。如"第12号"。

（三）发布日期及施行日期

命令必须写清两个日期：一个是发布命令的日期，标注在落款处；另一个是命令施行的日期，写在令文的结尾处，如"自发布之日起施行"。

（四）命令的署名

以国家行政机关名义发布的命令，在落款处标注机关名称。以领导人名义发布的命令，应署明发令人的职务和姓名。如国务院及国务院各部、委发布的命令，由国务院总理和部长、主任署名。

五、命令的正文写作

命令分为单段体和多段体两种结构。单段体常用于发布某项法规，或者奖惩人员及任免人员。多段体常用于发布重大的强制性的行政措施。

（一）发布令的写作

发布令正文由发布的法规、规章的名称及通过的单位和时间、施行的日期组成。在正文中，一般只需写法规或规章，法规或规章文件令在文之后。

[例文1]

中华人民共和国主席令

第三号

《中华人民共和国旅游法》已由中华人民共和国第十二届全国人民代表大会常务委员会第二次会议于2013年4月25日通过，现予公布，自2013年10月1日起施行。

中华人民共和国主席　习近平

2013年4月25日

中华人民共和国国务院令
第 636 号

现公布《国务院关于修改〈中华人民共和国外资保险公司管理条例〉的决定》,自 2013 年 8 月 1 日起施行。

总理　李克强
2013 年 5 月 30 日

（二）任免令的写作

任免令的正文常用一句话,写明根据什么会议决定,任命或免去什么人什么职务,不需要阐述理由。适用于级别较高的行政机关或立法机关。一般单位不能用命令（令）任免干部。

[例文 1]

中华人民共和国主席令
第一号

根据中华人民共和国第十二届全国人民代表大会第一次会议的决定,任命李克强为中华人民共和国国务院总理。

中华人民共和国主席　习近平
2013 年 3 月 15 日

（三）行政令的写作

行政令的正文一般由两部分组成,包括前言事项。前言部分说明发布命令的原因（依据、目的）,应理由充分,使人信服。事项主要包括强制性行政措施及执行机关等内容。必须条目清晰,层次分明,便于执行。

[例文 1]

中国人民解放军驻澳门部队进驻澳门特别行政区的命令

中国人民解放军驻澳门部队全体官兵：

根据《中华人民共和国宪法》赋予中国人民解放军的使命,依照《中华人民共和国澳门特别行政区基本法》、《中华人民共和国澳门特别行政区驻军法》有关规定,命令你们进驻中华人民共和国澳门特别行政区,于 1999 年 12 月 20 日开始履行防务职责。

我国政府对澳门恢复行使主权,是继香港回归祖国后中华民族的又一盛事,标志着中国人民按照"一国两制"的方针,在实现祖国统一大业的道路上又迈出了坚实的一步。中国人民解放军驻澳门部队担负澳门特别行政区的防务,是中国政府对澳门恢复行使主权的重要象征,使命神圣,责任重大。你们进驻澳门特别行政区以后,要坚持人民解放军全心全意为人民服务的宗旨,发扬优良传统,忠实履行职责,遵纪守法,依法治军,把部队建设成"政治合格,军事过硬,作风优良,纪律严明,保障有力"的威武文明之师,为维护祖国统一,捍卫国家主权和领土完整,保持澳门的稳定和发展做出积极的贡献。

中华人民共和国中央军事委员会主席　江泽民
一九九九年十二月十九日

（四）嘉奖令的写作

嘉奖令的正文包括三部分内容。

1. 嘉奖对象的主要事迹和功勋

这是嘉奖的依据，概括嘉奖对象的主要事迹并作简要评价。

2. 嘉奖的具体内容

即授予荣誉称号或奖励（包括荣誉名称、记功、受勋、晋级、奖金等）。

3. 提出希望或号召

号召向被嘉奖人员的精神或思想品德学习，提出促进工作或事业发展的希望或要求。

[例文]

国务院　中央军委
关于授予钱学森同志"国家杰出贡献科学家"荣誉称号的命令
国发〔1991〕51 号

国防科工委：

钱学森同志是我国著名科学家。他早年在空气动力学、航空工程、喷气推进、工程控制论等技术科学领域做出许多开创性的贡献。1955 年 9 月，在毛泽东、周恩来等老一辈无产阶级革命家的关怀下，他冲破重重阻力，离开美国回到社会主义祖国。1959 年 8 月，他光荣地加入了中国共产党。数十年来，他以对祖国、对人民的无限热爱和忠诚，满腔热忱地投身于我国国防科研事业，为我国火箭、导弹和航天事业的创建与发展做出了卓越的贡献。他潜心研究的工程控制论，发展成为系统工程理论，并广泛地运用于军事运筹、农业、林业，乃至整个社会经济各个领域的实践活动，在我国现代化建设中发挥了重要作用。在发展系统工程理论与实践方面，他是我国科技界公认的倡导人。他一贯努力学习马克思主义、毛泽东思想，坚持运用马克思主义哲学理论指导科学活动。他热爱中国共产党，热爱社会主义祖国，热爱人民，充分体现了新中国知识分子的高尚品德，他是我国爱国知识分子的杰出典范。

为了表彰钱学森同志全心全意为人民服务，为祖国科技事业的发展所做出的卓越贡献，国务院、中央军委决定，授予钱学森同志"国家杰出贡献科学家"的荣誉称号。

国务院、中央军委号召广大科技工作者向钱学森同志学习，学习他崇高的民族气节、严谨的科学态度、朴实的工作作风。像他那样忠于党、忠于社会主义祖国、忠于人民，像他那样坚持运用辩证唯物主义和历史唯物主义的科学世界观、方法论指导科研工作；像他那样勤勤恳恳，艰苦奋斗，顽强拼搏，无私奉献，为发展和繁荣我国科技事业，推进社会主义现代化建设，做出新的贡献。

科学技术是第一生产力，是推动经济和社会发展的强大力量。各级领导干部都要继续认真贯彻落实党的知识分子政策和发展科技的方针，以对党对人民高度负责的精神，关心爱护和大力培养科技队伍，造就更多的世界第一流的科学技术专家，为在全社会进一步形成尊重知识、尊重人才的良好风尚而努力奋斗。

国务院总理　李鹏
中央军委主席　江泽民
一九九一年十月十四日

第二节　决定的写作

一、决定的适用范围

《条例》规定：决定"适用于对重要事项作出决策和部署、奖惩有关单位和人员、变更或者撤销下级机关不适当的决定事项。"

"决定"来作出安排的，必须是"重大行动"和"重要事项"。布置日常工作和处理一般事项可以使用其他文种，如"通知"等。

二、决定的特点

（一）制约性

决定是下行文，要求下级机关贯彻执行。决定的制约性没有命令那么强硬，但比其他公文要强。

（二）稳定性

决定的内容具有一定的稳定性。主要事项或重大行动作出决定后，相当长时期内必须贯彻执行。如《中共中央关于构建社会主义和谐社会若干重大问题的决定》是今后较长一段时期内的工作重心，都必须贯彻执行。

三、决定的类型

按内容分，主要有部署性决定、表彰性决定、惩戒性决定。

（一）部署性决定

又叫指挥性决定，这是党和国家行政机关为部署全局工作，或采取重大举措而使用的一种决定。如《中共中央关于经济体制改革的决定》。

（二）表彰性决定

是按标准、经评审程序对有重大贡献的单位、人员作出嘉奖表彰的一种决定。如《中共中央、国务院、中央军委关于表彰全国抗震救灾英雄集体和抗震救灾模范的决定》、《中共中央 国务院 中央军委关于授予翟志刚同志"航天英雄"，刘伯明、景海鹏同志"英雄航天员"荣誉称号并颁发"航天功勋奖章"的决定》。

（三）惩戒性决定

是对犯有重大事故或严重错误的单位、人员作出处分的一种决定。如《关于××学生考试作弊的处分决定》。

四、决定的结构

决定的结构一般包括标题、主送机关、正文、日期等部分。

（一）标题

决定的标题一般由发文机关、事由和文种三个要素构成。如《国务院关于表彰国家测绘局第一大地测量队的决定》。

（二）主送机关

特定下发单位的决定，要写上主送机关的名称；普发性的决定，则不写主送机关，结尾不用签署发文机关名称。

（三）正文

不同的决定类型，其正文结构各有不同，见例文。

（四）日期

决定的日期有两种写法：一种是标注在正文的右下方，用于机关作出的决定；另一种是标注在标题正下方的括号内，用于会议作出的决定。

五、决定的正文写作

（一）部署性决定的写作

正文一般由前言、决定事项、决定要求三部分组成。

1. 前言

决定的依据、原因、目的、意义，即根据什么、为什么要发布决定。依据有事实、文件或有关精神等。事实要高度概括，简洁明了；文件或有关精神等，直接引用相应名称。用"现决定如下"引出下文。

2. 决定事项

决定事项是决定的主体部分，主要包括指导思想、方针、原则，应完成的任务、措施、要求等。内容较多的用条列式。条列式按先虚后实安排顺序，即先思索原则等，后具体的事项、措施等安排。

3. 决定要求、号召

如正文是条列式，最后一条为要求。一般情况单列一段提出希望或发出号召。

[例文]

中共中央 国务院关于加快水利改革发展的决定
（二○一○年十二月三十一日）

水是生命之源、生产之要、生态之基。兴水利、除水害，事关人类生存、经济发展、社会进步，历来是治国安邦的大事。促进经济长期平稳较快发展和社会和谐稳定，夺取全面建设小康社会新胜利，必须下决心加快水利发展，切实增强水利支撑保障能力，实现水资源可持续利用。近年来我国频繁发生的严重水旱灾害，造成重大生命财产损失，暴露出农田水利等基础设施十分薄弱，必须大力加强水利建设。现就加快水利改革发展，作出如下决定。

一、新形势下水利的战略地位

（一）水利面临的新形势。新中国成立以来，特别是改革开放以来，党和国家始终高度重视水利工作，领导人民开展了气壮山河的水利建设，取得了举世瞩目的巨大成就，为经济社会发展、人民安居乐业作出了突出贡献。但必须看到，人多水少、水资源时空分布不均是我国的基本国情水情。洪涝灾害频繁仍然是中华民族的心腹大患，水资源供需矛盾突出仍然是可持续发展的主要瓶颈，农田水利建设滞后仍然是影响农业稳定发展和国家粮食安全的最大硬伤，水利设施薄弱仍然是国家基础设施的明显短板。随着工业化、城镇化深入发展，全球气候变化影响加大，我国水利面临的形势更趋严峻，增强防灾减灾能力要求越来迫切,强化水资源节约保护工作越来越繁重,加快扭转农业主要"靠天吃饭"局面任务越来越艰巨。2010年西南地区发生特大干旱、多数省区市遭受洪涝灾害、部分地方突发严重山洪泥石流,再次警示我们加快水利建设刻不容缓。

(二)新形势下水利的地位和作用。水利是现代农业建设不可或缺的首要条件,是经济社会发展不可替代的基础支撑,是生态环境改善不可分割的保障系统,具有很强的公益性、基础性、战略性。加快水利改革发展,不仅事关农业农村发展,而且事关经济社会发展全局;不仅关系到防洪安全、供水安全、粮食安全,而且关系到经济安全、生态安全、国家安全。要把水利工作摆上党和国家事业发展更加突出的位置,着力加快农田水利建设,推动水利实现跨越式发展。

二、水利改革发展的指导思想、目标任务和基本原则

(三)指导思想。全面贯彻党的十七大和十七届三中、四中、五中全会精神,以邓小平理论和"三个代表"重要思想为指导,深入贯彻落实科学发展观,把水利作为国家基础设施建设的优先领域,把农田水利作为农村基础设施建设的重点任务,把严格水资源管理作为加快转变经济发展方式的战略举措,注重科学治水、依法治水,突出加强薄弱环节建设,大力发展民生水利,不断深化水利改革,加快建设节水型社会,促进水利可持续发展,努力走出一条中国特色水利现代化道路。

(四)目标任务。力争通过5年到10年努力,从根本上扭转水利建设明显滞后的局面。到2020年,基本建成防洪抗旱减灾体系,重点城市和防洪保护区防洪能力明显提高,抗旱能力显著增强,"十二五"期间基本完成重点中小河流(包括大江大河支流、独流入海河流和内陆河流)重要河段治理、全面完成小型水库除险加固和山洪灾害易发区预警预报系统建设;基本建成水资源合理配置和高效利用体系,全国年用水总量力争控制在6 700亿立方米以内,城乡供水保证率显著提高,城乡居民饮水安全得到全面保障,万元国内生产总值和万元工业增加值用水量明显降低,农田灌溉水有效利用系数提高到0.55以上,"十二五"期间新增农田有效灌溉面积4 000万亩;基本建成水资源保护和河湖健康保障体系,主要江河湖泊水功能区水质明显改善,城镇供水水源地水质全面达标,重点区域水土流失得到有效治理,地下水超采基本遏制;基本建成有利于水利科学发展的制度体系,最严格的水资源管理制度基本建立,水利投入稳定增长机制进一步完善,有利于水资源节约和合理配置的水价形成机制基本建立,水利工程良性运行机制基本形成。

(五)基本原则。一要坚持民生优先。着力解决群众最关心最直接最现实的水利问题,推动民生水利新发展。二要坚持统筹兼顾。注重兴利除害结合、防灾减灾并重、治标治本兼顾,促进流域与区域、城市与农村、东中西部地区水利协调发展。三要坚持人水和谐。顺应自然规律和社会发展规律,合理开发、优化配置、全面节约、有效保护水资源。四要坚持政府主导。发挥公共财政对水利发展的保障作用,形成政府社会协同治水兴水合力。五要坚持改革创新。加快水利重点领域和关键环节改革攻坚,破解制约水利发展的体制机制障碍。

三、突出加强农田水利等薄弱环节建设

(六)大兴农田水利建设。到2020年,基本完成大型灌区、重点中型灌区续建配套和节水改造任务。结合全国新增千亿斤粮食生产能力规划实施,在水土资源条件具备的地区,新建一批灌区,增加农田有效灌溉面积。实施大中型灌溉排水泵站更新改造,加强重点涝区治理,完善灌排体系。健全农田水利建设新机制,中央和省级财政要大幅增加专项补助资金,市、县两级政府也要切实增加农田水利建设投入,引导农民自愿投工投劳。加快推进小型农

田水利重点县建设,优先安排产粮大县,加强灌区末级渠系建设和田间工程配套,促进旱涝保收高标准农田建设。因地制宜兴建中小型水利设施,支持山丘区小水窖、小水池、小塘坝、小泵站、小水渠等"五小水利"工程建设,重点向革命老区、民族地区、边疆地区、贫困地区倾斜。大力发展节水灌溉,推广渠道防渗、管道输水、喷灌滴灌等技术,扩大节水、抗旱设备补贴范围。积极发展旱作农业,采用地膜覆盖、深松深耕、保护性耕作等技术。稳步发展牧区水利,建设节水高效灌溉饲草料地。

（七）加快中小河流治理和小型水库除险加固。中小河流治理要优先安排洪涝灾害易发、保护区人口密集、保护对象重要的河流及河段,加固堤岸,清淤疏浚,使治理河段基本达到国家防洪标准。巩固大中型病险水库除险加固成果,加快小型病险水库除险加固步伐,尽快消除水库安全隐患,恢复防洪库容,增强水资源调控能力。推进大中型病险水闸除险加固。山洪地质灾害防治要坚持工程措施和非工程措施相结合,抓紧完善专群结合的监测预警体系,加快实施防灾避让和重点治理。

（八）抓紧解决工程性缺水问题。加快推进西南等工程性缺水地区重点水源工程建设,坚持蓄引提与合理开采地下水相结合,以县域为单元,尽快建设一批中小型水库、引提水和连通工程,支持农民兴建小微型水利设施,显著提高雨洪资源利用和供水保障能力,基本解决缺水城镇、人口较集中乡村的供水问题。

（九）提高防汛抗旱应急能力。尽快健全防汛抗旱统一指挥、分级负责、部门协作、反应迅速、协调有序、运转高效的应急管理机制。加强监测预警能力建设,加大投入,整合资源,提高雨情汛情旱情预报水平。建立专业化与社会化相结合的应急抢险救援队伍,着力推进县乡两级防汛抗旱服务组织建设,健全应急抢险物资储备体系,完善应急预案。建设一批规模合理、标准适度的抗旱应急水源工程,建立应对特大干旱和突发水安全事件的水源储备制度。加强人工增雨(雪)作业示范区建设,科学开发利用空中云水资源。

（十）继续推进农村饮水安全建设。到2013年解决规划内农村饮水安全问题,"十二五"期间基本解决新增农村饮水不安全人口的饮水问题。积极推进集中供水工程建设,提高农村自来水普及率。有条件的地方延伸集中供水管网,发展城乡一体化供水。加强农村饮水安全工程运行管理,落实管护主体,加强水源保护和水质监测,确保工程长期发挥效益。制定支持农村饮水安全工程建设的用地政策,确保土地供应,对建设、运行给予税收优惠,供水用电执行居民生活或农业排灌用电价格。

四、全面加快水利基础设施建设

（十一）继续实施大江大河治理。进一步治理淮河,搞好黄河下游治理和长江中下游河势控制,继续推进主要江河河道整治和堤防建设,加强太湖、洞庭湖、鄱阳湖综合治理,全面加快蓄滞洪区建设,合理安排居民迁建。搞好黄河下游滩区安全建设。"十二五"期间抓紧建设一批流域防洪控制性水利枢纽工程,不断提高调蓄洪水能力。加强城市防洪排涝工程建设,提高城市排涝标准。推进海堤建设和跨界河流整治。

（十二）加强水资源配置工程建设。完善优化水资源战略配置格局,在保护生态前提下,尽快建设一批骨干水源工程和河湖水系连通工程,提高水资源调控水平和供水保障能力。加快推进南水北调东中线一期工程及配套工程建设,确保工程质量,适时开展南水北调西线工程前期研究。积极推进一批跨流域、区域调水工程建设。着力解决西北等地区资源性缺水问题。大力推进污水处理回用,积极开展海水淡化和综合利用,高度重视雨水、微咸水利用。

（十三）搞好水土保持和水生态保护。实施国家水土保持重点工程，采取小流域综合治理、淤地坝建设、坡耕地整治、造林绿化、生态修复等措施，有效防治水土流失。进一步加强长江上中游、黄河上中游、西南石漠化地区、东北黑土区等重点区域及山洪地质灾害易发区的水土流失防治。继续推进生态脆弱河流和地区水生态修复，加快污染严重江河湖泊水环境治理。加强重要生态保护区、水源涵养区、江河源头区、湿地的保护。实施农村河道综合整治，大力开展生态清洁型小流域建设。强化生产建设项目水土保持监督管理。建立健全水土保持、建设项目占用水利设施和水域等补偿制度。

（十四）合理开发水能资源。在保护生态和农民利益前提下，加快水能资源开发利用。统筹兼顾防洪、灌溉、供水、发电、航运等功能，科学制定规划，积极发展水电，加强水能资源管理，规范开发许可，强化水电安全监管。大力发展农村水电，积极开展水电新农村电气化县建设和小水电代燃料生态保护工程建设，搞好农村水电配套电网改造工程建设。

（十五）强化水文气象和水利科技支撑。加强水文气象基础设施建设，扩大覆盖范围，优化站网布局，着力增强重点地区、重要城市、地下水超采区水文测报能力，加快应急机动监测能力建设，实现资料共享，全面提高服务水平。健全水利科技创新体系，强化基础条件平台建设，加强基础研究和技术研发，力争在水利重点领域、关键环节和核心技术上实现新突破，获得一批具有重大实用价值的研究成果，加大技术引进和推广应用力度。提高水利技术装备水平。建立健全水利行业技术标准。推进水利信息化建设，全面实施"金水工程"，加快建设国家防汛抗旱指挥系统和水资源管理信息系统，提高水资源调控、水利管理和工程运行的信息化水平，以水利信息化带动水利现代化。加强水利国际交流与合作。

五、建立水利投入稳定增长机制

（十六）加大公共财政对水利的投入。多渠道筹集资金，力争今后10年全社会水利年平均投入比2010年高出一倍。发挥政府在水利建设中的主导作用，将水利作为公共财政投入的重点领域。各级财政对水利投入的总量和增幅要有明显提高。进一步提高水利建设资金在国家固定资产投资中的比重。大幅度增加中央和地方财政专项水利资金。从土地出让收益中提取10%用于农田水利建设，充分发挥新增建设用地土地有偿使用费等土地整治资金的综合效益。进一步完善水利建设基金政策，延长征收年限，拓宽来源渠道，增加收入规模。完善水资源有偿使用制度，合理调整水资源费征收标准，扩大征收范围，严格征收、使用和管理。有重点防洪任务和水资源严重短缺的城市要从城市建设维护税中划出一定比例用于城市防洪排涝和水源工程建设。切实加强水利投资项目和资金监督管理。

（十七）加强对水利建设的金融支持。综合运用财政和货币政策，引导金融机构增加水利信贷资金。有条件的地方根据不同水利工程的建设特点和项目性质，确定财政贴息的规模、期限和贴息率。在风险可控的前提下，支持农业发展银行积极开展水利建设中长期政策性贷款业务。鼓励国家开发银行、农业银行、农村信用社、邮政储蓄银行等银行业金融机构进一步增加农田水利建设的信贷资金。支持符合条件的水利企业上市和发行债券，探索发展大型水利设备设施的融资租赁业务，积极开展水利项目收益权质押贷款等多种形式融资。鼓励和支持发展洪水保险。提高水利利用外资的规模和质量。

（十八）广泛吸引社会资金投资水利。鼓励符合条件的地方政府融资平台公司通过直接、间接融资方式，拓宽水利投融资渠道，吸引社会资金参与水利建设。鼓励农民自力更生、艰苦奋斗，在统一规划基础上，按照多筹多补、多干多补原则，加大一事一议财政奖补力度，充分调动农民兴修农田水利的积极性。结合增值税改革和立法进程,完善农村水电增值税政策。完善水利工程耕地占用税政策。积极稳妥推进经营性水利项目进行市场融资。

六、实行最严格的水资源管理制度

(十九)建立用水总量控制制度。确立水资源开发利用控制红线,抓紧制定主要江河水量分配方案,建立取用水总量控制指标体系。加强相关规划和项目建设布局水资源论证工作,国民经济和社会发展规划以及城市总体规划的编制、重大建设项目的布局,要与当地水资源条件和防洪要求相适应。严格执行建设项目水资源论证制度,对擅自开工建设或投产的一律责令停止。严格取水许可审批管理,对取用水总量已达到或超过控制指标的地区,暂停审批建设项目新增取水;对取用水总量接近控制指标的地区,限制审批新增取水。严格地下水管理和保护,尽快核定并公布禁采和限采范围,逐步削减地下水超采量,实现采补平衡。强化水资源统一调度,协调好生活、生产、生态环境用水,完善水资源调度方案、应急调度预案和调度计划。建立和完善国家水权制度,充分运用市场机制优化配置水资源。

(二十)建立用水效率控制制度。确立用水效率控制红线,坚决遏制用水浪费,把节水工作贯穿于经济社会发展和群众生产生活全过程。加快制定区域、行业和用水产品的用水效率指标体系,加强用水定额和计划管理。对取用水达到一定规模的用水户实行重点监控。严格限制水资源不足地区建设高耗水型工业项目。落实建设项目节水设施与主体工程同时设计、同时施工、同时投产制度。加快实施节水技术改造,全面加强企业节水管理,建设节水示范工程,普及农业高效节水技术。抓紧制定节水强制性标准,尽快淘汰不符合节水标准的用水工艺、设备和产品。

(二十一)建立水功能区限制纳污制度。确立水功能区限制纳污红线,从严核定水域纳污容量,严格控制入河湖排污总量。各级政府要把限制排污总量作为水污染防治和污染减排工作的重要依据,明确责任,落实措施。对排污量已超出水功能区限制排污总量的地区,限制审批新增取水和入河排污口。建立水功能区水质达标评价体系,完善监测预警监督管理制度。加强水源地保护,依法划定饮用水水源保护区,强化饮用水水源应急管理。建立水生态补偿机制。

(二十二)建立水资源管理责任和考核制度。县级以上地方政府主要负责人对本行政区域水资源管理和保护工作负总责。严格实施水资源管理考核制度,水行政主管部门会同有关部门,对各地区水资源开发利用、节约保护主要指标的落实情况进行考核,考核结果交由干部主管部门,作为地方政府相关领导干部综合考核评价的重要依据。加强水量水质监测能力建设,为强化监督考核提供技术支撑。

七、不断创新水利发展体制机制

(二十三)完善水资源管理体制。强化城乡水资源统一管理,对城乡供水、水资源综合利用、水环境治理和防洪排涝等实行统筹规划、协调实施,促进水资源优化配置。完善流域管理与区域管理相结合的水资源管理制度,建立事权清晰、分工明确、行为规范、运转协调的水资源管理工作机制。进一步完善水资源保护和水污染防治协调机制。

(二十四)加快水利工程建设和管理体制改革。区分水利工程性质,分类推进改革,健全良性运行机制。深化国有水利工程管理体制改革,落实好公益性、准公益性水管单位基本支出和维修养护经费。中央财政对中西部地区、贫困地区公益性工程维修养护经费给予补助。妥善解决水管单位分流人员社会保障问题。深化小型水利工程产权制度改革,明确所有权和使用权,落实管护主体和责任,对公益性小型水利工程管护经费给予补助,探索社会化和专业化的多种水利工程管理模式。对非经营性政府投资项目,加快推行代建制。充分发挥市场机制在水利工程建设和运行中的作用,引导经营性水利工程积极走向市场,完善法人治理结构,实现自主经营、自负盈亏。

(二十五)健全基层水利服务体系。建立健全职能明确、布局合理、队伍精干、服务到位的基层水利服务体系,全面提高基层水利服务能力。以乡镇或小流域为单元,健全基层水利服务机构,强化水资源管理、防汛抗旱、农田水利建设、水利科技推广等公益性职能,按规定核定人员编制,经费纳入县级财政预算。大力发展农民用水合作组织。

(二十六)积极推进水价改革。充分发挥水价的调节作用,兼顾效率和公平,大力促进节约用水和产业结构调整。工业和服务业用水要逐步实行超额累进加价制度,拉开高耗水行业与其他行业的水价差价。合理调整城市居民生活用水价格,稳步推行阶梯式水价制度。按照促进节约用水、降低农民水费支出、保障灌排工程良性运行的原则,推进农业水价综合改革,农业灌排工程运行管理费用由财政适当补助,探索实行农民定额内用水享受优惠水价、超定额用水累进加价的办法。

八、切实加强对水利工作的领导

(二十七)落实各级党委和政府责任。各级党委和政府要站在全局和战略高度,切实加强水利工作,及时研究解决水利改革发展中的突出问题。实行防汛抗旱、饮水安全保障、水资源管理、水库安全管理行政首长负责制。各地要结合实际,认真落实水利改革发展各项措施,确保取得实效。各级水行政主管部门要切实增强责任意识,认真履行职责,抓好水利改革发展各项任务的实施工作。各有关部门和单位要按照职能分工,尽快制定完善各项配套措施和办法,形成推动水利改革发展合力。把加强农田水利建设作为农村基层开展创先争优活动的重要内容,充分发挥农村基层党组织的战斗堡垒作用和广大党员的先锋模范作用,带领广大农民群众加快改善农村生产生活条件。

(二十八)推进依法治水。建立健全水法规体系,抓紧完善水资源配置、节约保护、防汛抗旱、农村水利、水土保持、流域管理等领域的法律法规。全面推进水利综合执法,严格执行水资源论证、取水许可、水工程建设规划同意书、洪水影响评价、水土保持方案等制度。加强河湖管理,严禁建设项目非法侵占河湖水域。加强国家防汛抗旱督察工作制度化建设。健全预防为主、预防与调处相结合的水事纠纷调处机制,完善应急预案。深化水行政许可审批制度改革。科学编制水利规划,完善全国、流域、区域水利规划体系,加快重点建设项目前期工作,强化水利规划对涉水活动的管理和约束作用。做好水库移民安置工作,落实后期扶持政策。

(二十九)加强水利队伍建设。适应水利改革发展新要求,全面提升水利系统干部职工队伍素质,切实增强水利勘测设计、建设管理和依法行政能力。支持大专院校、中等职业学校水利类专业建设。大力引进、培养、选拔各类管理人才、专业技术人才、高技能人才,完善人才评价、流动、激励机制。鼓励广大科技人员服务于水利改革发展第一线,加大基层水利职工在职教育和继续培训力度,解决基层水利职工生产生活中的实际困难。广大水利干部职工要弘扬"献身、负责、求实"的水利行业精神,更加贴近民生,更多服务基层,更好服务经济社会发展全局。

(三十)动员全社会力量关心支持水利工作。加大力度宣传国情水情,提高全民水患意识、节水意识、水资源保护意识,广泛动员全社会力量参与水利建设。把水情教育纳入国民素质教育体系和中小学教育课程体系,作为各级领导干部和公务员教育培训的重要内容。把水利纳入公益性宣传范围,为水利又好又快发展营造良好舆论氛围。对在加快水利改革发展中取得显著成绩的单位和个人,各级政府要按照国家有关规定给予表彰奖励。

加快水利改革发展,使命光荣,任务艰巨,责任重大。我们要紧密团结在以胡锦涛同志为总书记的党中央周围,与时俱进,开拓进取,扎实工作,奋力开创水利工作新局面!

（二）表彰性决定的写作

表彰性决定正文一般分:被表彰对象的先进事迹;表彰决定;号召或希望。

1. 先进事迹

即表彰的依据或缘由。概述表彰对象的先进事迹。概述事实的经过,事迹本质的材料,交代事实的时间、地点、当事人等。关键的情节应具有可信度和说服力。

2. 表彰决定

按事实、文件、程序(如"经研究")、依据作出授予荣誉称号或记功、受勋、晋级等的表彰决定。

3. 号召或希望

号召学习被表彰对象的精神或思想、品德,结合当前工作,提出任务或发展方向的要求。

[例文1]

国务院关于授予巴金"人民作家"荣誉称号的决定
国发〔2003〕27号

人事部、文化部、中国作家协会:

巴金是我国著名作家,是我国进步文化的先驱之一。他在近一个世纪的文学生涯中,始终坚持现实主义的创作道路,在对理想的憧憬和追求中,信念坚定,热爱祖国、热爱中国共产党、热爱人民大众。他的作品结构严谨,语言简洁,抒情优美,塑造了许多性格独特而丰满的典型人物。长篇小说《灭亡》,"激流三部曲"《家》、《春》、《秋》,爱情三部曲《雾》、《雨》、《电》,《寒夜》、《火》、《憩园》、《第四病室》,短篇小说集《英雄的故事》、《明珠和玉姬》、《李大海》,中篇小说《春天里的秋天》,译著长篇小说《父与子》、《处女地》以及散文集和回忆录等都为广大人民群众所深深喜爱。

巴金是人民的作家,为我国文学事业的发展作出了杰出的贡献。为贯彻落实发展先进文化的时代要求,弘扬巴金的崇高精神,国务院决定授予巴金"人民作家"荣誉称号。

国务院号召全国广大文学工作者以巴金为楷模,深入学习贯彻"三个代表"重要思想,热爱祖国,热爱中国共产党,热爱人民,深入生活,把文学创作与社会责任感统一起来,努力创作更多的思想性、艺术性相统一的优秀作品,为繁荣发展我国文学事业作出更大的贡献。

国务院
二○○三年十一月十八日

[例文2]

上海市人民政府关于追记裘明祥同志一等功的决定
沪府发〔2010〕36号

各区、县人民政府,市政府各委、办、局:

上海世博会筹办和举办以来,全市广大干部群众响应市委、市政府的号召,积极投身世博各项工作,为保证上海世博会平稳、有序运行作出了重要贡献,涌现出了一批先进个人。裘明祥同志就是其中的优秀代表。

裘明祥同志出生于1963年8月25日,1981年10月参加工作,2009年11月任上海市城市交通行政执法总队第五支队中队长。他长期在交通行政执法一线工作,兢兢业业,尽职奉献。自迎世博600天行动计划实施以来,他更是以强烈的责任意识、高度的敬业精神,日夜奋战在世博交通执法第一线。今年9月18日零时30分,裘明祥同志因连续加班劳累过度而昏迷,经现场抢救无效,于当日凌晨2时许在办公室不幸去世,年仅47岁。裘明祥同志以自己的实际行动,展现了"忠诚可靠、秉公执法、爱岗敬业、无私奉献"的品质和作风。为表彰先进,弘扬正气,上海市人民政府决定,追记裘明祥同志一等功。

希望全市广大干部群众以裘明祥同志为榜样,时刻牢记党和人民的重托,继续发扬特别能吃苦、特别能战斗、特别能奉献的优良作风,以更加强烈的政治责任感和使命感,再接再厉,奋发进取,努力夺取上海世博会各项工作的全面胜利。

上海市人民政府
二〇一〇年十月二十五日

(三) 惩戒性决定的写作

包括错误的事实与性质,危害和影响,原因;处分依据、处分决定;希望或要求。

1. 错误的事实和性质

错误发生的时间、地点、事情、过程、后果等;错误的性质,造成的危害和影响;错误的原因。事实应高度概括;原因须切实、简明、深刻。

2. 处分依据

被处分单位或人员对错误性质、危害的态度和认识程度,应承担的责任,法规、纪律或规定的文件依据。

3. 处分决定

按依据、程序(如"经研究")作出相应的行政处分。如警告、记过、撤销职务、开除公职或经济处罚等。

4. 希望或要求

指出应吸取的教训,做好今后工作。必要时应重申和强调有关法律、法规或有关规定。要切实深刻、严肃有力,起警戒作用。

[例文]

关于对李×等同学的处理决定
呼院学〔2010〕35号

各系、分院:

物理系2004级物理学汉本班学生李×、周××,因平时生活中的一些小矛盾而各自策划、组织了外系学生参与的群体斗殴。其中,2004级物理学汉本班学生秦勇引起事端,建筑分院2003级工民建专业学生李×、崔××参与此次群架,李×持刀将周××砍伤。李×、李×、崔××等三人事发后被公安机关依法刑事拘留。

以上五名同学,严重违反校规校纪,性质恶劣,情节严重、影响很坏。根据《普通高等学校学生管理规定》第四章、第四十二条及《呼伦贝尔学院学生违纪处分细则》第六条,第一款、第二款、第三款、第四款、第七款,为严肃校规校纪,经院长办公会议研究决定,给予李×、周××、李×等三人开除学籍处分。

根据《普通高等学校学生管理规定》第四章、第四十二条及《呼伦贝尔学院学生违纪处分细则》第六条、第三款、第四款,为严肃校规校纪,经院长办公会议研究决定,给予秦勇、崔天昊等两人留校察看处分。

呼伦贝尔学院
二〇〇五年五月十五日

第三节 批复的写作

一、批复的适用范围

《条例》规定:批复"适用于答复下级机关请示事项"。批复是直接上级机关针对下级机关或部门、单位的请示作出指示、批准、答复的下行文。没有直接上下级机关或直接隶属关系的不能用批复。

二、批复的特点

(一)针对性

批复和请示是相互对应的一组公文。批复专门针对请示行文,有请必批,而不能针对其他文种。批复的内容必针对请示的具体事项,与请示事项无关的内容则不必涉及。

(二)权威性

上级机关对请示做出的批复具有合法职权的权威性,代表组织与全局的意志、利益。下级机关必须严格执行,指导、规范自己的工作或实践。

(三)政策性

批复有很强的政策性。写作批复必须有政策依据,批复内容必须体现政策,或重申政策,或发布新政策、新规定。下级机关必须执行政策,照章办事,不能自行其是或阳奉阴违。

三、批复的类型

按批复的性质和内容,可分为批准性批复和指示性批复。

(一)批准性批复

是针对下级机关请求批准性请示而作的答复。即针对有关人、财、物的请示而作的批复。

(二)指示性批复

是针对下级机关请求指示性的请示而作的答复。即针对有关政策、方案、规划等的请示而作的批复。

四、批复的结构

批复由标题、发文字号、正文和落款组成。

(一)标题

1. 完整式

由发文机关名称、事由、文种三部分组成。如《上海市人民政府关于黄浦江大桥问题的批复》《国家税务总局关于个人通过网络买卖虚拟货币取得收入征收个人所得税问题的批复》。

2. 表态式

事由的写法除用"关于"加批复的事项外，还可在"关于"和事项之间插入"同意"二字，明确表态。如《文化部关于同意美籍歌手潘玮柏到江苏南京演出的批复》《国务院关于同意江西省南昌市人民政府驻地迁移的批复》。

（二）批复的发文字号

批复的发文字号由发文机关代字、年份、序号三部分组成。机关代字后须加"函"字。如："国×函〔2010〕12号"。

（三）正文

一般包括引叙来文（即请示）、批复事项、结语三个部分。

1. 引叙来文

批复开头应当先引请示标题，后引发文字号。如"你局《关于×××的请示》（××〔2011〕×号）收悉。"批复是被动行文，开头必须交代针对哪个请示作的答复。

2. 批复事项

针对请示事项给予的具体、明确的答复。答复一般有三种情况：① 同意；② 原则同意；③ 不同意。"原则同意"，应写明同意的部分、变动的部分与变动的理由；"不同意"，应写明不同意理由，指出解决的方向、途径、办法。

3. 批复结语

常用"特此批复"、"此复"等语。

（四）落款

如在批复的标题中已包含有发文机关，落款可不署发文机关，但必须署日期。标题中没有发文机关的，应署发文机关和日期。落款处均需加盖印章。

五、批复的正文写作

（一）批准性批复的写作

先引叙来文，表明态度，再按批复内容和结束语的顺序写作。如内容较多，应该分条陈述。若不同意，应说明不同意的理由，并作出应该如何处理的指示，使下级机关明白原因，并有所遵循。如对所请示的事项有的可行，有的不可行，有的需要做改动，则需逐项明确表态，分别说明同意和不同意的理由。结束时用"此复"、"特此批复"等习惯用语。

批准性批复应该态度明确，内容具体，措辞准确，语气肯定，文字简洁，有切实的针对性。

[例文1]

文化部关于同意美籍歌手潘玮柏到江苏南京演出的批复
文市函〔2009〕2042号

江苏省文化厅：

你厅《关于美籍歌手潘玮柏到江苏南京演出的请示》（苏文市〔2009〕433号）收悉。

经研究，同意江苏中奥国际体育文化产业有限公司邀请美籍歌手潘玮柏，于2009年10月18日到江苏南京演出。

请严格按照《营业性演出管理条例》及其实施细则的有关规定组织演出,并依法纳税。

请你厅做好监督检查工作。

此复。

二〇〇九年十月九日

抄送:江苏省外办、公安厅、税务局,驻美国使馆。

[例文2]

国务院关于同意江西省南昌市人民政府驻地迁移的批复

国函〔2006〕17号

江西省人民政府:

你省《关于南昌市人民政府驻地迁移的请示》(赣府文〔2006〕5号)收悉。现批复如下:

同意南昌市人民政府驻地由南昌市东湖区民德路迁至南昌市东湖区新府路。搬迁经费由你省自行解决。

国务院
二〇〇六年三月二十九日

(二)指示性批复的写作

也是由引叙来文、批复内容、结语组成。批复内容是针对请示的问题提出原则性指示。一般先指明来文所述问题,然后强调其中需要特别注意的问题和提出意见。如请示中有下级机关的不同看法或几个方案,需明确表态同意一种看法或一个方案,或综合提出意见,或另提出意见,必须写明本机关的充分依据、理由,使下级机关理解、信服。最后用"特此批复"或"此复"作结语。

指示性批复兼有发布指令的职能,语气要表现出严肃性和权威性,不能含糊、疲软。

批复内容若涉及其他部门,应先协商,取得一致后,方可行文。

[例文1]

国家税务总局关于企业为股东个人购买汽车征收个人所得税的批复

国税函〔2005〕364号

辽宁省地方税务局:

你局《关于企业利用资金为股东个人购买汽车征收个人所得税问题的请示》(辽地税发〔2005〕19号)收悉。经研究,批复如下:

一、依据《中华人民共和国个人所得税法》以及有关规定,企业购买车辆并将车辆所有权办到股东个人名下,其实质为企业对股东进行了红利性质的实物分配,应按照"利息、股息、红利所得"项目征收个人所得税。考虑到该股东个人名下的车辆同时也为企业经营使用的实际情况,允许合理减除部分所得;减除的具体数额由主管税务机关根据车辆的实际使用情况合理确定。

二、依据《中华人民共和国企业所得税暂行条例》以及有关规定,上述企业为个人股东购买的车辆,不属于企业的资产,不得在企业所得税前扣除折旧。

国家税务总局
二〇〇五年四月二十二日

[例文 2]

**国家税务总局关于个人通过网络
买卖虚拟货币取得收入征收个人所得税问题的批复**

国税函〔2008〕818 号

北京市地方税务局：

  你局《关于个人通过网络销售虚拟货币取得收入计征个人所得税问题的请示》（京地税个〔2008〕114 号）收悉。现批复如下：

  一、个人通过网络收购玩家的虚拟货币，加价后向他人出售取得的收入，属于个人所得税应税所得，应按照"财产转让所得"项目计算缴纳个人所得税。

  二、个人销售虚拟货币的财产原值为其收购网络虚拟货币所支付的价款和相关税费。

  三、对于个人不能提供有关财产原值凭证的，由主管税务机关核定其财产原值。

国家税务总局
二〇〇八年九月二十八日

写作训练

一、判断题

1. 一般来说，领导机关及其领导人都可使用命令。
2. 团中央授予李清"全国杰出进城务工青年"称号用命令。
3. 批复的开头必须首先引述来文的文号和标题。
4. 批复和请示一样，也应一文一事。
5. ××部关于 2005 年度高等学校增设第二学士学位专业的答复。
6. ××市同意计委关于××市供水和排水的报告的批复。

二、标题改错

1. ××省交通厅关于××市增设高速公路收费站的请示的批示
2. ××厂关于组装车间三组工人偷盗电器器材的处理决定
3. ××大学关于年终清查财产情况的报告
4. 关于命名省级文明单位的申请
5. ××省社会科学院关于给××活动经费的批文
6. ××大学教务处关于××学生考试作弊的处分通报
7. ××公司关于陆亦明同志舍己救人英勇事迹的表彰命令
8. ××局关于××厂设立高新技术研究所的请示的答复

三、修改病文

1.
关于要求拨给抢修校舍专款请示的批复
×教〔2010〕082号

××镇教育办：

你们的请示收悉。这次强台风的破坏，使你镇校舍损失惨重，造成许多班级无教室上课。经研究，可考虑拨专款25万元以内给你镇抢修教室，不足部分请自筹解决。此外，同意你们提出的关于开展向××学习的活动，希望你们安排好。

××县教育局
2010年6月20日

2.

××乡政府：

对你乡的多次请示，作如下答复：

1. 原则批准你乡建立联合贸易公司，负责本乡的内、外贸易工作。你乡应尽快使联合贸易公司开始营业。

2. 你乡提出试行"关于违反计划生育规定的处罚办法"最好不执行，因为这个办法违反上级有关文件精神。

3. 今年你乡要盖礼堂一座，并准备开辟为对外营业的影剧院，有利于活跃农民文化生活，增加宣传阵地。批准你们的请示。

4. 同意你乡"关于开展学习拥军模范赵香同志活动"的请示。赵香同志支持丈夫、儿子上前线。在丈夫牺牲后又鼓励女儿报考军队护校，她还给前线战士寄书、写信，鼓励他们保卫祖国，事迹是感人的，应大力宣传。

××县人民政府
××年×月××日

3.
××省人民政府教育厅关于××大学开设新闻专业的批复
（2010）×教字第51号

××大学李校长：

你们的申请报告收悉。关于你校计划从2010年暑假起增设新闻专业的问题，经与省委文教部协商。鉴于本专业开设较普遍，限于校舍和经费开支有一定困难，可暂缓进行，以后再行研究决定。

××省人民政府教育厅
2010年1月20日

四、写作练习

1. 将以下内容改写为嘉奖性公文。

2010年7月22日，国务委员、公安部部长孟建柱签署命令：给江西省星子县公安局记集体一等功，追授陈水印同志全国公安系统二级英雄模范称号。

今年6月以来，鄱阳湖地区发生特大洪涝灾害，江西省星子县公安局紧急动员，快速反应，全力以赴投入防汛抗洪和抢险救灾工作。该局领导身先士卒，率先垂范，既当指挥员，又当战斗员。全体民警不畏艰险,冲锋在前,顽强拼搏,恪尽职守,30多天来始终奋战在形势最为严峻的防洪险段,先后排除险情11处,完成土石方近3 000立方米,背运土沙包5 000余袋,有力地确保了沿湖2万余名群众和近3万亩耕地的安全。7月20日,防洪圩堤再次出现滑坡险情,该局60余名民警在全力抢险时,突遇特大暴雨雷电。为避免伤亡,参战民警迅速组织其他参与抢险的干部群众撤离圩堤。负责断后的民警在最后准备撤离时,不幸遭雷击,民警陈水印壮烈牺牲,17名民警光荣负伤。

陈水印同志是江西省星子县公安局蓼南乡派出所教导员,7月20日在积极参与防洪圩堤滑坡抢险战斗中,主动请缨负责断后,不幸在最后准备撤离时被雷电击中,壮烈牺牲,年仅33岁。

另据了解,根据《革命烈士褒扬条例》的有关规定,7月21日,江西省人民政府批准陈水印同志为革命烈士。

2. 按以下内容以××市政府名义拟写一份决定。

欣悉上海跳水运动员吴敏霞与队友郭晶晶在今天下午举行的奥运会女子双人三米跳板决赛中配合默契,技压群芳,为中国体育代表团再添一金,我们谨代表全市人民表示热烈祝贺!

吴敏霞在奥运赛场上的出色发挥,是党和人民培养、关心和鼓励的结果,是国家体育总局以及国家队教练们悉心指导的结果,也是同她刻苦训练、顽强拼搏分不开的。自雅典奥运会夺冠以来,她坚持以高标准严格要求自己,不断超越自我,在世界大赛中取得了一个又一个好成绩。在这次比赛中,她与队友郭晶晶以实际行动弘扬了更快、更高、更强的奥林匹克精神,展示了坚韧不拔、昂扬奋进的中华民族形象,上海人民为她而骄傲!

衷心祝愿中国体育健儿在奥运会比赛中再接再厉、乘胜前进,为祖国和人民争取更大的荣誉,为举办一届有特色、高水平的奥运会贡献更大力量!

3. 某大学工商系2010级学生吴某,入学以来经常旷课。本学期旷课节数已达56节。今年12月5日,吴某又因小事,与同学张某大打出手,并将其打成重伤。试根据上述材料,以学校名义拟一处分决定。

4. 在2009—2010学年第2学期期末考试中,××系李佳学生无视学校规定,违反考试纪律,在《高等数学》考试中作弊,影响极坏。根据《××学院学生学籍管理条例》第×条、《××学院学生考试作弊处理条例》第×条,给予李佳严重警告处分。拟一处分决定。

5. 南京某大学计算机实验中心需添置1 000台计算机,需经费200万元人民币。拟向省教育厅请求拨款。请代该大学写一篇请示,再代省教育厅拟写一篇同意拨款150万元人民币的批复。添置设备的理由自行补充,要求按正规公文的格式写作(含眉首、主体、版记)。

第三章 报请性公文的写作

报请性公文，是下级机关或单位向直接上级机关的行文，即上行文。主要有报告、请示，其次有呈转性的意见。非上、下级隶属关系，不能用报请性公文。如政府机关不能向上级机关的主管部门用报请性公文。

第一节 报告的写作

一、报告的适用范围

《条例》规定：报告"适用于向上级机关汇报工作、反映情况，回复上级机关的询问。"

报告是上行文，下级机关或单位按报告制度或要求向上级机关提供决策参考的信息，及时了解工作动态，作出指导用的一种陈述性公文。

二、报告的特点

（一）表达的直陈性

报告以高度概括的真切事实和精确数据为主要内容，重在写实，但实中有理，有一定的普遍性。表达方式主要是直陈其事，简明扼要。

（二）选材的灵活性

报告选材的自由度较大，根据目的、作用选择最有特色、最有价值、最有新意的材料，加以提炼、组合。

（三）行文的单向性

报告是向直接上级机关的行文，主要目的是为上级机关实施宏观领导提供依据，上级机关一般不需回复，属于单向行文。

三、报告的类型

报告根据其功用的不同可以分为工作报告、情况报告、答复报告、报送报告。

（一）工作报告

是将本单位的日常情况或工作进程向上级机关作出的报告，内容包括一定时期内的工作情况或目前工作的进展情况，取得的成绩和存在的问题以及今后的打算等。

（二）情况报告

是向上级机关反映工作中遇到的新问题和特殊事件。包括问题报告、事故报告、检查报告等。

（三）答复报告

是针对上级机关的询问回答有关问题情况的报告。是一种被动行文。

（四）报送报告

是向上级机关报送文件或材料、表格时的报告，如报送计划、方案、总结、调查报告、财务报表等。

四、报告的结构

包括标题、主送机关、正文、落款、附件等项。

（一）标题

报告的标题一般由发文机关、事由和文种组成，如《国务院关于水污染防治工作进展情况的报告》、《铁道部关于193次旅客快车发生重大颠覆事故的报告》《国家旅游局关于"十一"黄金周的情况报告》。

（二）主送机关

报告都必须有主送机关。主送机关必须是直接的上级领导机关。主送机关只能是一个，不能送给领导者个人。

（三）正文

多数报告的正文分为事由、事项和结束语三个部分。

报告事由：写明报告的原因，主要是直陈其事，把情况的前因后果写清楚。报告事项：写工作步骤、措施和效果；也可以写工作的意见、建议或应该注意的问题。在叙述事实情况时用概述，要做到重点突出、中心明确。在正文的最后，单独成段可写"特此报告"、"专此报告"等结束语，但不用"请求批复"语。

（四）落款

标题中出现发文机关名称的，在落款处可以不署名，只署成文日期。

（五）附件

报告如有附件，可在正文左下方注明；但报送报告必有附件。

五、报告的正文写作

（一）工作报告的写作

1. 前言

简要说明工作的时间、依据、内容、成绩等，起开宗明义的作用。然后用"现将有关工作情况报告如下"引起下文。

2. 工作情况和成绩

逐一汇报工作的基本情况（做了哪些、怎样做的）和主要成绩或者事情发生的过程、结果、影响。内容较多的，可用条列式。

3. 主要经验和教训

这是工作报告的重点，把工作中行之有效的做法、措施加以归纳提高，总结出带有规律性的经验。也可用条列式，分别写出几条经验。

4. 今后工作的意见或打算

针对存在的问题和不足提出今后工作的意见或打算。提纲式的写出几条，可标序号，不必展开详述。

[例文]

国务院关于抗击低温雨雪冰冻灾害及灾后重建工作情况的报告
2008年4月22日在第十一届全国人民代表大会常务委员会第二次会议上
国家发展和改革委员会主任 张平

全国人民代表大会常务委员会：

我受国务院委托，向全国人大常委会报告抗击低温雨雪冰冻灾害及灾后重建工作的有关情况，请予审议。

一、灾害影响和损失情况

今年1月中旬到2月上旬，我国南方地区连续遭受四次低温雨雪冰冻极端天气过程袭击，总体强度为50年一遇，其中贵州、湖南等地为百年一遇。这场极端灾害性天气影响范围广，持续时间长，灾害强度大。全国先后有20个省（区、市）和新疆生产建设兵团不同程度受灾。低温雨雪冰冻灾害给电力、交通运输设施带来极大破坏，给人民群众生命财产和工农业生产造成重大损失。

交通运输严重受阻。京广、沪昆铁路因断电运输受阻，京珠高速公路等"五纵七横"干线近2万公里瘫痪，22万公里普通公路交通受阻，14个民航机场被迫关闭，大批航班取消或延误，造成几百万返乡旅客滞留车站、机场和铁路、公路沿线。

电力设施损毁严重。持续的低温雨雪冰冻造成电网大面积倒塔断线，13个省（区、市）输配电系统受到影响，170个县（市）的供电被迫中断，3.67万条线路、2018座变电站停运。湖南500千伏电网除湘北、湘西外基本停运，郴州电网遭受毁灭性破坏；贵州电网500千伏主网架基本瘫痪，西电东送通道中断；江西、浙江电网损毁也十分严重。

电煤供应告急。由于电力中断和交通受阻，加上一些煤矿提前放假和检修等因素，部分电厂电煤库存急剧下降。1月26日，直供电厂煤炭库存下降到1649万吨，仅相当于7天用量（不到正常库存水平的一半），有些电厂库存不足3天。缺煤停机最多时达4200万千瓦，19个省（区、市）出现不同程度的拉闸限电。

农业和林业遭受重创。农作物受灾面积2.17亿亩，绝收3076万亩。秋冬种油菜、蔬菜受灾面积分别占全国的57.8%和36.8%。良种繁育体系受到破坏，塑料大棚、畜禽圈舍及水产养殖设施损毁严重，畜禽、水产等养殖品种因灾死亡较多。森林受灾面积3.4亿亩，种苗受灾243万亩，损失67亿株。

工业企业大面积停产。电力中断、交通运输受阻等因素导致灾区工业生产受到很大影响，其中湖南83%的规模以上工业企业、江西90%的工业企业一度停产。有600多处矿井被淹。

居民生活受到严重影响。灾区城镇水、电、气管线（网）及通信等基础设施受到不同程度破坏，人民群众的生命安全受到严重威胁。据民政部初步核定，此次灾害共造成129人死亡，4人失踪；紧急转移安置166万人；倒塌房屋48.5万间，损坏房屋168.6万间；因灾直接经济损失1516.5亿元。

二、抗灾救灾措施及效果

灾情发生后，党中央、国务院高度重视，迅速部署开展大规模的抗灾救灾斗争。胡锦涛总书记等领导同志在最关键的时刻，亲临一线指导抢险抗灾工作。在党中央、国务院正确坚强领导和统一指挥下,受灾地区各级党委、政府带领广大党员、干部和人民群众奋起抗灾,各有关部门和单位迅速行动,人民解放军、武警部队勇挑重担、顽强拼搏,社会各界同舟共济、相互支援。经过全国上下的共同努力,在较短时间内,取得了抗灾救灾斗争重大胜利。

(一)及时启动应急响应机制,全面部署抗灾救灾工作

根据中国气象局发布的天气预报,国务院办公厅于1月10日至21日发出四次灾害预警通知,要求有关地区和部门落实防范措施,做好应对准备。1月14日,发展改革委启动跨部门协调机制,部署增产和抢运电煤工作。1月18日,铁路部门提前5天进入春运,公安、交通部门相继启动交通应急管理。1月25日,温家宝总理亲赴河北和北京视察春运工作,并在北京西站召开办公会议,紧急部署春运、电煤抢运和节日物资运输等工作。

1月25日后,贵州和湖南电网出现网架垮塌、大面积停电的严峻局面,京广、沪昆等铁路干线部分区段运输受阻,京珠高速公路出现严重阻塞。1月26日,国务院办公厅召开紧急会议,研究煤电油运和应急抗灾工作;1月27日,国务院召开电视电话会议进行具体部署;1月28日,国务院决定成立煤电油运和抢险抗灾应急指挥中心(以下简称"应急指挥中心"),统筹协调抗击灾害和煤电油运保障工作。1月29日和2月1日,中央政治局会议和国务院常务会议专题研究抢险抗灾工作。其间,国务院办公厅连续下发了做好雨雪天气交通、煤炭、电力和鲜活农产品保障等紧急通知。国家减灾委召开会议,部署灾区群众生产生活保障工作。气象局、民政部和电监会及时启动重大气象灾害、救灾和电网大面积停电应急预案,铁道部、交通部、公安部、保监会等部门全面启动应急预案,财政部、发展改革委紧急下达抢险救灾应急资金,灾区各级人民政府迅速进行动员部署,电网、电信等国有企业认真履行社会责任,人民解放军、武警部队发扬人民子弟兵的优良传统,全力奋战在抢险抗灾第一线。

应急指挥中心在综合分析研判灾情的基础上,按照中央要求,迅速确定了工作重点,并成立了"煤电油运保障"、"抢通道路"、"抢修电网"、"救灾和市场保障"、"灾后重建"、"新闻宣传"6个指挥部,分别加强对重点领域的指挥协调。

(二)迅速行动,全力打好"五个攻坚战"

根据党中央、国务院"保交通、保供电、保民生"的总体要求,应急指挥中心、各有关部门和灾区各级政府,在人民解放军、武警部队和公安民警的大力支持下,以高度的政治责任感,迅速组织开展了五个攻坚战。

一是动员全社会力量,打好抢通道路攻坚战。动员社会各方面力量特别是人民解放军和武警官兵除雪破冰,及时抢通受阻公路并疏导滞留车辆;调集内燃机车和发电设备疏通京广、沪昆铁路,并采取迂回运输等应急措施;动员民工留在当地过年,以减轻春运压力;加强统一指挥和信息发布,实施省际交通联动协调和跨区域分流,以避免造成新的交通拥堵,抢通道路攻坚战取得重大胜利。1月31日京广、沪昆铁路运输能力基本恢复,2月3日主要机场全部开放,2月4日京珠高速全线贯通,2月5日广州地区350万铁路旅客全部疏运完毕。

二是合理安排生产调运,打好抢运电煤攻坚战。各主要产煤省(区)和重点煤炭生产企业,顾全大局,千方百计增加煤炭生产。铁路、交通部门组织突击抢运电煤,铁路电煤日均装车量达4.3万车,同比增长53.9%,大秦铁路日均完成100万吨运量,同比增长22%;秦皇岛港等北方四港日装船130万吨,同比增长24%。加强电煤产运需协调,对告急骨干电厂实行煤矿、铁路和电厂的"点对点"衔接。经过各方面共同努力,2月24日,直供电厂存煤达到14天用量,基本恢复并保持在正常水平。

三是集中优势兵力,打好抢修电网攻坚战。国家电网公司、南方电网公司在全国调集了大批技术力量赴重灾区抢修受损供电设施,解放军、武警官兵和社会各方面全力支援,奋战在电网抢修一线人员最多时达42万人。2月6日除夕,全国因灾停电的170个县城以及87%的乡镇基本恢复用电;3月8日,国家电网公司、南方电网公司系统电网全面恢复运行;3月底,各地已基本完成电网修复重建任务,受损电网基本恢复供电。

四是落实政策措施,打好保障灾区群众生活攻坚战。按照保吃饭、保御寒、保有住处、保有病能医的要求,灾区各级政府和有关部门及时组织向灾区调拨粮食、棉衣被、发电机、成品油等救灾物资,妥善安置受灾群众,及时救助滞留旅客;中央财政紧急下拨中央自然灾害生活救助资金18.24亿元,安排救灾综合性财力补助资金10亿元,增拨重灾省份城乡低保对象临时补助7.1亿元;各级卫生部门先后派出2.5万支医疗卫生队伍救治因灾伤病人员,防止疫病流行,确保大灾之后无大疫。

五是加强组织调运和市场监管,打好保障灾区市场供应攻坚战。坚持一手抓抢险抗灾、一手抓灾区市场供应,各有关部门适时投放储备肉及其他生活必需品,组织蔬菜、成品粮、食用油调运;及时组织灾区农民抓紧修复损毁设施,采取抢种速生蔬菜等多种形式扩大生产;加强信息引导,组织灾区和非灾区之间鲜活农产品产销对接活动,引导灾区和销区农产品批发市场联手保障灾后市场供应;实施运输"绿色通道",免收车辆通行费。同时,加强市场监管,对生活必需品、救灾物资实行临时价格干预措施,有力保障了灾区重要商品价格的基本稳定。

(三)强化政府信息引导,把握正确舆论导向

为了增强抢险抗灾信息发布的权威性、及时性、准确性和综合性,应急指挥中心、中宣部、新闻办强化信息发布工作,为抢险抗灾创造了良好的舆论环境。

一是加强抢险抗灾的信息指导。先后发布22期公告,引导各地和各有关方面做好疏导滞留旅客、妥善安排务工人员就地过年、稳定市场价格等方面工作,指导灾区加强公共卫生防疫,做好动植物疫病等次生灾害的预防工作。

二是建立新闻发布制度,营造良好舆论氛围。多次组织新闻发布会和媒体吹风会,在主要媒体以及重点网站开设"权威发布"等栏目,每天发布抢险抗灾工作进展情况。中央和地方新闻媒体、重点新闻网站大力宣传抗灾救灾中涌现出来的先进典型,为抢险抗灾提供了有力的舆论支持。

三是争取国际社会的理解和支持。大力加强抗灾救灾对外宣传,积极引导互联网舆论,组织境外媒体赴灾区采访,及时向各国驻华使节和国际组织通报情况,国际社会对我抢险救灾工作普遍予以积极评价。

三、灾后重建工作进展情况

2月13日,国务院第208次常务会议分析了应急抢险抗灾工作的进展情况,及时决定将工作重点由应急抢险转为灾后全面恢复重建。2月15日,国务院批转了《关于抢险抗灾工作及灾后重建安排的报告》,灾后重建工作迅速全面展开。

(一)及时制定灾后恢复重建规划

2月25日,国务院再次批转下发了《低温雨雪冰冻灾后恢复重建规划指导方案》,明确了以电网为重点,加紧修复受损基础设施;以修复农田水利等设施为重点,尽快恢复农业生产;以修复倒塌民房为重点,尽快恢复灾区群众生活等方面的工作任务。各受灾地区也分别制

订了灾后重建规划。

（二）抓紧拨付中央支持资金

为了把中央确定的灾后重建政策落到实处，中央财政已筹措恢复重建资金295.37亿元。根据3月26日国务院常务会议的决定，在今年中央财政安排"三农"投入5 625亿元、基建投资739亿元的基础上，再增加中央财政性资金252.5亿元，用于农业和粮食生产，继续向受灾地区倾斜。

（三）积极推进灾后重建各项工作

电网修复方面。中央电网企业已经全面恢复正常运行，大部分地方电网也基本恢复正常。交通设施修复方面。全国公路已在春运期间基本恢复正常通行能力，目前正在开展公路养护、大中修和路网改造。铁路牵引供电接触网、电力贯通线等设施修复工作基本完成，京广、京九、沪昆等主要干线车站已配备发电机组701台套。民航已完成对直接涉及飞行安全的跑道路面、地面标志、通信导航等设施的修复和重建。农业生产恢复方面。2月19日，国务院召开全国农业抗灾减灾和春耕生产工作会议，对农业救灾复产工作作出进一步部署。目前，各受灾地区已补种改种各类农作物2 932万亩，完成计划的75.6%；计划修复的215万亩大棚等设施已全部完成；修复受损畜禽圈舍和水产养殖设施占因灾损失总量的70%；受损农机具、泵房等设施恢复重建进展顺利，能够满足春耕生产需要。公共设施修复方面。受灾地区的通信业务已恢复到灾前水平，受损通信线路修复工作已经完成80%以上。受损的城镇供水管网已修复重建2.8万公里，完成计划的85%，已有98%的市县和90%以上的乡镇全面恢复正常供水，污水处理设施基本恢复运行。损毁民房重建方面。受灾地区均已制定倒损民房恢复重建方案，正在抓紧组织实施，中央补助资金已下拨到位。民政部门将进一步加强灾后恢复重建工作的指导督查，并着手在贵州开展农村危旧房屋改造试点。

鉴于这次林业受灾严重，以及林业恢复重建周期较长、困难较多等实际情况，国务院已采取一系列扶持政策，并要求有关部门进一步对灾后重建及林业资源恢复问题进行专题研究，部署各地抢抓春季造林时机，积极开展补植补造。

从目前进展情况看，电力、交通、铁路、民航、农业、教育、卫生、广播电视、通信等绝大多数系统均可按计划如期完成恢复重建任务。但由于这次灾害造成的损失严重，灾后重建仍不能有丝毫放松，特别是要落实好支持"三农"的有关政策措施。当前，要继续抓好农业林业恢复重建，继续加强农田水利基础设施建设，继续安排好受灾地区群众生活，继续抓好灾区损毁房屋的修复重建，继续做好次生灾害防范工作，并把灾后重建与今年各项工作相结合，确保全年经济社会发展目标实现。国务院办公厅于4月14日派出6个工作组分赴灾区，督查灾后重建任务完成情况。

我国在短时间内战胜这场历史罕见的特大自然灾害，取得抗灾救灾斗争的决定性胜利，最大限度地减轻了灾害造成的损失和影响，国内外均给予了积极评价。我们的体会主要是：

（一）党中央、国务院高度重视、及时决策，是抢险抗灾取得决定性胜利的根本保证。中共中央政治局常委会和中央政治局、国务院多次召开会议，深入分析低温雨雪冰冻灾情，研究部署"保交通、保供电、保民生"等重点工作，及时制定灾后重建政策措施，确保了应急抢险抗灾、煤电油运保障和灾后恢复重建等各项工作的高效有序开展。中央领导同志亲赴灾区视察灾情，慰问受灾群众，协调指导抗灾救灾工作，极大地鼓舞了全国人民全力以赴战胜灾害的信心和决心。

（二）各地区、各部门各司其职、密切配合，是抢险抗灾取得决定性胜利的重要保障。各地区、各部门坚决贯彻中央的决策部署，按照《突发事件应对法》等法律法规的要求，及时启动相关应急预案，团结一致、相互支持，全面做好灾害防范预警、交通秩序疏导、基础设施抢修、受灾群众救助、灾后恢复重建等工作。各企事业单位特别是国有企业认真履行社会责任，切实发挥抢险抗灾骨干作用，充分体现了社会主义国家集中力量办大事、渡难关的优越性。

（三）人民解放军、武警官兵勇挑重担、冲锋在前，是抢险抗灾取得决定性胜利的坚强后盾。解放军和武警部队主动请战，充分发扬不怕困难、勇往直前的光荣传统，积极承担了大量的破冰通路、抢修电网、转移受灾群众、抢运救灾物资等的应急抢险救援任务。广大公安民警坚守岗位、连续奋战，全力做好救助群众、疏导车辆、维护机场车站和社会秩序等工作。事实再次证明，人民子弟兵是克服艰难险阻、夺取抢险抗灾胜利的中流砥柱和坚强后盾。

（四）把握正确舆论导向，广泛发动群众，是抢险抗灾取得决定性胜利的重要条件。各有关地区和部门及时发布抢险抗灾进展和政府采取的措施等权威信息，有效提高了抗灾救灾工作的透明度。各新闻媒体坚持正面宣传的舆论导向，深入报道抗灾救灾先进人物和典型事迹，为应急处置工作营造了良好的舆论氛围。广大群众积极响应党和政府的号召，充分发扬"一方有难、八方支援"的优良传统，万众一心、众志成城，有力保障了抗灾救灾工作的顺利进行。

在这场抗击雨雪冰冻灾害的斗争中，从中央到地方都积累了许多宝贵经验，但这场斗争同时也是对我国防范应对突发重大自然灾害综合能力的一次全面检验，反映出我国经济社会发展和灾害应对工作中还存在着一些问题和薄弱环节。对此，国务院正在组织有关部门和受灾地区进行认真总结，以吸取经验教训、完善应急机制，在科学总结的基础上，提出切实可行的改进措施，更好地防范和应对今后可能发生的重大自然灾害和各类突发事件，更好地走科学发展道路，更好地推进现代化建设。

（二）情况报告的写作

除前言概述总的情况外，主体部分，一般分为三个层次。

1. 汇报情况

客观扼要地写清楚情况发生的时间、地点、情节、当事人等。情节，必须是关键的、反映性质、特点的事项，仍应概述，不必仔细描述。

2. 分析情况

分析情况发生的原因、性质，事故报告还可分清责任和造成的影响等。

3. 处理意见或下一步安排

如事故报告，事故已经做了处理的，应该报告处理结果；未做处理的，应报告处理打算。其他情况报告，不必写处理意见，可写打算、设想。

［例文］

铁道部193次旅客快车发生重大颠覆事故的报告

国务院：

5月28日16时05分，由济南开往佳木斯的193次旅客快车，行驶至沈山线锦州铁路局管内的兴隆车站（距沈阳43公里）时，发生重大颠覆事故，造成3名旅客死亡，143名旅客和

4名列车乘务人员受伤,报废机车1台、客车4台、货车1辆,损坏机车1台、客车5辆、货车1辆和部分线路、道岔等设备,沈山下行正线中断运输近20小时,直接经济损失达170余万元。

事故发生后,东北铁路办事处和锦州、沈阳铁路局负责同志立即随救援列车赶赴事故现场,组织抢救、抢修工作。当地驻军、地方党政领导同志和部分社员、学生也投入抢救工作。辽宁、沈阳市领导同志及沈阳军区、辽宁省军区有关负责同志先后赶到现场,组织抢救伤员,疏运旅客。我部李克非副部长率安监室和运输、机务、车辆、工务、电务、公安各局负责同志也于当日连夜赶赴现场,指挥抢修工作,调查分析事故原因,慰问伤员,并对省市党政领导和部队表示感谢。在省市领导和驻军的大力支持下,伤员的抢救和治疗工作安排得比较周密,受伤的旅客和列车乘务人员,除少数送入就近的新民县医院抢救外,其余的均由沈阳市和军队、铁路医疗部门派车接到沈阳,及时得到了抢救和治疗。

经调查分析,造成这次事故的直接原因,是锦州铁路局大虎山工务段兴隆店养路工区工人在该处做无缝线路补修作业时,违反劳动规律和操作规程,将起道机立放在钢轨内侧,擅离岗位,到附近的道口看守房去吃冰棍,第193次快车通过时,撞上起道机,引起列车脱轨颠覆事故。

这次事故是发生在旅客列车上的一次严重事故,又恰是发生在全国开展的"安全月"活动中,使国家和人民生命财产蒙受了巨大的损失,在政治上造成了极坏的影响,性质是非常严重的,我们心情十分沉痛。这次事故的发生和最近一个时期安全不稳定的状况,从根本原因上看,是我们铁路基础工作薄弱,管理不善,思想政治工作不落实,反映了我们作风不扎实,对安全工作抓得不力,在安全生产中管理不严,职工纪律松懈的问题长期没有得到解决。

为了使全路职工从这起严重事故中吸取教训,我们于5月31日召开了各铁路局、铁路分局、铁路各工务段负责同志参加的紧急电话会议,通报了这次事故,提出了搞好安全生产的紧急措施。要求铁路各部门、各单位必须把安全工作放在第一位,各级领导干部要树立安全第一的思想,并向全体职工进行安全教育,使每个职工都牢固地树立起对国家、对人民极端负责的概念,认真落实岗位责任制,严格遵守劳动纪律,一丝不苟地执行规章制度和操作规程。要求各单位要针对近年来新工人比例不断增加的情况,加强对新工人的教育和考核工作,各行车和涉及安全生产的主要工种不经考试合格不得单独作业,对各种行车设备要进行一次认真检查,发现问题立即解决;同时,各单位要切实解决职工生活中,应该而且可以解决的具体问题,解除职工的"后顾之忧";动员广大职工干部迅速行动起来,以这次事故为教训,采取措施,堵塞漏洞,保证行车安全。

我们在6月份开展的"人民铁路为人民"活动中,要求把搞好安全生产作为重点,并在今后当作长期的根本任务来抓。要求党、政、工、团各部门要从不同角度抓好安全工作,迅速改变目前安全生产不好的被动局面。

锦州铁路局对这次事故的主要责任者,已按照法律程序提出起诉,追究刑事责任;对与事故有关的分局、工务段领导也作了严肃的、正确的处理。铁道部决定对锦州铁路局局长董庭恒同志和党委书记李克基同志给予行政记过处分。这次事故虽然发生在下边,但我们负有重要的领导责任,为接受教训,教育全铁路职工,恳请国务院给我们以处分。

一九八二年六月十日

（三）回复报告的写作

回复报告的正文，先引述上级机关来文时间、标题、文号，或来电询问的时间、问题、要求，然后用"所询关于××一事，现答复如下"引出下文。答复部分应有针对性，问什么答什么，表述要准确清楚，有条理，可靠可信。

也可用条列式一一陈述。必要时，可附附件作为佐证。若是有关投诉或举报的答复报告，则应先作调查研究，查阅相关资料或文件，有根有据、如实写出真实情况，并分析原因，提出解决的方案。不得掩盖、粉饰，不得弄虚作假。

[例文]

××大学关于工会干部有关待遇的报告

市总工会：

5月18日来函悉。现将我校工会干部有关待遇报告如下：

一、我校基层工会主席由教师兼任，每年减少工作量40学时。

二、部门工会主席任职期间享受本单位行政副职待遇，由教师担任的每年减免工作量30学时。

三、校工会委员任职期间减免工作量30学时；部门工会委员每年减免工作量15学时

专此报告。

××大学工会
二〇〇〇年九月九日

（四）报送报告的写作

报送报告正文的写法一般很简短，只用一两句话说明报送理由与报送的文件或材料名称。最后写"请审核"或"妥否，请指示"。

[例文]

青海省环境保护厅关于报送玉树地震灾后重建工作总结的报告
青环发〔2010〕784号

省政府办公厅：

根据省玉树地震灾后重建工作领导小组办公室《关于报送2010年重建工作总结的通知》（青震重办〔2010〕32号）要求，现将省环境保护厅2010年玉树地震灾后重建工作总结随文报送，请审。

附件：青海省环境保护厅2010年玉树地震灾后重建工作总结

青海省环境保护厅
二〇一〇年十二月十日

第二节 请示的写作

一、请示的适用范围

《条例》规定：请示"适用于向上级机关请求指示、批准"。

请示,是下级机关或单位按规定或制度,就无权决定的事项、不能解决的问题,必须向直接上级机关请求指示、批准时所使用的上行文。

二、请示的特点

(一) 单项性

即"一文一事"。一件请示只能请批一个事项或问题。请求需要及时得到上级机关的研究和批复,如果一件请示中包含有几个不同的事项或涉及面较广,上级机关需花较多时间一一分别研究,甚至与多方协商,难以及时批复而延误时机,将造成损失。

(二) 恳切性

"请求、批准、指示"决定了请示写作必须态度诚恳,情真意切。事项必须真实、准确;原因必须有理有据;数字必须切实、恰当;需要必须紧迫重要;用语必须礼貌谦和,表示对领导的尊重。

(三) 请批性

必须明确提出请求语,如"请审批"、"请批复"等。

三、请示的行文规则

1. 一般不得越级请示

要按照隶属关系向直接上级请示,一般不得越过直接的上级机关请示。如果上级机关解决不了的问题,应由上级机关向其上级机关请示。因特殊情况必须越级请示时,应当抄送被越过的直接上级的机关。

2. 应当一文一事

请示的内容要集中、单一,应该一事一请示,不要一文请示多项事。如果在一份请示里同时请示了几件事,若其中的某一事被卡住就会影响其他事项的批复,而且事项性质不同批复权限也不同,会给上级造成困难。如果有几件事情都需要请示,则应分别写成几份请示。

3. 一般只有一个主送机关

请示只主送一个领导机关,不要多头主送。受双重领导的只能主送一个上级机关,其中一个应用抄送形式。请示不得直接送领导者个人。

4. 不得抄送下级机关

请示是拟意中的事项或问题,上级机关是否批准尚无把握,所以不得抄送下级机关或单位,以免造成混乱。

四、请示的类型

按照内容和性质,请示可分为请求批准性请示和请求指示性请示。

1. 请求批准性请示

请求上级对请示事项给予批准。事项,指人、财、物。人,包括人员编制、机构变动或设置;财,即经费;物,即物质资源、工程、设备等。

2. 请求指示性请示

请求上级对工作中遇到的政策、法规、规章等疑难问题予以解答、指示;或对规划、方案等予以审批、指示。

五、请示和报告的区别

《条例》对请示和报告的不同性质和作用作了明确的规定。报告"适用于向上级机关汇报工作,反映情况,提出意见或者建议,回复上级机关的询问";请示"适用于向上级机关请求指示、批准"。而且行文规则中规定"报告中不得夹带请示事项",这是区分请示和报告的最根本的依据。具体区别在五个方面。

(一) 行文目的不同

报告用于汇报、反映工作中的情况,目的是让上级机关了解下情,掌握动态,为决策和指导下级工作提供依据。请示用于请求上级机关指示、批准,目的是请上级解释政策,批准事项,解决困难。

(二) 行文时间不同

报告的行文时间多在事后,也可在事前、事中。而请示只能在事前行文,不能先斩后奏。

(三) 上级机关的处理方式不同

上级机关处理下级机关的报告有两种方式:一是存阅,即阅读后取其有价值的信息作为制定政策、部署工作的依据,报告本身则归档保存。二是批转,即对要求批转的建议报告批转给有关方面执行或参照执行。处理报告绝对不能用批复。

上级机关对下级机关呈报的请示,不论持肯定或否定意见,都要以批复予以答复,不能置之不理。

(四) 内容的含量不同

报告的内容可以是综合的,也可是专题的;可以一文一报,也可数事一报。请示的内容单一集中,一份请示只涉及一件事情,即"一事一请的原则"。

(五) 结束语不同

报告不需答复,结束语一般用"专此报告"、"请审阅"等结语。

请示请求上级表示明确的态度,结束语明确提出"请批复"等。

六、请示的结构

请示一般由标题、正文和落款三部分组成。

(一) 标题

请示的标题,通常标明发文机关、事由和文种。如《××县财政局关于新型农村合作医疗补助经费的请示》《关于购买办公电脑的请示》。

(二) 正文

请示的正文包括请示理由、请示事项和结束语三部分。

(三) 落款

落款注明发文机关和日期、印章。

七、请示的正文写作

(一) 请求批准性请示的写作

正文通常要写三个方面的内容。首先,陈述请示的理由,包括依据。接着,写明请示的事项,事项只能一文一事,要提出可以解决的途径、办法或措施。最后,写明"以上请示妥否,请批复"。理由应充分,可信,应包含本单位的意向性。

[例文]

<h3 style="text-align:center">中国农业银行××省分行
关于解决救灾贷款规模和救灾资金的紧急请示</h3>

中国农业银行总行：

今年入汛以来，我省连续遭受大暴雨、飑线风、冰雹袭击，造成了严重的洪涝灾害。4月1日至6月27日，全省平均降雨量981毫米，有36个县(市)降雨量超过1000毫米，最高的达1736毫米。仅6月1日至27日，全省平均降雨量461毫米，比历年同期增加1倍，接近建国以来雨量最多的1954年，部分地区超过1954年同期雨量的122毫米。这次降雨来势凶猛，突发性强，持续时间长，暴雨过程多，降雨集中，强度大，致使山洪暴发，江河水位多次猛涨，大幅度超过警戒水位。信江、乐安河、修河水位超过历史最高水平，其中袁河宜春站超过历史最高水位0.99米，赣站水位也达建国以来第二位。因长江洪水来得早，水位高，致使××湖水位已超过历史同期最高水位，许多地区多次受淹遭灾。

严重的洪涝灾害，给我省工农业生产和人民生命财产造成了巨大损失。据不完全统计，截止6月28日，全省有85个县(市)、1696个乡(镇)1519.13万人不同程度受灾；有29个县(市)城区进水受淹，2915个自然村、114.27万人被洪水围困；冲毁自然村22个、1184户；因灾死亡202人，伤4835人；受灾农作物面积103.58万公顷，成灾面积72万公顷，其中绝收面积32.65万公顷，毁坏农田41043公顷；倒塌房屋12.46万间，8.18万人无家可归；死亡大牲畜33万头；毁坏公路路基面3217.26公里，105、316、320、206、318、323等六条国道通讯线路1091公里，广播线路1928公里；2.3万家企业(含乡镇企业)受灾，其中：4221家因灾停产，5167家部分停产。据初步统计，全省因灾直接经济损失97.33亿元。

近日，我行已尽最大努力紧急调剂3000万元贷款规模投入重灾区。由于信贷资金十分紧张，6月中旬，我行备付率仅5.54%，扣除"汇出汇款"须在人民银行存入保证金(特种存款)的因素，实际备付率仅5.02%。本月下旬归还总行借款0.3亿元；尚需清算占用农行资金0.84亿元；以及由于灾民一方面支取存款增多，另一方面农行发放救灾贷款，预计本月下旬将出现贷差0.6亿元，仅此三项6月下旬就要运用资金1.74亿元，月末备付率将继续下降。因此，救灾资金确实无力解决。

为了尽快支持灾区灾民和使企业尽快恢复生产、生活，恳请总行解决我省年度救灾贷款规模6亿元、救灾资金3亿元，其中：银行救灾规模2亿元；信用社救灾规模4亿元。

专此请示，恳请批复。

中国农业银行××省分行
×年×月×日

[例文2]

<h3 style="text-align:center">深圳市××贸易第一分公司关于购买30台惠普牌笔记本电脑的请示</h3>

总公司：

近年来我公司业务发展迅猛，公司职员不断增加，而办公设施相对滞后，尤其是电脑极为紧缺，平均2人共用一台，致使工作效率低下。为提高效率，全面实现办公自动化，现特向总公司申请购买 30 台惠普笔记本电脑,约需人民币 15 万元。

当否,请批示。

深圳市××贸易第一分公司
二〇〇九年十月十三日

（二）请求指示性请示的写作

下级机关或单位在工作中执行现行政策遇到不好解决的问题,或者无政策依据不能解决的问题,或者对上级机关文件的理解存在疑点,或对某一问题因本机关意见分歧,无法统一等使用这种请示。

正文包括请示理由、请示事项和具体要求三部分内容。理由和事项的写作要根据请示内容来定,应简洁明了。最后用"以上认识当否,请予指示"等语作结。

请求指示性请示的内容一般比较简单,写作时应该明确指导思想,突出要点或疑虑点,语言表达要准确。如有分歧意见,要一一写明,并且要提出倾向性意见,供上级裁定参考。

[例文 1]

黑龙江省地方税务局
关于代扣代缴单位为员工支付保险有关缴纳个人所得税问题的请示
黑地税发〔2005〕19 号

国家税务总局:

依据《中华人民共和国个人所得税法》及有关规定,企业为员工支付各项免税之外的保险金。该保险金是否该由企业向保险公司缴付时（即该保险落到被保险人的保险账户）并入员工当期的工资收入,按"工资、薪金所得"项目计征个人所得税,税款由企业负责代扣代缴。

以上认识当否,请予指示。

黑龙江省地方税务局
二〇〇五年×月×日

[例文 2]

辽宁省人民政府法制办公室关于职工在上下班途中因违章受到
机动车事故伤害能否认定为工伤的请示
辽政法〔2004〕16 号

国务院法制办公室:

我省大连市在审理有关工伤认定的复议案件过程中,对职工在上下班途中因违章受到机动车事故伤害能否认定为工伤问题认识不一致。一种意见认为,根据《工伤保险条例》第十四条第（六）项的规定,只要职工在上下班途中,受到机动车事故伤害的就应当认定为工伤,不需要考虑职工是否违章。另一种意见则认为,虽然《工伤保险条例》第十四条明确了认定工伤的七种行为,但同时受到第十六条规定的限制。虽然职工是在上下班途中,但因其违反交通规则,属于违反治安管理的情形,因此不能认定为工伤。

以上哪种意见为妥,请予明示。

二〇〇四年十一月一日

第三节 意见的写作

一、意见的适用范围

《条例》规定:意见"适用于对重要问题提出见解和处理办法"。

意见的作者多为政府机关或政府部门。政府机关用"意见",为下行文;政府部门用"意见",如内容、作用需其他部门、下一级政府知晓、执行的,则为呈转性意见,向上级机关呈报,由上级机关批转行文。

二、意见的特点

（一）功能的多样性

有的意见是对某一文件重要问题提出见解和处理办法,具有指导性;有的意见具有规定性;有的具有参照性;有的具有参考性。呈现出功能多样性的特点。

（二）权限的灵活性

意见适用于上行、下行和平行,使用权限灵活,但多为下行的指导性意见、上行的呈批性、呈转性意见。呈转性意见,只用于政府部门向上级机关的行文,职权有所限制。

（三）内容的明理性

意见应"对重要问题提出见解",就必须讲明道理,即讲明为什么,根据什么,有何重要性、必要性或意义,使受文者提高认识、增强责任性,自觉贯彻执行或者参考执行。但"理",只需直接点明,不必展开论证、阐释。

三、意见的类型

按照行文的作用、目的,意见可以分为:

（一）指导性意见

指导性意见是指直接下发用于指导下级解决重要问题的意见。

（二）建议性意见

提出改进、推动某项工作或解决某个问题的思路、设想、建议,供上级机关决策时参考的意见。分为上行的建议性意见和平行性建议意见。上行的建议性意见又分为呈批性意见和呈转性意见。呈批性意见,为政府部门对自己主管的工作提出的意见呈报给上级机关批准。呈转性意见,是对重大问题提出建议,请求上级机关批转下级政府及部门或同级部门执行。

四、意见的结构

（一）标题

意见的标题一般包括发文机关、事由和文种。如《中共中央关于在全党开展以实践"三个代表"重要思想为主要内容的保持共产党员先进性教育活动的意见》《国务院关于做好防汛工作的意见》。

（二）正文

1. 前言。讲明针对的问题,布置工作的意义和重要性,目的和依据。

2. 主体。阐述工作任务,提出原则性的要求和措施、处理办法或步骤等,内容较多的,可用条块式或条列式。

3. 结尾。提出号召、希望、要求等。

（三）落款

直发性意见、呈转性意见,一般在文后署名和标注成文日期。

五、意见的正文写作

（一）指导性意见的写作

指导性意见指上级机关对下级机关进行工作指导的意见。正文由前言、主体、结尾三部分构成。

1. 前言

用简短的语言提出目的和依据。

2. 主体

阐述和说明开展某项工作的基本思想、原则、要求,并对工作进行原则性指导。

3. 结尾

说明主体部分未尽事项,如何时实施,解释权归属,原有意见的废止等。

[例文1]

**教育部　文化部　财政部
关于开展高雅艺术进校园活动的指导意见
教体艺〔2010〕4号**

各省、自治区、直辖市教育厅(教委)、文化厅(局)、财政厅(局)：

为加强美育,培养学生良好的审美情趣和艺术素养,自2005年以来,我国实施的高雅艺术进校园活动,以"走近大师,感受经典,陶冶情操,提高修养"为主题,采取组织国家级艺术院团和优秀地方艺术院团赴高校演出,组建全国普通高校艺术教育专家讲学团赴中西部高校讲学,以及开展全国普通高校和中学普及高雅艺术活动等形式,取得了十分显著的效果,受到了广大学生的热烈欢迎。为贯彻落实《国家中长期教育改革和发展规划纲要(2010—2020年)》,推进此项活动的制度化、规范化,加强对活动的监督管理,指导各地区各部门更好地开展此项工作,现提出如下意见：

一、活动宗旨

高雅艺术进校园活动通过政府购买文艺院团服务、给大学生提供免费欣赏高雅艺术的形式,旨在引领青年学生提高审美修养,提升精神境界,满足精神文化生活的需求;建设"向真、向善、向美、向上"的校园文化,优化艺术教育环境;为弘扬民族文化、建设中华民族共有精神家园奠定基础。

二、活动原则

（一）坚持育人为本,面向全体学生

开展高雅艺术进校园活动要以全体学生为对象,通过普及高雅艺术,促进学生的健康成长、全面发展。各地在开展高雅艺术进校园活动中要兼顾不同地区、不同类别高校的实际情况,让更多学生成为高雅艺术的受益者。

（二）坚持先进文化导向和高雅艺术品位

高雅艺术进校园活动要坚持先进文化导向，活动的内容均应是古今中外相关艺术领域的经典作品或优秀艺术成果。活动内容和形式必须有别于社会流行文化和时尚娱乐文化。要不断提升活动的艺术品质，引导青年学生接受优秀文化艺术的熏陶，树立正确的价值观和健康向上的审美观念，促进青年学生健康成长。

（三）坚持合作发展策略

高雅艺术进校园活动要加强组织协调，充分发挥各方面的积极性，整合优质艺术教育资源，形成良好的工作机制。要坚持合作发展策略，形成工作合力，取得共赢与发展。

三、活动内容和形式

（一）组织国家级艺术院团和优秀地方艺术院团（优秀地方艺术院团在此专指有优秀剧目获"五个一工程"奖、文华奖等国家级奖项的艺术院团，下同）赴高校为学生演出京剧、昆曲、话剧、交响乐、歌剧、芭蕾舞、民族民间音乐歌舞等经典作品。

（二）组织全国艺术教育专家讲学团赴高校（以中西部地区高校为主）举办艺术教育专题讲座，讲座范围包括音乐、舞蹈、戏剧（戏曲）、美术、书法（篆刻）、审美、影视等艺术领域，内容应深入浅出，适合于普通高校非艺术专业的学生。

（三）高雅艺术进校园活动的内容和形式，可根据高校学生的需求适时调整。

四、组织管理

由教育部、文化部、财政部成立全国高雅艺术进校园活动组委会（以下简称全国活动组委会）。全国活动组委会办公室设在教育部（体育卫生与艺术教育司）。

各省（区、市）要成立以省级教育行政部门为牵头单位，文化、财政部门参加的省级高雅艺术进校园活动组委会（以下简称省级活动组委会），省级活动组委会办公室应设在省级教育行政部门。

高校要成立高雅艺术进校园活动领导小组，由分管校领导担任组长，要发挥本校宣传部门、团委、学生工作部（处）、艺术教育中心、学生会、学生艺术社团等部门的作用，形成工作合力。

艺术院团要成立专门工作领导小组，实行主要领导负责制，应由相关部门或专门人员负责高雅艺术进校园活动的具体工作。

五、工作职责

（一）全国活动组委会的职责

全国活动组委会负责研究议定高雅艺术进校园活动的主题、年度活动内容和形式、年度计划、演出场次、演出内容和剧目（曲目）、参加高雅艺术进校园活动的艺术院团名单等重大事项，协调、处理活动过程中的有关问题。其中：

教育部负责提出年度计划建议方案；会同文化部向财政部提出活动专项经费申请，会同文化部做好经费具体拨付和管理；编制活动秩序册；做好活动的日常组织管理，并提高绩效；组织媒体对活动进行宣传报道；会同文化部对参演艺术院团名单以及演出内容等事项进行初审。

文化部会同教育部提出每年参加活动的艺术院团的建议名单；按照活动要求，对演出内容和剧目（曲目）进行初审；对参演院团进行业务指导和业务管理；根据院团演出场次、演出规模和演出地点的距离等因素，提出各院团的实际费用核定建议。

财政部负责按照年度计划和演出场次,安排年度预算,审核确定各院团的实际费用,核拨专项活动经费;拟定资金管理办法,并按照项目管理相关规定,加强预算管理和监督检查,对项目结果开展绩效评价。

(二)省级活动组委会的职责

在全国活动组委会的指导下,根据全国活动组委会制定的年度活动计划,于每年12月20日之前向全国活动组委会提出本省(区、市)翌年活动申请,内容包括承接国家级艺术院团和优秀地方艺术院团演出的场次和时间,申请专家讲学团讲座的场次、内容和时间,本省(区、市)艺术院团(含学生乐团)演出的场次、内容和时间等有关建议;实施全国高雅艺术进校园活动计划,落实在本地区开展的高雅艺术进校园活动项目,做好与演出院团的协调工作;做好本地区高雅艺术进校园活动的宣传工作,组织新闻发布会、专题报道等,利用广播、电视、网络、报纸等媒体进行宣传;做好活动总结工作,及时向全国活动组委会报送简报、简讯和活动图片以及活动总结,汇报活动执行和完成情况。

(三)开展高雅艺术进校园活动的高校的职责

1. 认真组织开展高雅艺术进校园活动。每年12月5日前向学校所在地的省级活动组委会提出翌年高雅艺术进校园活动申请。

2. 认真组织实施,积极创造条件,为院团演出和专家讲学提供良好的环境,组织好学生观众,尽量扩大活动的受益面,制定安全工作预案,确保活动顺利开展。

3. 加强对活动的宣传,及时以简报、图片和总结等形式向组委会上报活动开展情况,并利用广播、电视、网络、报纸等媒体进行宣传,营造良好的校园文化氛围。

4. 及时收集、汇报学生的反馈意见,做好问卷调查工作,促使高雅艺术进校园活动的水平不断提高。

(四)参加高雅艺术进校园活动的艺术院团的职责

1. 承担年度演出任务的国家级艺术院团和优秀地方艺术院团,要根据高雅艺术进校园活动的宗旨提出演出剧目(节目、曲目)计划,及时把优秀剧目(节目、曲目)送到高校,并适时更新演出剧目(节目、曲目),新更换的演出内容须经全国活动组委会审核。要按照年度活动计划落实所承担的演出任务。要组织高水平的演出队伍,安排优秀演员赴学校演出,确保演出质量。

2. 参加高雅艺术进校园活动的国家级艺术院团应于每年12月20日之前向教育部、文化部提出翌年活动申请和计划,上报院团演出剧目、内容介绍及演出日期等,经审核纳入翌年的全国高雅艺术进校园活动计划。

3. 参加全国高雅艺术进校园活动的优秀地方艺术院团,由省级活动组委会汇总推荐(推荐时间不迟于每年12月20日),将演出剧目(节目、曲目)介绍,以及院团情况(包括主要创、编、导、演人员以及演出人数等)报教育部、文化部,经全国活动组委会审核批准后,纳入翌年全国高雅艺术进校园活动计划。

4. 参加演出的院团要根据学生观众的需要和欣赏水平,认真做好讲解和普及工作,并听取广大学生观众的意见建议,不断提高演出水平。要积极主动指导高校学生艺术社团,辅导排练和演出,帮助高校学生艺术社团提高水平。

5. 增强安全意识,做好演出的安全工作预案。

六、经费管理

高雅艺术进校园活动专项经费每年列入年度预算,纳入中央部门预算支出绩效考核范围,各有关单位和学校必须按照国家经费管理使用规定,专款专用,提高资金使用效益。

演出院团和各省级教育行政部门,应在每年年底及时上报活动经费的支出明细,并将开展活动的简报、活动总结等材料送交组委会办公室,作为绩效评价的重要依据。

七、其他

各地教育行政部门开展的"全国普通高校和中学普及高雅艺术活动"参照本指导意见实施。

教育部　文化部　财政部
二〇一〇年十一月二十一日

[例文2]

南京市人民政府关于进一步
加强城市古树名木及行道大树保护的意见
宁政发〔2011〕63号

各区县人民政府,市府各委办局,市各直属单位:

为进一步加强我市古树名木和行道大树保护,彰显南京人文绿都特色,促进南京经济社会科学协调发展,根据国家、省有关规定及《南京市城市绿化管理条例》,现提出以下保护意见:

一、进一步增强全民爱绿护绿的意识,强化各级各部门管理责任。

保护南京绿化、建设好生态南京是坚持科学发展、促进可持续发展的重要内涵。建设人文绿都是全市各级政府、部门和广大市民共同的责任。保护古树名木,就是保护南京历史文化,保护南京城市记忆。要以关爱生命的理念关爱古树名木、关爱南京绿化。市住建委、规划局、城市管理局、旅游园林局等相关部门要按照各自职责分工,切实履行职责,确保管理到位。

二、所有市政工程规划、建设都要以保护古树名木为前提,从源头上把关,从审批程序上控制,从工程措施上强化,从施工组织上落实。

城市中的古树名木、行道大树,不论其所有权归属,任何单位和个人不得擅自砍伐、移植。确需砍伐、移植的,必须严格按程序审批:(1)主干道的树木需要砍伐、移植的,由市城市绿化行政主管部门批准并报市人民政府备案;(2)次干道、支路、街坊路的树木需要砍伐、移植的,由所在区城市绿化行政主管部门提出审核意见,报市城市绿化行政主管部门批准;(3)公共绿地的树木需要砍伐、移植的,由市城市绿化行政主管部门批准;(4)机关、团体、部队、企事业单位和居住区中的树木需要砍伐、移植的,由所在区城市绿化行政主管部门提出审核意见,报市城市绿化行政主管部门批准;(5)在城市重点敏感路段移植、砍伐树木或需移植树木数量较大,作出行政审批前必须先进行公示,广泛征求社会与市民意见,市城市绿化行政主管部门根据公众意见审慎作出审批意见,并报市人民政府备案。

建设工程与保护古树名木发生冲突时,原则上工程让树,不得砍树。经批准的重大基础设施建设项目,凡涉及需移植古树名木或数量较多、规格较大的行道树,在前期规划设计时,应主动提出避让和保护方案,经市城市绿化主管部门和专家充分论证和多方案比较后,与主体方案共同报批。

三、进一步强化绿化规定的实施力度,严格执行"补绿"制度。

市城市绿化行政主管部门要严格绿化管理,一方面从严审批移树,另一方面对经批准的移树工程要从技术上、保养上完善方案,不仅要确保移植树木当年的存活,还要加强后续养护。凡在主城区开发建设项目经批准移植树木的,必须按"移一补二"的原则,在指定地块补栽绿化,确保主城区绿量。

移植树木应制定完备的移植方案,由园林绿化专业单位实施,公共绿地上的树木移植原则上应就近安置在绿地、广场和公园内。养护单位应建立健全养护档案,确保成活率。

四、进一步加大城市绿化建设力度,创建国家森林城市。

要进一步加强城市绿化基础设施建设,加大国家森林城市创建力度,切实加快城市中央公园(紫金山—玄武湖)、明城墙、滨江、滨河、土城头—秦淮新河等风光带和青龙山、牛首山、将军山、幕府山、栖霞山、老山郊野公园等一批重点绿化项目建设,有效推进主城区100个小游园的建设,让市民有更多的绿色休闲空间。

五、进一步落实古树名木保护管养责任,建立健全市民参与、民主城建的良性机制。

切实强化市绿化行政主管部门责任。市住建委在牵头组织重大基础设施建设中应提高爱绿护绿意识,在前期规划设计中重视配套绿化建设,将其与主体工程同步设计、同步施工、同步验收;要加强建设过程中的监管,对建设中违规毁绿伤树的建设单位和施工企业,要依法从严处罚,并计入其资质管理不良记录。市城市管理局要从严加强移植树木的行政审批和移植后的成活率监督检查,并注重引入社会监督机制。市旅游园林局对公园、风景名胜区及现在册的古树名木要依法管理,落实责任。要进一步加强社会动员,大力提倡和鼓励企业、市民认养、管护古树名木,动员全社会力量关心绿化事业发展,共同维护南京山水城林融为一体的城市风貌。

二〇一一年三月十七日

(二)呈批性意见的写作

呈批性意见是政府部门对主管工作提出指导性意见呈报给上级机关批准的意见。

正文由前言、主体、结尾三部分构成。前言提出目的和依据,一般为引述所依据的文件的标题和发文字号,然后用"现提出实施意见如下"或"现就有关事项提出如下意见"接叙下文;主体是行文单位对自己主管的工作提出的意见,常用条列式;结尾部分用"请予以批准"为结束语。

[例文]

关于限期全面解决全市拆迁安置问题的实施意见
宁建委〔2002〕7号

南京市人民政府:

根据市委、市政府《关于开展全市社会稳定工作综合检查的通知》精神,为进一步保障社会稳定,维护群众合法权益,全面解决被拆迁居民的安置问题,制定实施意见如下:

一、明确责任,做好拆迁安置的社会稳定工作(略)

二、市各相关部门协同工作,负责督促解决各区征地、拆迁安置中存在的问题(略)

三、做好拆迁安置矛盾化解工作(略)

四、做好经济适用住房的建设和供应工作(略)

各区政府及市各相关职能部门,应高度重视,认真做好经济适用住房的建设和供应工作。市计委、建委、规划、国土、房产等部门要根据每年城市建设计划,安排适度规模的经济适用住房建设,以满足征地、拆迁过程中部分困难家庭的购房需求。各区要按照政策和进度要求加快经济适用房建设;各有关部门要全力做好各项前期审批服务,不拖工程进度后腿;市房产部门要会同各区和宣传部门大力宣传经济适用房相关政策,公开、公平、公正地依据政策规定组织好供应,让拆迁困难家庭尽快购买到经济适用住房,为稳定工作打好坚实基础。

请予以批准。

附件:全市拆迁安置任务一览表

南京市建设委员会(印章)

南京市国土局(印章)

南京市房产管理局(印章)

南京市信访局(印章)

南京市司法局(印章)

二〇〇二年十月二十九日

(三) 呈转性意见的写作

呈转性意见是政府部门就开展和推动某方面工作的重要问题提出初步的设想和打算,呈送领导机关审定,要求批转更大范围执行的意见。

正文由前言、事项和要求组成。前言交代目的、意义、依据;事项是对处理问题的见解、做法(或措施)等。首用条例式,按问题或任务分类,提出要点(见解),逐一展开。正文结束时,写明"以上意见,如无不妥,请批转"等语,以表达自己的要求。

在写呈转性意见前,应该认真地调查研究实际工作中遇到的新问题、新情况,针对遇到的问题,提出的解决问题的看法和具体措施和办法切实可行。这类意见经上级机关审定批转,便具有法定的权威性和约束力,有关部门、下级政府必须遵照执行,行文措辞必须切实、适当。

[例文]

关于调整 2001 年房改年度有关政策的意见
宁房管〔2001〕9 号

南京市人民政府:

为进一步贯彻落实市政府宁政发〔1998〕278 号文件精神,继续深化我市住房制度改革,根据《省政府办公厅转发省建设厅等部门关于调整 2001 年度省住房制度改革有关政策的请示的通知》(苏政办发〔2001〕94 号)和省建设厅《关于南京市调整经济适用住房价格和住房补贴标准的请示的批复》(苏建房改〔2001〕277 号),现就我市 2001 年房改年度有关政策调整,提出如下意见:

一、关于住房公积金(略)

二、关于公有住房租金和租金补贴(略)

三、关于公有住房出售(略)

四、关于住房补贴政策(略)

本文件发布前,职工已经批准领取过购房补贴和工龄补贴的,不再补发,出售已购公有住房因超出家庭住房货币量而缴纳的土地收益不再找贴。其余的调整政策于 2001 年 7 月 1

日起执行。市属江宁区及四县应根据省、市通知精神,制定符合本地实际的实施意见并报省、市房改领导小组备案。

以上意见如无不妥,请批转执行。

南京市房产管理局
南京市财政局
南京市物价局
二○○一年五月十五日

写作训练

一、判断下列各标题是否正确

1. ××局请求计委调减产量指标,标题为《××局关于请求调减产量指标的报告》。
2. ××公司向银行申请购置冷冻机的贷款,标题为《××公司关于购买冷冻机申请贷款的请示》。
3. 某地区科研所向省科委反映科技体制改革情况,标题为《××科研所关于科技体制改革工作情况的总结报告》。
4. 某省对外事工作的设想,标题为《关于加强外事工作的报告》。
5. 某厅针对下级增加生产任务的请求给予答复,标题为《××厅关于增加生产任务的函复》。
6. 某局为离休老干部申请配备汽车,标题为《某局关于申请离休老干部配备汽车的请示报告》。

二、拟写公文标题

1. ××机械厂开展厂风大检查活动成效显著,有创新经验,需向上级机关汇报。
2. ××机场就发展国际业务问题需向上级行文。
3. ××交通局关于兴建一货柜码头的公文。
4. ××公司向上级行文,要求增加专业技术人员。
5. 答复上级对群众来信中反映年终奖金分配的问题。
6. ××局向上级机关汇报某一阶段的工作情况。
7. 上海××学院要将学生宿舍着火情况向上级机关汇报。
8. ××省环保厅关于全省污水处理问题提出了见解与措施,需经省政府批转。

三、修改病文

病文 1

关于要求解决学生宿舍拥挤等问题的请示

市人民政府、市教育局:

我校今年由于住宿生急剧增加,已有的学生宿舍已无法容纳,住宿生一个床位两个人睡,严重影响学生的身心健康。为解决这一困难,我校决定再建一栋学生宿舍楼。另外,我校图书馆也尚未达到省"两基"标准,望上级部门给予适当支持。

请回复

市二职高
2003年12月15日

病文 2

请示报告

学院领导并转财务处:

　　一年一度的国庆、中秋两大节日即将来临,老干部处拟为每位离休干部购买200元左右的食品以示慰问。因考虑到老同志们口味各异,加上一些老同志反映最近手头有些吃紧,因此欲将购买慰问品的200元直接发给老干部自行开销。可否,请领导指示为盼。

　　此致敬礼

××学院离退休工作处

病文 3

××县地税局重建税务所办公楼的请示报告

××地区地税局、城建局、国税局:

　　我局所属××镇、××镇、××镇三个税务所,因受灾被洪水冲毁。现决定重建三个税务所办公楼3幢,建筑面积1 200平方米,用作办公室和职工宿舍。共需资金150万元,扩增土地0.2公顷。

　　特此报告。

2008年8月29日

四、写作

1. "5·12"四川汶川里氏8.0级大地震发生后,公安消防镇江支队根据上级命令,先后抽调24人携带大量抢险救援器材赶赴灾区参加抗震救灾工作。到了灾区发现现有装备难以满足四川灾区抗震救灾和全市灭火救援的需要。5月16日下午,公安局镇江支队向有关上级上报了《关于紧急申请购置抗震救灾救援器材专项经费的请示》,请求紧急拨款80万元用于购置补充抗震救灾救援器材。镇江市代市长刘捍东、副市长曹当凌分别做了重要批示。5月19日,市长常务会议研究同意拨款80万元用于购置包括无齿锯、液压扩张器、救生气垫、便携式照明设备等救援器材在内补充器材装备,其中40万元的先期拨款已经下拨支队。目前,支队正在联系各器材供应商,力争本周内完成器材采购工作。

　　根据以上的材料请你代有关部门分别写一份请示和批复。

2. 单位准备元旦举办一次大型庆祝晚会,预计活动经费约需3万元。

(1) 请用正确的公文向上级主管部门行文。

(2) 上级主管部门认为只能拨款1万元,请代拟一份答复的公文。

第四章　知照性公文的写作

知照性公文,以公开发布应知、规范信息为主的是公报、公告、通告;以内部或公开发布表扬、批评信息为主的是通报;以下行或平行发布应知、规范信息为主的是通知;以平行发布沟通、协筹信息或业务管理为主的是函。其中通告、通知、函,使用频率较高、范围最广。

第一节　公报的写作

一、公报的适用范围

《条例》规定:公报"适用于公布重要决定或者重大事项。"

二、公报的作用

公报是党政机关和人民团体公开发布重大事件或重要决定事项的报道性公文,是党和国家经常使用的重要文种。公报是应用写作的重要文体之一。

三、公报的类型

(一)会议公报

是用以报道重要会议情况的公报。这种公报一般用于党中央召开的会议。

(二)事项公报

党的高级领导机关用以发布重大情况、重要事件的文件。高层行政机关、部门向人民群众公布重大决策、重要事项或重大措施时有时也沿用此类公报。

(三)联合公报

这是一种特殊用途的公报,用以发布国家之间、政党之间、团体之间经过会议达成的某种协议,如《中俄联合公报》。

四、公报的结构

公报的结构一般包括标题、正文和结尾三部分。

(一)公报的标题

公报的标题常见的有三种形式。一种是直接点明公报的发布形式和文种,如《新闻公报》《联合公报》;第二种是由会议名称和文种构成,并在其下用括号标明会议通过的日期,如《中国共产党第十八届中央纪律检查委员会第一次全体会议公报(2012年11月15日中国共产党第十八届中央纪律检查委员会第一次全体会议通过)》;第三种是由公报的发布机关、内容和文种组成,如《中华人民共和国国家统计局关于国家经济及社会发展第四个五年计划执行情况的公报》。

（二）公报的正文

公报的正文一般包括开头和主体两部分。

1. 开头。即前言部分。事件性公报要求用最鲜明、最精炼的语言概述事件的核心内容，即何时、何地、发生了什么重大事件；会议性公报要求概述会议的名称、时间、地点、参加人员等；联合公报要求概述公报的来由，在何时、何地、谁与谁举行了什么会谈或谁对谁进行了什么性质的访问等。

2. 主体。是公报的核心内容，要求把公报的内容完整、系统、有序地表达清楚。常见的有三种写作：一种是分段式，即每段说明一层意思或一项决定；第二种是序号式，多用于内容复杂的公报；第三种是条款式，多用于联合公报。

（三）公报的结尾

事件性公报和会议性公报一般没有结尾；联合公报要在正文之后写明双方签署人的身份、姓名和日期，并写明签署地点。

[例文]

中国共产党第十七届中央纪律检查委员会第八次全体会议公报
（2012年11月4日中国共产党第十七届中央纪律检查委员会第八次全体会议通过）

中国共产党第十七届中央纪律检查委员会第八次全体会议，于2012年11月3日至4日在北京举行。中央纪律检查委员会委员125人出席会议，并列席了中国共产党第十七届中央委员会第七次全体会议。

中央纪律检查委员会常务委员会主持会议，中共中央政治局常委、中央纪律检查委员会书记贺国强作了重要讲话。

全会审议并通过了中共中央纪律检查委员会向党的第十八次全国代表大会的工作报告，同意将报告提请党的第十八次全国代表大会审查。

全会认为，党的十七大以来，中央纪委和各级纪委在以胡锦涛同志为总书记的党中央领导下，高举中国特色社会主义伟大旗帜，以邓小平理论和"三个代表"重要思想为指导，深入贯彻落实科学发展观，坚持党要管党、从严治党方针，全面履行党章赋予的职责，扎实推进党风廉政建设和反腐败工作，取得新的进展和成效，为党和国家事业发展提供了有力保障。同时也要看到，在世情、国情、党情发生深刻变化的新形势下，我们党面临的执政考验、改革开放考验、市场经济考验、外部环境考验是长期的、复杂的、严峻的，精神懈怠危险、能力不足危险、脱离群众危险、消极腐败危险更加尖锐地摆在全党面前，反腐败斗争形势依然严峻、任务依然艰巨，必须充分认识反腐败斗争的长期性、复杂性、艰巨性，坚持反腐倡廉常抓不懈、拒腐防变警钟长鸣。

全会强调，坚决反对腐败、建设廉洁政治，是我们党一贯坚持的鲜明政治立场，是人民关注的重大政治问题。要坚持围绕中心、服务大局，坚持标本兼治、综合治理、惩防并举、注重预防方针，紧紧围绕党的先进性和纯洁性建设，着力加强以保持党同人民群众血肉联系为重点的作风建设，深入推进以完善惩治和预防腐败体系为重点的反腐倡廉建设，认真解决反腐倡廉建设中人民群众反映强烈的突出问题，坚定信心、加大力度、与时俱进、改革创新，进一步提高反腐倡廉建设科学化水平，做到干部清正、政府清廉、政治清明，为落实党的十八大作出的各项重大决策和战略部署提供有力保证。

全会增选张军同志为中央纪委副书记,陈文清同志为中央纪委常务委员会委员、副书记。

全会要求,各级纪委要紧密团结在以胡锦涛同志为总书记的党中央周围,勇于进取,扎实工作,不断取得党风廉政建设和反腐败斗争新成效,为圆满完成党的十八大各项战略决策部署、实现全面建成小康社会的奋斗目标作出更大贡献!

第二节 公告的写作

一、公告的适用范围

《条例》规定:公告"适用于向国内外宣布重要事项或者法定事项"。

所谓重要事项,是指事关全局或在国内外能产生重大影响的事项。所谓法定事项,指按法律程序批准确定的重大事项。

二、公告的特点

（一）发文机关的权威性

公告发文机关的级别较高,一般都是由国家最高权力机关（全国人大及全国人大常委会）和管理机关（国务院及其各部委）,地方权力机关和管理机关,以及获得授权可以发布公告的机构（如新华社）。除此之外,任何单位无权发布公告。

（二）内容的重大性

公告用于向国内外宣布重要事项或法定事项,涉及面广,影响重大,一般事项或法规不能用公告。

（三）行文的严肃性

公告内容重要,事项重大,代表国家机关立言立语,行文严肃庄重。

三、公告的类型

公告按性质可分为:告知性公告和法规性公告。

（一）告知性公告

用于向国内外宣布重要事项的公告。此类公告重点在于让国内外知道重要事项。如公布国家领导人出访、国家领导人的选举结果、发射火箭试验等。

（二）法规性公告

用于向国内外发布重要法规的公告。此类公告的重点在于宣布带有法规性的重要事项,要求中国公民和中国境内的外国人士遵守。

四、公告的结构

包括标题、日期、编号、落款、正文五部分。

（一）标题

公告的标题一般包括发文机关、事由和文种三个要素,如《中国人民银行关于开办人民币长期保值储蓄存款的公告》。

(二) 正文

一般由原由(依据)、事项、结尾三部分合成三个层次构成。

(三) 公告的日期、编号

公告的日期写在正文的后面,有的日期还可以写在标题下正中的位置,加括号。一般告知性公告可以不用发文字号;可在标题下方编号,如"第×号",或用圆括号括入。法规性公告可用完整的三项式发文字号。

五、公告的正文写作

(一) 告知性公告写作

1. 缘由

依据(事实、文体或法定程序)、目的(用"为"引出),需用一两句话或短语概括。

2. 事项

公告事项要根据内容多寡来确定安排方式,如果内容较多,要分列条款;如果内容比较简单,则可不分条款。

3. 结尾

一般以"特此公告"、"现予公告"作结尾,也可不写。

[例文]

中华人民共和国国务院公告
(2008年5月18日)

为表达全国各族人民对四川汶川大地震遇难同胞的深切哀悼,国务院决定,2008年5月19日至21日为全国哀悼日。在此期间,全国和各驻外机构下半旗志哀,停止公共娱乐活动,外交部和我国驻外使领馆设立吊唁簿。5月19日14时28分起,全国人民默哀3分钟,届时汽车、火车、舰船鸣笛,防空警报鸣响。

(二) 法规性公告的写作

1. 公告依据

发布公告的缘由或根据。依据可以是法律或政策依据,也可以是理论或事实依据。用一两句话作简短的概括,最后以"现公告如下"用语转接下文。

2. 公告事项

公告的中心内容,一般分条列项地写出有关规定。条文应简洁明确,条理清楚。

3. 公告的结语

可用"特此公告"、"此告"等惯用语结束。

[例文]

中华人民共和国财政部公告
2011年第14号
财政部关于开展海南离岛旅客免税购物政策试点的公告

为加快推进海南国际旅游岛的建设发展,国务院决定在海南省开展离岛旅客免税购物政策(以下简称离岛免税政策)试点。离岛免税政策是指对乘飞机离岛(不包括离境)旅客实行限次、限值、限量和限品种免进口税购物,在实施离岛免税政策的免税商店(以下简称离岛免税店)内付款,在机场隔离区提货离岛的税收优惠政策。财政部经商商务部、海关总署和国家税务总局,现就试点工作的有关事项公告如下:

一、离岛免税政策的适用对象及条件

(一)政策适用对象。离岛免税政策适用对象是年满18周岁、乘飞机离开海南本岛但不离境的国内外旅客,包括海南省居民(以下简称岛内居民)。

(二)享受政策的条件。离岛旅客免税购物必须同时符合以下条件:

1. 已经购买离岛机票和持有效的身份证件,国内旅客持居民身份证(港澳台旅客持有效旅行证件),国外旅客持护照;

2. 在指定的离岛免税店内付款购买免税商品,商品品种和免税购物次数、金额、数量在国家规定的范围内,并按规定取得购物凭证;

3. 在机场隔离区凭身份证件及购物凭证,在指定的提货点提取所购免税商品,并由旅客本人乘机随身携运离岛。

二、离岛免税店、免税商品品种、免税税种

1. 离岛免税店。离岛免税店是具有实施离岛免税政策资格并实行特许经营的免税商店。海口、三亚两地各开设一家离岛免税店进行试点。其中,三亚免税店在原批准设立的离境市内免税店基础上,增加其实施离岛免税政策功能,自本公告执行之日起启动试点。海口免税店待离岛免税店经营主体、选址及相关配套设施确定并经有关部门批准后启动试点。

2. 免税商品品种。免税商品限定为进口品,试点期间,具体商品品种限定为:首饰、工艺品、手表、香水、化妆品、笔、眼镜(含太阳镜)、丝巾、领带、毛织品、棉织品、服装服饰、鞋帽、皮带、箱包、小皮件、糖果、体育用品共18种,国家规定禁止进口以及20种不予减免税的商品除外。

3. 免税税种。离岛免税政策免税税种为关税、进口环节增值税和消费税。

三、免税购物离岛次数、金额、数量

1. 免税购物离岛次数。非岛内居民旅客每人每年最多可以享受2次离岛免税购物政策,岛内居民旅客每人每年最多可以享受1次。旅客购物后乘机离岛记为1次免税购物。岛内居民旅客身份以居民身份证签发机关为主要依据进行认定。

2. 免税购物金额、数量。离岛旅客(包括岛内居民旅客)每人每次免税购物金额暂定为人民币5 000元以内(含5 000元),即单价5 000元以内(含5 000元)的免税商品,每人每次累计购买金额不得超过5 000元,购买免税商品数量范围详见附件。此外,旅客在按完税价格全额缴纳进境物品进口税的条件下,每人每次还可以购买1件单价5 000元以上的商品。

四、离岛免税政策实施流程

离岛免税政策主要实施流程包括:离岛免税店进口免税商品,离岛旅客在店内选购付款,免税店根据旅客离岛时间运送货物,旅客在机场隔离区提货并乘机携运离岛等环节。

离岛免税政策试点监管办法由海关总署另行公布。

本公告自2011年4月20日起执行。

特此公告。

附件:离岛旅客每人每次购买免税商品数量范围

财政部
二〇一一年三月十六日

第三节 通告的写作

一、通告的适用范围

《条例》规定：通告"适用于在一定范围内公布应当遵守或者周知的事项"。
通告既可下行，也可平行、普发。

二、通告的特点

（一）广泛性
通告的内容与范围十分广泛，既可以是国家的有关政策，也可以是工作或业务、社会生活中的一些具体事项。
（二）普遍性
通告的作者不受职权限制。各级行政机关或者有关业务管理部门以及企事业单位、人民团体等都可以使用通告。
（三）法规性
一些法规政策性通告由行政领导机关或职能机构发布，就某些事项作出规定限制，或者宣布某些需遵守的事项，对一定范围内的公众具有法规约束力。
（四）针对性
通告常定在一定范围内使用，往往只针对某一地区、某一领域的事项而发布，因而针对性较强。

三、通告与公告的区别

（一）内容轻重不同
公告宣布的是重要事项或法定事项，多为国内外关注的大事；通告宣布的是在一定范围内应当遵守或周知的事项，内容多是业务工作方面的。
（二）发文机关级别不同
公告由国家权力机关、高级行政领导机关或者政府有关职能部门发布，发文机关级别较高；通告由国家各级行政机关、有关职能部门发布，不受发文机关级别限制。
（三）使用范围不同
公告使用范围较广，包括国内和国外；通告只针对某一领域、某一地区的事项发布。
（四）发布形式和写作要求不同
公告语言严肃庄重，主要通过媒体发布；通告语气平和，可通过媒体发布，也可以用文件形式下达或公开张贴。

四、通告的类型

通告按其内容可分成法规性通告和周知性通告两大类。
（一）法规性通告
用于向一定范围内有关单位或人员公布应当遵守的事项，具有法规效力。这类通告多由行政领导机关发布，有关单位和人员必须严格遵守。如《上海市人民政府关于加强对秸秆露天焚烧和利用管理的通告》。

（二）周知性通告

用于公布一定范围内有关单位或人员需周知的事项，如出现新情况、新问题等。与法规性通告相比，周知性通告大都具有专业性和单一性，不带有强制性，但也有一定的约束力。如《南京市公安局交通管理局通告》。

五、通告的结构

通告的结构包括标题、主送机关、正文和结尾。

（一）通告的标题

通告的标题一般由发文机关、事由和文种构成，如《山西省人民政府关于收缴非法爆炸物品的通告》。

（二）通告的正文

通告的正文一般包括通告缘由、通告事项、通告结语三个部分。通告所告知的对象是一定范围内的社会公众，不必写主送对象。

1. 通告缘由

原因、依据和目的。用简短的文字写明发通告的原因、目的或者说明发通告的法规依据。

2. 通告事项

通告事项是正文的主体部分，是需要遵守或周知的内容。内容较多时，一般分条列项写。

3. 通告结语

通告结语大多强调该通告的意义或者提出希望。通告的结语可以单列一行，也可以并在事项的条文末，如"此告"、"特此通告"等。

（三）通告的落款

文尾写上发文单位和日期。如果发文单位在标题中已出现，文尾可以只写日期或者在标题下正中署日期。下发或者张贴的通告要加盖公章。

六、通告的正文写作

（一）法规性通告的写作

先写发出通告缘由，然后再交代通告范围和通告事项，最后说明通告施行的具体日期。

[例文1]

最高人民法院 最高人民检察院 公安部 司法部
关于限令拐卖妇女儿童犯罪人员投案自首的通告

为依法惩治拐卖妇女、儿童等犯罪，帮助更多的被拐卖妇女、儿童早日回归家庭和社会，切实贯彻落实宽严相济的刑事政策，增进社会和谐稳定，根据《中华人民共和国刑法》《中华人民共和国刑事诉讼法》等法律及司法解释的规定，最高人民法院、最高人民检察院、公安部、司法部联合发布通告，限令拐卖妇女、儿童犯罪人员投案自首。通告内容如下：

一、限令实施或者参与拐卖妇女、儿童,收买被拐卖的妇女、儿童,聚众阻碍解救被拐卖的妇女、儿童的犯罪人员,自通告发布之日起至 2011 年 3 月 31 日到公安机关等有关单位、组织投案自首。

二、亲友应当积极规劝犯罪人员尽快投案自首,经亲友规劝、陪同投案的,或者亲友主动报案后将犯罪人员送去投案的,均视为自动投案。

三、在限令期限内自动投案的犯罪人员,如实供述自己罪行的,依法可以从轻或者减轻处罚;犯罪情节较轻的,可以免除处罚。被采取强制措施或正在服刑期间,如实供述司法机关尚未掌握的拐卖犯罪行为的,如果该罪行与司法机关已掌握的或者判决确定的罪行属不同种罪行的,以自首论;如果该罪行系司法机关尚未掌握的同种拐卖犯罪的,一般应当从轻处罚。

被追诉前主动向公安机关报案或者向有关单位反映,愿意让被收买妇女返回原居住地,或者将被收买儿童送回其家庭,或者将被收买妇女、儿童交给公安、民政、妇联等机关、组织,没有其他严重情节的,可以依法免予刑事处罚。

四、犯罪人员有检举、揭发他人拐卖妇女、儿童犯罪行为,经查证属实的,以及提供重要线索,从而得以侦破其他犯罪案件等立功表现的,或者协助司法机关抓获其他犯罪嫌疑人的,可以依法从轻或者减轻处罚;有重大立功表现的,可以依法减轻或者免除处罚。

犯罪后自首又有重大立功表现的,应当依法减轻或者免除处罚。

五、逾期拒不投案自首的,或者转移、藏匿被收买的妇女、儿童,阻碍其返回原居住地或者阻碍解救的,经查实,依法从严惩处。

六、鼓励广大人民群众积极举报、控告拐卖妇女、儿童犯罪。司法机关对举报人、控告人依法予以保护。对威胁、报复举报人、控告人的,应当依法追究刑事责任。

七、窝藏、包庇犯罪分子,帮助犯罪分子毁灭、伪造证据的,应当依法追究刑事责任。

八、本通告自发布之日起施行。

二〇一一年一月一日

[例文 2]

上海市人民政府
关于加强对秸秆露天焚烧和利用管理的通告
沪府发〔2010〕10 号

为加强对秸秆露天焚烧和利用的管理,确保 2010 年上海世博会顺利举办,根据《上海市人民代表大会常务委员会关于本市促进和保障世博会筹备和举办工作的决定》的规定,市政府决定,在 2010 年上海世博会筹备和举办期间,对秸秆露天焚烧和利用采取如下管理措施:

一、禁止任何单位和个人在本市范围内露天焚烧秸秆。

二、各级农业主管部门应当加强秸秆综合利用技术的推广和指导工作,积极引导农民通过还田、制作有机肥辅料、制作食用菌培养基等方式,对秸秆进行综合利用。

三、尚未利用的秸秆应当妥善、安全地堆放。有关区县、乡镇人民政府以及农村基层组织应当按照各自职责,规划、落实秸秆堆放场所,并加强日常巡查的组织和协调。

四、违反本通告规定露天焚烧秸秆的,由各级环保部门依照《中华人民共和国大气污染防治法》第五十七条的规定责令停止违法行为;情节严重的,可以处 200 元以下罚款。其中,已实行城市管理相对集中行政处罚权的行政区域,由城管执法部门予以处罚。

本通告自2010年4月15日至10月31日施行。

上海市人民政府
二〇一〇年四月一日

(二)周知性通告的写作

先写通告的原因,再写通告事项,内容明确,语言简练。

[例文]

北京市人民政府关于2008年北京奥运会开幕式当天放假的通告
京政发〔2008〕37号

2008年8月8日晚8时,将举行第29届夏季奥林匹克运动会开幕式。经国务院批准,除保障国事活动、城市运行等必要的工作岗位外,在京中央和国家机关、企事业单位和社会团体,北京市机关、企事业单位和社会团体,8月8日放假一天;本市行政区域内其他社会组织,可根据实际情况自主安排。

为让全市人民分享奥运的欢乐,放假前各有关单位要及早做好准备,妥善安排各项工作,保证社会生产生活正常进行。希望广大市民进一步增强"平安奥运"意识,绿色出行,自觉维护社会公共秩序,展现良好的文明素质和精神风貌。

特此通告。

二〇〇八年八月五日

南京市公安局交通管理局通告

因地铁二号线大行宫站至新街口站区间盾构机吊装施工的需要,为维护施工现场秩序与交通安全,经研究决定,自2008年7月12日至14日,每晚23时起至次日凌晨5时30分止,对中山东路与太平南路东口南侧机动车道实施交通管制,管制期间禁止机动车辆由西向东行驶(大行宫至汉府街段)。向东行驶的车辆可从太平南路、科巷、长白街或太平北路、长江路、汉府街绕行。

特此通告。

南京市公安局交通管理局
二〇〇八年七月十日

第四节 通知的写作

一、通知的适用范围

《条例》规定:通知"适用于发布、传达要求下级机关执行和有关单位周知或者执行的事项,批转、转发公文"。

通知是下行文,有时也用于平行文,绝不能直接上行,而重要通知下行时应抄送上级机关。

二、通知的特点

（一）广泛性

通知的使用范围广泛，不受发文机关级别的限制，适用于各级行政机关、部门。通知的内容既可以是重要的政策措施，也可以是具体的工作事项；既可以指示工作、发布规章，又可以用来批转下级公文或者转发上级和不相隶属机关公文。这些特点使通知成为使用频率最高的一个文种。

（二）传达性

通知可以对当前的重要工作进行指导，要求下级机关认真贯彻执行，具有一定的指令性。通知也可以只传达具体的事项，而不需要下级机关执行，具有知照性。

（三）时效性

通知事项一般是要求立即办理、执行或知晓的，不容拖延。有的通知如会议通知，只在指定的一段时间内有效。需要紧急办理或周知的事项，在标题中需加"紧急"二字。

三、通知的类型

通知按其内容可以分为指挥性通知、发布性通知、批转性通知和事项性通知。

（一）指挥性通知

多用于传达上级机关的决定、规定、指示或某方面的政策；向下级布置需要执行与办理的工作或具体事项；上级主管业务部门向下级主管业务部门对口指导业务事项。一般基层单位也用以传达与布置具体工作。

（二）发布性通知

用通知发布本机关或部门所指定的规章，包括行政法规、规章、计划等，要求有关单位执行。发布性通知使用得比较普遍，各级行政机关都可以制发。

（三）批转转发性通知

批转性通知用于批转下级机关、上级机关及不相隶属机关的公文，包括"批"和"转"两个部分。批转性通知由批语加下级机关的公文两部分组成，制发这种通知的机关所要撰写的仅是批语部分，但对下级机关的来文（报告或意见）需做一些技术性处理（消除原文的文头、公章、主题词、文号等）。

转发性通知用于转发上级机关、同级机关或不相隶属机关的公文。转发通知比批转通知用得多。如《上海市教育委员会转发人事部、教育部关于追授殷雪梅同志"全国模范教师"荣誉称号的决定的通知》。一般不加转发按语。必要时根据实际情况提出执行的具体要求或规定。

（四）事项性通知

上级机关向下级机关告知或要求下属机关办理一般性事项的通知。如成立、调整或撤消机构；启用或废止公章，变更机构名称、地址、电话号码，召开会议、布置工作、下达任务、任免聘用干部等。这类通知常用。如《江苏省人民政府关于南京邮电学院更名为南京邮电大学的通知》。

四、通知的结构

通知由标题、主送机关、正文、落款四个部分组成。

（一）标题

通知的标题一般由发文机关、事由和文种构成。如《国务院关于进一步促进蔬菜生产保障市场供应和价格基本稳定的通知》；当通知的事项十分重要或紧急时，可以在标题的文种"通知"前加上"紧急"或"重要"字样，如《××省人民政府关于做好防汛工作的紧急通知》。

用于批转、转发类通知的标题，由"发文机关＋批转或转发＋被发文件标题＋通知"构成。如《南京市人民政府批转南京市园林局关于创建全国首批生态园林城市实施意见的通知》。

（二）主送机关

通知的主送机关有两种写法：一种是将几个主送机关名称全部写上。主送机关应写全称或规范简称，或用统称指代词"各"，列出相关规范简称。如"各省、自治区、直辖市人民政府"。多个主送机关，一般按先外后内、党、政、军、人民团体的顺序安排。

（三）正文

通知的正文因内容不同而写法各异，一般由通知缘由、通知事项、执行要求等要素构成。具体写法另题阐述。

（四）落款

文尾写上发文单位和日期。如果发文单位在标题中已经存在，这里可以只写日期。下发或者张贴的通知要加盖公章。

五、通知的写作

（一）指挥性通知

一般由通知前言和通知事项两部分内容组成。

1. 通知前言

原因、依据和目的。语言要概括、简洁。

2. 通知事项

这是通知的主体，要写明工作任务、办理方法及具体的措施和要求或规定。简单的，只要指出事项名称；复杂的，事项内容展开时，可用条列式。

[例文]

国务院办公厅关于进一步做好
房地产市场调控工作有关问题的通知
国办发〔2011〕1号

各省、自治区、直辖市人民政府，国务院各部委、各直属机构：

《国务院关于坚决遏制部分城市房价过快上涨的通知》（国发〔2010〕10号，以下简称国发10号文件）印发后，房地产市场出现了积极的变化，房价过快上涨的势头得到初步遏制。为巩固和扩大调控成果，进一步做好房地产市场调控工作，逐步解决城镇居民住房问题，促进房地产市场平稳健康发展，经国务院同意，现就有关问题通知如下：

一、进一步落实地方政府责任

地方政府要切实承担起促进房地产市场平稳健康发展的责任，严格执行国发10号文件及其相关配套政策，切实将房价控制在合理水平。2011年各城市人民政府要根据当地经济发展目标、人均可支配收入增长速度和居民住房支付能力，合理确定本地区年度新建住房价格控制目标,并于一季度向社会公布。各地要继续增加土地有效供应,进一步加大普通住房建设力度;继续完善严格的差别化住房信贷和税收政策,进一步有效遏制投机投资性购房;加快个人住房信息系统建设,逐步完善房地产统计基础数据;继续做好住房保障工作,全面落实好年内开工建设保障性住房和棚户区改造住房的目标任务。

二、加大保障性安居工程建设力度

2011年,全国建设保障性住房和棚户区改造住房1 000万套。各地要通过新建、改建、购买、长期租赁等方式,多渠道筹集保障性住房房源,逐步扩大住房保障制度覆盖面。中央将加大对保障性安居工程建设的支持力度。地方人民政府要切实落实土地供应、资金投入和税费优惠等政策,引导房地产开发企业积极参与保障性住房建设和棚户区改造,确保完成计划任务。加强保障性住房管理,健全准入退出机制,切实做到公开、公平、公正。有条件的地区,可以把建制镇纳入住房保障工作范围。

要努力增加公共租赁住房供应。各地要在加大政府投入的同时,完善体制机制,运用土地供应、投资补助、财政贴息或注入资本金、税费优惠等政策措施,合理确定租金水平,吸引机构投资者参与公共租赁住房建设和运营。鼓励金融机构发放公共租赁住房建设和运营中长期贷款。要研究制定优惠政策,鼓励房地产开发企业在普通商品住房建设项目中配建一定比例的公共租赁住房,并持有、经营,或由政府回购。

三、调整完善相关税收政策,加强税收征管

调整个人转让住房营业税政策,对个人购买住房不足5年转手交易的,统一按其销售收入全额征税。税务部门要进一步采取措施,确保政策执行到位。加强对土地增值税征管情况的监督和检查,重点对定价明显超过周边房价水平的房地产开发项目,进行土地增值税清算和稽查。加大应用房地产价格评估技术加强存量房交易税收征管工作的试点和推广力度,坚决堵塞"阴阳合同"产生的税收漏洞。严格执行个人转让房地产所得税征收政策。

四、强化差别化住房信贷政策(略)

五、严格住房用地供应管理(略)

六、合理引导住房需求(略)

七、落实住房保障和稳定房价工作的约谈问责机制(略)

八、坚持和强化舆论引导(略)

国务院办公厅
二〇一一年一月二十六日

(二)发布性通知的写作

发布性通知正文有两种写法:一种是用一句话写明发布法规或规章等的名称和执行要求;另一种是简要写出发布的依据或强调重要性,提出执行的具体要求。语言应简洁,干脆利落。

[例文]

上海市人民政府关于印发
《上海市开展对部分个人住房征收房产税试点的暂行办法》的通知
沪府发〔2011〕3号

各区、县人民政府,市政府各委、办、局:

根据国务院第136次常务会议有关精神,市政府决定,自2011年1月28日起,本市开展对部分个人住房征收房产税试点。现将《上海市开展对部分个人住房征收房产税试点的暂行办法》印发给你们，请认真按照执行。

实施房产税改革是党的十七届五中全会作出的一项重要部署，是"十二五"时期我国税制改革的一项重要内容。各区县、各部门要高度重视，细致工作，密切配合，确保本市对部分个人住房征收房产税的试点顺利进行。

上海市人民政府
二〇一一年一月二十七日

南京市人民政府关于印发南京市蓝天行动计划 2011年目标任务的通知

各区县人民政府，市府各委办局，市各直属单位：

现将《南京市蓝天行动计划2011年目标任务》印发给你们，请认真组织实施。

二〇一一年三月十六日

（三）批转转发性通知的写作

正文一般由被批或被转文件名称和执行要求两部分组成。开头直接引用被批或被转文件名称，表明"转"的意见，然后提出执行要求，如"请认真贯彻执行"。必要时对被批或被转文件的实施进行具体说明，或者阐述该文件的意义和重要性，以及领导机关的意见和工作指示等。批转通知比转发通知更具有权威性，要求下级机关必须执行，而后者除转发上级机关文件要求执行外，则可要求参照执行。

[例文1]

广东省人民政府转发国务院 关于进一步加强艾滋病防治工作的通知
粤府〔2011〕18号

各地级以上市人民政府，各县（市、区）人民政府，省政府各部门、各直属机构：

现将《国务院关于进一步加强艾滋病防治工作的通知》（国发〔2010〕48号）转发给你们，请认真贯彻执行。

加强艾滋病防治工作，关系人民群众身体健康，关系社会和谐和民族未来。近年来，我省艾滋病疫情快速上升的势头有所减缓，但流行形势依然严峻，同时防治工作还面临一些新情况、新问题，防治任务十分艰巨。各地、各有关部门要进一步提高认识，把艾滋病防治作为一项重要的长期任务，切实加强组织领导，落实工作职责，加大工作力度，坚决执行国家现行艾滋病防治政策，有效遏制艾滋病流行蔓延，确保实现国发〔2010〕48号文明确的疫情控制目标。要进一步加强宣传教育工作，全面普及艾滋病防治知识和政策，各有关部门要制定本系统、本部门的艾滋病宣传教育规划和年度计划，切实加强艾滋病宣传教育工作。要进一步加强监测检查工作，加快各地艾滋病检测实验室和自愿咨询检测门诊建设，确保有需要的人群得到及时咨询检测服务。卫生、公安、食品药品监管、禁毒、人口计生、教育、妇联等部门要大力推广艾滋病综合干预工作，扩大综合干预覆盖面。坚持依法防治、科学防治，不断扩大预防母婴传播的覆盖面，扩大药物维持和抗病毒治疗覆盖面。要以保障临床用血安全为重点预防艾滋病医源性传播。要进一步落实"四免一关怀"政策，切实解决一些地方落实"四免一关怀"政策严重不平衡,未能保证经费投入,政策落实不到位等问题,重点加强对艾滋病病毒感染者和病人的医疗救治和关怀救助工作。要加强对防治人员的培训,全面提高艾滋病防治队伍的数量和素质,调动防治人员的工作积极性,采取切实措施稳定防治队伍。

广东省人民政府
二〇一一年二月二十三日

[例文 2]

上海市教育委员会转发人事部、教育部
关于追授殷雪梅同志"全国模范教师"荣誉称号的决定的通知
沪教委人〔2005〕39 号

各高校,各区县教育局、浦东新区社会发展局,各直属事业单位:

现将人事部、教育部《关于追授殷雪梅同志"全国模范教师"荣誉称号的决定》(国人部发〔2005〕47 号)转发给你们,请认真组织开展向殷雪梅同志学习的活动,学习她全心全意为人民服务、忠诚于人民教育事业的坚定信念;学习她临危不惧、舍生忘死、奋不顾身的崇高品德;学习她关爱学生、为人师表、爱岗敬业、无私奉献的高尚师德。要把学习殷雪梅同志的先进事迹与加强教师师德建设和学生思想道德建设结合起来,引导广大教师和教育工作者不断提高思想道德水平和教书育人能力,努力办让人民满意的教育。

希望你们从本区、本校的实际出发,抓紧制订开展学习活动的计划,并将学习计划和学习情况于 6 月底报市教委人事处。

附件:人事部、教育部《关于追授殷雪梅同志"全国模范教师"荣誉称号的决定》

上海市教育委员会
二〇〇五年六月二十一日

(四)事项性通知的写作

一般应写明前言和告知事项两部分,内容要清楚,语言要简短。其中,会议性通知,前言应写明会议依据、目的、会议名称。事项,应写明时间(包括报到时间)、地点、参加人员、会议主题、议程内容、要求等。常用条列式或条款式。有的还附有出席人员登记表。

[例文]

江苏省人民政府关于南京邮电学院更名为南京邮电大学的通知
苏政发〔2005〕39 号

各市、县人民政府,省各委、办、厅、局,省各直属单位:

为进一步发展高等教育事业,提高学校整体实力和办学效益,经省政府研究并报教育部批准,决定将南京邮电学院更名为南京邮电大学。

南京邮电大学系多科性本科学校,以本科教育为主,同时承担研究生培养任务。学校现有专业结构的调整和新专业的增设按教育部有关规定办理。

二〇〇五年四月二十七日

上海市人民政府关于裘新等同志职务任免的通知
沪府发〔2011〕7号

各区、县人民政府,市政府各委、办、局:

市人民政府决定:

任命裘新为上海市人民政府新闻办公室主任;

免去宋超的上海市人民政府新闻办公室主任职务。

特此通知。

上海市人民政府
二〇一一年二月十八日

安徽省住房和城乡建设厅
关于召开全省城市建设和管理工作会议的通知
皖建城明电〔2011〕16号

各设市城市住房和城乡建委(城乡建委)、市容局(城管局、执法局)、铜陵市水务局:

为认真贯彻落实全省住房和城乡建设工作会议精神,全面做好"十二五"开局之年的城市建设和管理工作,经研究,定于3月28日至29日,在安庆市召开全省城市建设和管理工作会议。现将有关事项通知如下:

一、会议内容

1. 传达全国城建处长工作会议精神;
2. 总结2010年全省城市建设和管理工作情况,部署2011年主要工作;
3. 确认城市污水处理、生活垃圾处理设施2011年建设任务;
4. 交流城市建设和管理工作经验。

二、会议地点:安庆市安庆大酒店

三、参会人员

各设市城市住房和城乡建委(城乡建委)、市容局(城管局、执法局),铜陵市水务局分管负责同志1名,业务科(处)长1名。

四、会议时间

3月28日下午报到,3月29日上午会议(半天)。

五、有关事项

1. 请各参会单位将2010年工作总结和2011年工作安排(2000字以内),打印100份带至会上。
2. 请各市在参会时将附件2快报表填好带至会上。
3. 请各市于3月24日前将会议回执传真至省住房和城乡建设厅城建处。
4. 会议统一安排食宿,住宿费用自理。

联系人及联系电话:

省住房城乡建设厅城建处　赵新泽　0551-2871261

　　　　　　　　　　　　钱余坤　0551-2871249(传真)

安庆市住房和城乡建委　　苏　斌　13500550505

附件:1. 参加全省城市建设和管理工作会议回执
  2. 城建行业主要指标统计快报表

安徽省住房和城乡建设厅
二〇一一年三月二十一日

六、公文通知和机关、企事业单位里使用的日常通知的区别

1. 内容不同

公文通知内容多为本机关、本系统内重大事项或重要行为,严肃而庄重;日常通知多属本机关内部一般性事务,如发东西、开会等。

2. 范围不同

公文通知多在本系统范围内发送;日常通知仅在本机关内部有效。

3. 格式不同

公文通知严格按国家公文制作标准制作;日常通知则比较随意。

4. 程序不同

公文通知必须严格按撰写程序、审批程序、发文程序处理,最后立卷归档。

5. 标题不同

公文通知一般要求"三要素"齐全;日常通知只写通知两字甚至不写。

6. 发布方式不同

公文通知是正式文件;日常通知不是正式文件。

第五节　通报的写作

一、通报的适用范围

《条例》规定:通报"适用于表彰先进、批评错误、传达重要精神和告知重要情况"。

通报是一种下行文,也可平行,使用频率较高。

二、通报的特点

(一) 事例的典型性

通报往往选取工作中具有典型意义的事件和人物,或者具有普遍意义的重要情况,有针对性地加以总结、宣传、激励、改进工作。

(二) 内容的知照性

通报把某些正、反典型或者重要的情况在一定范围内通报。重在报道,让下级机关或有关人员了解信息、动态,一般不需要执行。

(三) 教育的晓谕性

通报侧重于树立榜样或者提出警戒,使下级机关和有关人员提高思想认识或警惕性,特别注重内容的激励和教育作用。

三、通报的类型

根据通报的内容,可大体将通报分为三种类型。

(一)表彰性通报

用于表扬先进人物和先进事迹,推广典型经验,树立正面榜样,弘扬其优秀品质与崇高精神,推动、改进工作,树立社会新风尚。"先进",只需突出的、典型的,有广泛影响,值得倡导的,不必如表彰决定按标准程序评定。

(二)批评性通报

用于对严重错误行为、不良倾向进行批评,引起警觉,吸取教训,有针对性地提出克服错误倾向或错误言行的办法、要求。但只作批评,不作处分;若作处分,应用惩处性决定。批评性通报可分成两类:一类是批评重大事故的通报;另一类是批评错误行为的通报。

(三)情况通报

用于传达重要情况或上级的指示精神,目的是互通信息和沟通情况,以增加政务透明度,做好协调和配合,促进工作的顺利进行。

四、通报的结构

通报的结构包括标题、主送机关、正文和落款几部分。

(一)标题

通报的标题一般包括发文机关、事由和文种。如《国务院办公厅关于江西省上栗县"3·11"特大爆炸事故情况的通报》。

(二)主送机关

指定下发单位的通报,要写上主送单位的名称;普发性的通报则不写主送单位。

(三)正文

一般由引言、事实、分析和处理、号召或要求四部分组成。

(四)落款

署发文单位和日期。如果发文单位在标题中已出现,可只写日期。下发的通报要加盖公章。

五、通报的正文写作

(一)表彰性通报

正文一般由四部分组成:被表彰对象的先进事迹;事迹的经验和意义;表彰决定;提出希望和号召。

1. 先进事迹

概述先进单位或先进人物的先进事迹。应具体写明被表彰单位名称或者被表彰人物的姓名、单位和主要事迹(包括时间、地点、事情缘由、经过和结果或影响等)。

2. 事迹意义

对先进单位或人物的事迹进行恰如其分的评价,肯定其意义。

3. 表彰决定

写明表彰的具体内容。

4. 提出希望或号召

希望或号召向先进单位或先进人物学习,树立榜样,带动全局。

[例文]

广东省人民政府
关于给予我省参加第 29 届奥运会获奖运动员
和有贡献单位表彰奖励的通报
粤府〔2008〕65 号

各地级以上市人民政府,各县(市、区)人民政府,省政府各部门、各直属机构:

在举世瞩目的第 29 届奥林匹克运动会上,我省入选中国体育代表团的体育健儿肩负全省人民殷切期望,不畏强手,顽强拼搏,奋勇争先,勇于挑战和超越自我,取得了优异成绩,共有 6 个项目 7 人次获得 7 枚金牌,4 个项目 6 人次获得 6 枚银牌,3 个项目 3 人次获得 4 枚铜牌,为国家作出了贡献,为我省赢得了荣誉。

省人民政府决定:给予荣获女子举重 48 公斤级金牌的陈燮霞,荣获女子柔道 52 公斤级金牌的冼东妹,荣获女子体操团体金牌、女子体操个人全能铜牌和高低杠铜牌的杨伊琳,荣获女子体操团体金牌的李珊珊,荣获男子跳水三米板金牌的何冲,荣获乒乓球男子团体金牌和男子单打金牌的马琳等 6 名运动员记一等功;给予荣获羽毛球男子双打银牌的傅海峰,荣获羽毛球女子单打银牌的谢杏芳,荣获男子举重 77 公斤级银牌的李宏利,荣获女子曲棍球银牌的周婉锋、陈秋琦、潘凤贞等 6 名运动员记二等功;给予荣获花样游泳女子团体铜牌的刘鸥、罗茜等两名运动员记三等功。给予有突出贡献的广东省体育运动技术学院、广东乒乓球运动管理中心记集体一等功;给予有较大贡献的广东省重竞技体育训练中心记集体二等功。对上述 14 名获奖运动员和 3 个获奖集体在全省予以通报表彰。

希望受表彰的运动员和单位继续发扬成绩,认真总结经验,戒骄戒躁,再接再厉,再创佳绩。全省运动员、教练员和全体体育工作者要进一步发扬"更高,更快,更强"的奥林匹克精神和"刻苦训练,顽强拼搏,争创一流,为国争光"的中华体育精神,为促进我国奥林匹克事业的发展,为将我省建设成体育强省作出新的更大贡献。

广东省人民政府
二〇〇八年九月二日

(二) 批评性通报的写作

批评性通报正文一般由四部分组成:主要错误事实;评析错误性质;处理决定;提出希望和要求。

1. 主要错误事实

写明错误的主要情况,交代清楚时间、地点、有关单位或人员,概括出错误事实的过程、关键情节、关键责任人员、后果或危害等,必须切实、准确、简明,必要时可引用证据、关键人的原话等。

2. 评析错误性质

针对错误事实分析导致错误的原因,指出错误的实质和严重程度。

3. 处理决定

依据错误事实和有关规章,对当事者作出恰当的严肃批评、警告或经济处罚。

4. 提出希望和要求

希望从错误事实中吸取教训,改进工作。或重申有关规定,提出改进工作的要求。

[例文]

广电总局关于处理影片《苹果》违规问题的情况通报

各省、自治区、直辖市广播影视局,新疆生产建设兵团广播电视局,各电影制片单位、电影发行公司、院线公司,在京电影直属单位:

由北京劳雷影视文化有限责任公司、北京保利博纳电影发行有限公司、北京中鸿房地产开发集团有限公司联合出品的影片《苹果》,在电影制作、参加国际电影节、互联网传播及音像制品制作等方面,严重违反《电影管理条例》(以下简称《条例》)及相关法规,造成了不良影响。现将有关情况通报如下:

一、影片《苹果》的主要违规问题

(一)违规制作色情内容的片段(未经审查通过),并擅自将未经审查通过的含有色情内容的影片在互联网上传播及制作音像制品,违反了《条例》第二十五条的规定。

(二)将未经审查通过的电影版本,送第57届柏林电影节参赛,违反了《条例》第二十四、三十五条的规定。

(三)在影片发行放映中进行不健康、不正当的广告宣传,违反了《条例》第三条和《广告法》的相关规定。

二、鉴于影片《苹果》发生上述严重违反法规问题,为加强和规范电影制片及发行放映的管理,确保电影及各种媒体的传播健康有序,进一步净化银幕视频,为广大群众特别是青少年观众营造良好的文化环境,根据《电影管理条例》、《电影剧本(梗概)备案、电影片管理规定》、《互联网等信息网络传播视听节目管理办法》等相关法规,并按照《广电总局关于重申禁止制作和播映色情电影的通知》、《广电总局关于加强互联网传播影视剧管理的通知》等要求,现对影片《苹果》的上述违规问题作出如下处理决定:

(一)依据《条例》第四十二、四十三、五十六条的规定,吊销该片的《电影片公映许可证》,没收未经审查通过的影片拷贝及相关素材,制片单位15天内将拷贝等送达总局电影局;停止该片在影院发行、放映;停止其网络传播;建议有关行政部门停止其音像制品的发行。

(二)依据《条例》第五十六、六十一、六十三、六十四条的规定,对负有主要责任的北京劳雷影视文化有限责任公司,取消其两年内摄制电影的资格;该公司的法定代表人方励,两年内不得从事相关电影业务;对负有相关责任、参与投资拍摄的北京保利博纳电影发行有限公司和北京中鸿房地产开发集团有限公司,进行通报批评,责令其限期整改。

(三)对参与该片拍摄的制片人、导演及相关演员,则进行严肃的批评教育,并要求其作出深刻检查。

国家广播电影电视总局
二〇〇八年一月三日

(三)情况通报的写作

一般由两个部分内容组成:主要情况;提出意见或要求。

1. 叙述主要情况

将有关情况如实全面准确地概述清楚。包括做了什么、怎样做的、效果怎样、有哪些影响、哪些经验等。

2. 提出意见或要求

对上述情况进行必要的评论,有针对性地提出相应的意见或要求,指出发展方向、方法。

[例文]

教育部办公厅
关于近期一所小学发生拥挤踩踏事故的紧急通报
教基一厅〔2010〕10 号

各省、自治区、直辖市教育厅(教委),新疆生产建设兵团教育局:

2010年11月29日北京时间11点50分,新疆维吾尔自治区阿克苏市第五小学课间操期间学生下楼时,由于前面一名学生摔倒,造成踩踏事故,致使41名学生受伤,其中重伤7人,轻伤34人。近年来,教育部多次提出防止发生拥挤踩踏事故的具体要求,但仍有个别地方和学校对此麻痹大意,责任不落实,措施不到位,学校安全管理还存在着严重漏洞和隐患。各地教育部门要迅速将此次事故通报到本行政区域内所有学校和全体师生,使每所中小学和每个学生从这次事故中汲取教训,以引起高度重视,防止类似事故再次发生。现再次提出如下要求:

一、强化学生集中上下楼梯时的安全管理。各地教育部门和中小学要健全制度,落实责任,强化学生下晚自习、下课、上操、就餐和集会时的安全管理。在学生集中上下楼梯时,学校必须有值班老师组织疏导,安排学生疏散时间和楼道上下顺序,使学生错开时间,分年级、分班级逐次上下楼。对楼梯数量少、学生多的学校,要采取分班下课、有序错峰等方式,保证学生上下楼梯的安全。对班额大的学校,更要加强管理、加强疏导。晚自习学生没有离校之前,学校应当有负责人和教师值班、巡查,决不能存在侥幸心理,切实防止踩踏事件发生。

二、迅速组织一次安全检查。各地教育部门和中小学要立即行动起来,迅速组织开展一次安全检查。重点检查学校学生集中上下楼梯的各项安全制度是否健全、学校各部门及教师在学生上下楼时的安全防范职责是否落实,安全预防措施是否到位;检查教学楼、宿舍楼等重点部位的楼梯扶手是否坚固,学生通道和楼梯宽度与在校学生数量是否匹配,楼梯拐弯处等狭小空间有无警示标志,教学楼、宿舍楼的楼梯间是否安装紧急照明设备、有无杂物、是否畅通等。对于排查出来的隐患,要立即整改。

三、立即开展一次安全教育。各地教育部门要结合本次事故集中开展一次预防拥挤踩踏的安全教育,让学生充分认识发生拥挤踩踏事故的主要原因、严重后果,掌握基本防范措施。教育学生在上下楼梯的时候要相互谦让、相互照顾,不要追逐、打闹、推搡,在上下楼时前边一旦有人摔倒,不要拥挤和惊慌失措,要听从现场老师指挥。通过教育,使学生养成文明有序上下楼,轻声慢步靠右行的良好行为习惯。

教育部办公厅
二〇一〇年十一月三十日

卫生部关于西安交通大学医学院第一附属医院
发生严重医院感染事件的通报

各省、自治区、直辖市卫生厅局,新疆生产建设兵团卫生局,部属(管)医院:

2008年9月,西安交通大学医学院第一附属医院发生严重医院感染事件。该事件后果

严重,影响恶劣。现将有关情况通报如下:

一、事件发生情况、主要问题及处理结果

西安交通大学医学院第一附属医院新生儿科9名新生儿自9月3日起相继出现发热、心率加快、肝脾肿大等临床症状,其中8名新生儿于9月5日—15日间发生弥漫性血管内凝血相继死亡,1名新生儿经医院治疗好转。我部于9月23日接到关于该事件的举报信息后,立即组织专家调查组赶赴该院,与陕西省专家调查组共同开展实地调查。经专家组调查,认为该事件为医院感染所致,是一起严重医院感染事件。调查中发现该院存在以下问题:

一是医院管理工作松懈,医疗安全意识不强。该院对《医院感染管理办法》及有关医院管理的规定执行不力,医院管理工作松懈,在医疗安全保障方面存在纰漏;医院感染管理的规章制度不健全,没有全面落实诊疗技术规范和医院感染管理的工作制度;部分医务人员工作责任心不强,思想麻痹。

二是忽视医院感染管理,未尽感染防控职责。该院对预防和控制医院感染工作不重视,未按照《医院感染管理办法》的规定建立医院感染管理责任制,尚未建立独立的医院感染管理部门并履行相应的职责。该院的感染控制工作隶属于医务部,削弱了医院感染管理的力度,加之医院感染管理人员配置不足,难以高质量完成预防和控制医院感染的各项管理、业务工作,难以保证对医院感染的重点部门和环节实施监督检测、检查和指导。

三是缺失医院感染监测,瞒报医院感染事件。该院没有按照《医院感染管理办法》的规定建立有效的医院感染监测制度,不能及时发现医院感染病例和医院感染暴发,更没有分析感染源、感染途径,无法采取有效的处理和控制措施。医院新生儿科在短时间内连续发生多起感染和死亡病例,医院未予报告,存在瞒报重大医院感染事件的事实。

四是感染防控工作薄弱,诸多环节存在隐患。发生严重医院感染事件的新生儿科在建筑布局、工作流程、消毒隔离等方面存在明显缺陷。新生儿科建筑布局和工作流程不合理,人流与物流相互交叉;对部分新生儿使用的物品和器具采用了错误的消毒方法;医务人员没有规范地进行手卫生;用于新生儿的肝素封管液无使用时间标识等。据对部分医务人员的手、病房物体表面、新生儿使用的奶瓶和奶嘴、新生儿暖箱注水口等进行检测,发现细菌超标严重,有金黄色葡萄球菌、肺炎克雷伯杆菌的明显污染。

事件发生后,陕西省委、省政府高度重视,西安交通大学根据调查结果对医院有关责任人作出处理,撤销西安交通大学医学院第一附属医院院长和主管副院长的职务,免去医院新生儿科主任、护士长的职务,免去医院医务部、护理部等有关职能部门负责人的职务。陕西省卫生厅已将该事件通报全省。

二、引以为戒,全面整改,确保医疗安全和医疗质量

西安交通大学医学院第一附属医院发生的这起严重医院感染事件,反映出医院管理者和医务人员对医疗安全重视不够,规章制度和工作措施贯彻不力、落实不到位;同时也暴露出医疗机构在医院感染预防与控制工作方面存在诸多薄弱环节。各级卫生行政部门和各级各类医疗机构必须从这起事件中汲取教训,引以为戒,采取有效措施,进行全面的检查和整改。为此,我部提出以下要求:

(一)强化依法执业意识,确保医疗安全和医疗质量。(略)

(二)重视和加强医院感染管理,严格遵守预防和控制医院感染的各项规章制度。(略)

(三)加强对医院感染重点部门、重点环节的管理工作。(略)

(四)加大对医疗机构的监管力度。(略)

各省、自治区、直辖市卫生行政部门要对所辖区域内所有医疗机构进行医院感染管理工作专项检查,查找隐患,堵塞漏洞。在此基础上,我部将在全国范围内组织实施医院感染管理工作专项检查,并对检查结果进行通报。

二〇〇八年十月九日

六、表彰性、批评性通报与表彰性、惩戒性决定的异同

相同点:二者都可以用来表彰先进、批评错误。

不同点:首先,通报的发文机关级别比决定低。通报的发文机关是被表彰或批评的人或单位的本级机关,而决定的发文机关往往是被表彰或批评的人或单位的上级机关。通报的表彰或批评只需领导集体决定,而决定的表彰需按标准,经评审程序,并接受相应的荣誉、奖励级别等;决定的惩戒需按法规、规章、纪律等规范衡量,按明显违反或严重违反的程度,作出相应的行政或经济处分,通报除批评、经济处罚外,不作行政处分。另外,通报具有晓谕性,因此结尾要提出希望和要求。而决定侧重于把结果公之于众,不一定会提出要求。

第六节 函的写作

一、函的适用范围

《条例》规定:函"适用于不相隶属机关之间商洽工作、询问和答复问题、请求批准和答复审批事项"。

函,又称公函,是以横向(不相隶属机关或组织之间)沟通与业务管理为主的一种专用公文。与其他公文具有同样的法定效力和规范体式,不同于一般的便函或信件。

二、函的特点

(一)广泛性

函不受职权、上下级行文关系的限制,凡有需要,均可用于相互商洽工作,询问答复问题,知照具体事项,又可按规定用于向有关主管部门请求批准事项或答复审批事项。

(二)公务性

国家行政机关使用的公函多用于处理比较具体的公务、业务事项或问题,其格式正规完整,有文件名称、发文字号、机关印章等,是《办法》中规定的与其他公文具有同等效力的正式公文。

(三)双向性

既有去函,也有复函,是公务上相互协商、协调和沟通及业务上进行管理的一个文种。如政府机关、地区或组织之间的公务协商、沟通,主管部门主管的业务管理,不分级别高低、不分关系亲疏,都可按需要互相行文。

三、函的主要类型

（一）行文方向类

1. 去函

主动发出的函。包括两种情况：一是商洽工作、询问事情，请求批准、答复的；二是知照某些事情，并不需要对方答复的。

2. 复函

针对来函所提出的问题或事情的答复。

（二）内容和作用类

1. 商洽函

用于商洽工作、联系有关事宜的函。如商调干部函、联系租赁函、洽谈业务函。

2. 询问与答复函

用于互相询问答复处理有关问题的函。询问函，要求集中询问一个问题，方便对方尽快答复。所询问内容应属于本机关职责范围内应予以解决或回答但又确实无据可查难以回答（解决）的问题。答复函，要求针对来函内容给予确切的答复。

3. 请批与批准函

请批函主要用于向平行或不相隶属的主管机关请求批准有关经费、物资、人员编制、机构设置、调配干部、税收、营业执照、招生、专业增减等事项，属于平行文。

请批函与请示不可以混用。两者的主要区别是：其一，凡是向直接领导机关请求批准的要用请示；而在向不相隶属的主管部门请求批准时，不管其级别是与本单位平行还是高于或低于本单位，都一律用函。其二，回答请示用批复，回答请求批准函则用复函。例如，江苏省教育厅将要举办大型人才交流会，需要与省人事厅协调，这两个部门之间不是相互隶属关系，因此往来的公文用函。

批准函是针对发文机关请求批准事项给予批准或不批准的答复，并给予解释。

批准函和批复的区别：一是制文机关不同。批准函的制发机关与来函的制发机关之间是不相隶属关系；批复的制发机关和请示的制发机关之间是上下级直接隶属关系。二是内容不同。批准函的内容涉及的是不相隶属机关之间按规定必须请批的事项。三是结束语不同。批准函用"专此函达"、"特此函复"、"特此函告"等；批复的内容涉及的是上下级直接隶属机关之间的事项，批复用"此复"、"专此批复"等。

4. 告知函

告知函主要用于告知具体事项，无须对方回复的主动发函。在不相隶属的机关之间和平行机关之间可以使用。例如，《江苏省财政厅关于大学生收费的函》，是江苏省财政厅发给省属各高校有关收费事项的告知函。

除了以上经常使用的四类外，还有催办函、动员函、委托函等。

四、函的结构

由标题、发文字号、主送机关、正文、落款等组成。

（一）标题

函的标题通常由发文机关名称、发文内容、文种构成。如《广州市人民政府关于鄂穗两地携手联合打捞"中山舰"的函》。

（二）发文字号

发文字号常用机关代字、年号、顺序号组成，在机关代字后加"函"，如"××函〔2010〕×号"的写法。

（三）主送机关

即对函负责办理或答复责任的机关或组织。主送机关一般只标一个。

（四）正文

通常由缘由、事项、结尾三部分组成：

1. 缘由

说明发函的理由、依据、目的。

2. 事项

要求中心明确、内容具体，方便对方办理或答复。

3. 结尾

通常适宜使用致意性的用语，如"特此函告"、"盼予复函"、"特此函达"、"特此函复"等结束语。

（五）落款

文后署名和标注成文日期，加盖印章。

五、函的正文写作

（一）商洽函

商洽函主要用于与对方单位商洽或协商某项事情而制发的函，正文分开头、主体、结尾三部分。

1. 开头

根据或理由、说明目的。

2. 主体

需商洽的具体事项或问题，要求观点明确，意见具体，词语得体、清楚，方便对方理解与答复。

3. 结尾

可以提出尽快办理的要求，如"请予以答复"或"函复为盼"、"特此函商"等。

[例文]

中国科学院光学研究所关于建立全面协作关系的函

××大学：

近年来，我所与你校双方在一些科学研究项目上互相支持，取得了一定的成绩，建立了良好的协作基础。为了巩固成果，建议我们双方今后能进一步在学术思想、科学研究、人员培训、仪器设备等方面建立全面的交流协作关系，特提出如下意见：

一、定期举行所、校之间学术讨论与学术交流。（略）

二、根据所、校各自的科研发展方向和特点，对双方共同感兴趣的课题进行协作。（略）

三、根据所、校各自人员配备情况，校方在可能的条件下对所方研究生、科研人员的培

训予以帮助。(略)

四、双方科研教学所需要高、精、尖仪器设备,在可能的条件下,予对方提供利用。(略)

五、加强图书资料和情报的交流。

以上各项,如蒙同意,建议互派科研主管人员就有关内容进一步磋商,达成协议,以利工作。

特此函达,务希研究见复。

中国科学院光学研究所(盖章)
二〇〇七年十月十八日

(二)询问函、答复函的写作

1. 询问函的写作

询问函,亦称问函。主要用于本机关(单位)职责范围内应予解决,但又确实难以解决的问题,向对方询问,以期得到明确答复。

询问函的正文由开头、事项和复函请求构成。

(1) 开头。函的开头部分简要说明缘由。

(2) 事项。要求集中询问一个问题与阐明理由、想法,方便对方尽快答复。

(3) 结尾。用"盼予函复"、"请予函告"、"特此函达,盼蒙允诺"等。

[例文]

××省建设银行关于为拆迁户建房问题的函
×建行函〔2002〕16号

××省建设厅:

我行已经××市规划局同意迁至××路××地段新建办公大楼,办公大楼工程设计也已批准。但需为此地拆迁户居民建房安置,有关政策问题尚不明了,现请教如下:

一、为拆迁户建房,投资和建筑面积是否纳入我行基本建设计划,还是另造基本建设计划。

二、为拆迁户建房基建投资,是否应通过银行拨款。

敬请函复

××省建设银行
二〇〇二年三月十日

2. 答复函的写作

答复函,也称复函。就来函询问的事项或问题作出明确答复的函。

答复函的正文分开头、答复内容和结语三个部分。

(1) 开头。引述来函的标题、发文字号,然后用"经研究,现复函如下"等语过渡。

(2) 答复内容。对来函提出的问题做出明确答复,直接表示同意或不同意。如答复意见复杂,可以分条阐述。如不能满足来函请求,应简要说明理由或情况,以取得对方的谅解。

(3) 结语。结束语一般采用"专此函达"、"特此函复"、"特此函告,务请见谅"等。

[例文]

××省建设厅关于建设单位为拆迁户建房的复函
×建函〔2002〕20号

省建行：

贵行《关于为拆迁户建房问题的函》(×建行函〔2002〕16号)收悉。经与有关部门研究，答复如下：

一、建设单位因新建工程拆迁工地上房屋后，需为拆迁户新建房屋时，其投资和建筑面积应按照设计文件规定的指标，纳入基本建设计划。建设单位拆除所属房屋再按原规模进行建设，经省计委同意后，可以不列入基本建设计划。但应按照有关规定，加强计划管理。

二、建设单位用支付的拆迁补偿费为拆迁户建房，这部分基建投资应通过建设银行拨款，按照指定用途使用。

此复

××省建设厅
二〇〇二年三月二十日

（三）请批函、批准函的写作

1. 请批函的写作

请批函的正文由开头、事项和复函请求构成。

（1）开头。简要说明缘由。

（2）事项。请求批准有关经费或物资、人员编制、机构设置、调配干部、税收、营业执照、招生、专业增减等。

（3）结尾。复函请求，其惯用语是"请予审核批准"等。

[例文]

北京××文化传播有限公司
关于邀请美籍华人歌手陶喆到北京演出的函
京〔2005〕34号

文化部：

我公司为繁荣演出市场，邀请美籍华人歌手陶喆，于2005年9月10日到北京演出。请函复。

北京××文化传播有限公司
二〇〇五年六月二十八日

2. 批准函的写作

批准函是主管部门对来文请批的事项审批后，作出答复的函。

批准函的正文由引叙来函、答复来函和复函结语构成。

（1）开头。引叙来函的标题、发文字号，然后用"经研究，现复函如下"等习惯用语过渡。

（2）答复。直接表示同意或不同意，如不同意，应该说明理由，指出解决的途径、方法或方向。

（3）结尾。用"特此函复"、"特此函告，"、"专此函达"等。

[例文1]

文化部关于同意邀请美籍华人歌手陶喆到北京演出的复函
文市函〔2005〕1118号

北京中录同方文化传播有限公司：

你公司《关于邀请美籍华人歌手陶喆到北京演出的函》（京同方〔2005〕48号）收悉。

经研究，同意你公司邀请美籍华人歌手陶喆，于2005年9月10日到北京演出。

请严格按照《营业性演出管理条例》及其实施细则的有关规定组织演出，并依法纳税。

请演出地文化行政部门做好监督检查工作。

此复。

二〇〇五年六月二十八日

抄送：北京市文化局、外办、公安局、税务局，驻美国使馆。

[例文2]

关于特种设备检验检测收费管理有关问题的复函
财综〔2011〕16号

国家质量监督检验检疫总局：

你局《关于申请将国家级特种设备检验检测机构特种设备检验检测收费作为经营服务性收费的函》（国质检财函〔2010〕960号）收悉。经研究，现将有关事项函复如下：

一、同意中国特种设备检测研究院、国家起重运输机械质量监督检验中心、国家客运架空索道安全监督检验中心、国家电梯质量监督检验中心、国家工程机械质量监督检验中心等5家特种设备检验检测机构根据《特种设备安全监察条例》（国务院令第549号）的规定和你局授权开展特种设备检验检测工作收取的特种设备检验检测费作为经营服务性收费管理，收入不再上缴中央国库，由相关特种设备检验检测机构按照国家财务制度规定纳入单位财务收支统一核算和管理，收费标准按不高于《国家发展改革委财政部关于特种设备检验检测收费标准等有关问题的通知》（发改价格〔2009〕3212号）的规定由委托双方协商确定。

二、上述特种设备检验检测机构收取特种设备检验检测费实行依法纳税，使用税务发票。同时，按规定及时到指定的价格、财政部门办理收费许可证和财政票据购领变更手续。

三、上述特种设备检验检测机构承担与特种设备有关的自愿委托技术服务以及受申请人委托赴境外实施特种设备检验检测、技术咨询和鉴定评审等收取的费用，仍作为经营服务性收费管理，通过与申请人签订合同方式协商确定，收入统一纳入本单位财务收支核算和管理。

四、此前有关规定与本文不一致的，以本文规定为准。

财政部 国家发展改革委
二〇一一年三月三十一日

六、函的写作要求

1. 高度概括，切实明确

以简要的文字高度概括出需要商洽、询问（答复）、请批、知照的事项（问题）。从实际出发,实事求是,直陈不曲,明确具体。

2. 用语谦和,讲究分寸

用语要讲究礼节,婉转得体,不使用告诫、命令性的词语。涉外公函或不相隶属机关之间的公函,必要的时候还要求使用尊称与致意性词语,诚恳致意,尊重对方,但不可过分,恭维迎奉,掌握分寸。

3. 庄重规范

函,是正式公文的文种,必须行文郑重,按照规定的规范格式行文,使用印有发文机关名称的信纸,拟订标题,编制发文字号,结构要完整、顺畅,条理、层次需分明有序。必要时可用条例式。

写作训练

一、公文标题拟写

1. 税务总局通知办理税务登记。
2. ××县团委拟表彰奋不顾身抢救落水儿童的青年工人。
3. ××厂拟向市工业局汇报该厂遭受水灾的情况。
4. ××市安全办公室拟向各有关单位知照全市安全大检查的情况。
5. ××县政府拟公布加强机关廉政建设的几条规定。
6. ××县纪委拟批评××局×××等干部挥霍国家钱财游山玩水的错误。
7. ××省人大常委会拟公布一项地方法规。
8. ××市水电局将召开水利建设工作会议,需告知各县、区水电部门事先做好准备。
9. ××县纪委拟批评××局×××干部玩忽职守,造成国家经济损失的错误。
10. ××市政府拟批转市卫生局《关于做好灾后防疫病工作的意见》。

二、判断题,判断正误,说明理由

1. 公告和通告行文时,都要写上主送机关。
2. 对经常上班迟到、严重影响工作、违反公司有关制度、屡教不改的职员刘清作出处分,用通报。
3. 公告的写作充分体现了发文机关的权威,因此有约束力。
4. 学校处分违纪学生可用公告。
5. 商店告知顾客有关注意事项可发通知。
6. 某港务局告知在某水域通过的船只,注意减速避让水文测验船只,可用公示。
7. 全国人大告知有关干部职务的选举结果,可用通告。
8. 某公司建职工宿舍,需要砍掉或移植一些大树,向该市园林局行文批准,用请示。
9. 某大学贯彻国务院、省政府有关解决贫困生就学、就业问题的文件,创新突出,成效显著,值得其他高校借鉴,用报告。
10. 某集团公司为转变经济发展方式,打算分期培训一批技术骨干,掌握高新技术,向某大学行文,商量培训合作事项,用通知。

三、修改标题，指出存在的问题，说明修改理由，写出修改后的标题

1. 上海市教育委员会关于转发《教育部公安部国家工商行政管理局关于开展防止传销进校园工作的通知》的通知
2. ××省人民政府办公厅关于转发《国务院办公厅关于严格控制新闻发布会和周年纪念活动的通知》的通知
3. 中共中央办公厅批转《中央组织部关于大量吸收优秀知识分子入党的报告》
4. ××市人民政府关于批转发市《公安局关于检查整改火灾隐患的若干意见》
5. 国务院转发国家医药管理局《关于进一步治理整顿医药市场意见》的通知
6. ××省政府批转省教委关于建立高等院校实习基地的报告
7. 国家旅游局关于批转发国务院旅行社管理暂行条例的通知
8. ×市政府拟批转市卫生局《关于做好灾后防疫工作的意见》

四、指出下列公文的错误，并加以修改

1. 修改通知

关于召开厂部工作会议的通知
××发（2010）045号

厂属各单位：

为了进一步完善厂长负责制，切实抓好九～十二月生产和各项工作，根据我厂实际情况，经厂部研究决定，于九月初召开工作会议，现将有关事情通知如下，请遵照执行。

1. 参加人员：各单位党委委员，副处以上干部，厂级领导。
2. 时间：2010年9月2日
3. 地点：新办公楼三楼
4. 各单位接此通知后，安排好会议期间的生产任务，并请各党支部通知有关人员携带好笔记本，于9月2日8点准时参加会议。

2010年8月28日

2. 修改函

关于联系教师进修的函

××大学教务处：

首先让我们以××市公关学校的名义，向贵处表示衷心的感谢，过去为我校办学给予了很大的帮助。目前我校又面临一个很难解决的问题。

事情是这样的：我校开办不久，师资力量很差，决定派××位年轻教师到贵校旁听进修一年。我校与有关部门多次商量。但××位教师进修住宿问题，至今也没有得到解决。提高教学质量的关键是师资。为提高我校教育质量，恳请贵处设法在贵校给解决住宿问题。但不知贵处是否有什么困难。如果需要我校给贵处办什么事情，请尽管提出，我校会竭力去办。再说一句，贵处如能解决我校进修教师住宿问题，我们以我校领导的名义向贵校领导深深地表示谢意。

致以崇高的敬礼

××市公关学校（印章）
2009年×月×日

3. 修改函

南京市房产局联系程红同志工作调动问题的信

苏州××大学：

贵大学程红与本局宣传干事金宏波是一对恩爱伴侣,两人苦于相隔两地,鸳鸯分飞。双方感情受煎熬不说,还加重了家庭负担,年迈双亲随女方缺人照料而苦不堪言,幼弱女儿随男方缺少母爱而目不存睹。鉴于以上实际情况,双方都曾多次提出,希望把两人调到一起,结束这种牛郎织女的生活,合家欢乐。从人道主义出发,我们决定同意金宏波调往贵大学工作,或请你们同意张红调往我市。两者任选其一,你们意下如何？

致以崇高的敬礼

南京市××局
2010 年 4 月 6 日

五、拟稿

1. 拟写通告

第十届"桃李杯"马拉松赛将于 2011 年 9 月 18 日上午 8 时至下午 1 时在某市举行。为保证赛事的顺利进行,对环城路、江滨路、诗书南路、教育北路、桃园中路实行交通管制,除警备车、救护车、消防车、工程保险车外,禁止其他机动车辆通行。试据此信息,代某市公安局拟一份通告。

2. 拟会议通知

南京市人民政府拟于 2010 年 8 月 24 日至 27 日在南京饭店召开社区建设工作会议,要求各区派 1 名副区长参加。请代写符合实际要求的会议通知。按公文的正规格式写（含眉首、主体、版记）。召开会议的目的、会议的安排等自行补充。

3. 拟写表彰性通报

2010 年 3 月 18 日下午,我校文学院李继红同学路过大学路交通银行储蓄所门前时,捡到一个钱包。李继红同学等了一个多小时不见失主前来寻找,就把钱交给了储蓄所的工作人员,经工作人员查验,为人民币 10 000 元。当丢钱的赵平复沿途寻找回到储蓄所,拿到失而复得的 10 000 万元钱时,十分激动。他取出其中的 1 000 钱硬要送给李继红同学,被李继红谢绝。他又问李继红叫什么名字,李继红同学说："我是××大学的学生"。李继红同学拾金不昧的行为,体现了当代大学生良好的精神面貌,为我校赢得了荣誉。根据以上材料拟写一份通报。

4. 拟写批评性通报

根据以下材料,以江西省新余市委、市政府的名义写一则批评性通报。

江西新余公务员公务出国变相公费旅游 13 天花 27 万,政府公务员出国考察疑似公费旅游。一位网友发布的江西省新余市等地区公务员出国考察的费用清单,近日在网上引发热议。帖子显示,出国考察的美国、加拿大政府邀请函,每份要花费 2 000～3 000 多元人民币购买,而该人力资源考察团的行程主要是到拉斯维加斯"赌城小试身手",到洛杉矶大型直销工厂购物。

这个赴美国、加拿大人力资源考察团来自江西新余,成员主要由正县级以上领导 11 人组成,行程总共 14 天,总共花费 27 万多元。记者在"美洲集团"提供的标准报价确认单上发现,考察团成员赴美国、加拿大考察的邀请函也需要花钱购买。其中美国邀请函每份需人民币3 240元,加拿大邀请函每份2 520元。该考察团购买了美国、加拿大邀请函各两封,总价1万多元。帖子图片显示,新余市考察团的出访目的是"考察人力资源和政府人事管理制度,参观财税公务员、劳动力市场培训机构等",然而在"美洲公司"提供的行程单中丝毫见不到考察、培训的影子,参观地点多为风景区和游览胜地,其中赌城拉斯维加斯便是行程之一。

行程单显示,考察团在温哥华主要浏览史坦利公园,在多伦多参观"世界七大自然奇景"尼亚加拉大瀑布,在纽约参观自由女神像。行程第七天是前往拉斯维加斯,并介绍说"这是世界上最大的赌场,可自费去欣赏歌舞表演或到赌场小试身手"。次日,考察团前往洛杉矶,主要任务是"途经沙漠lrnwood大型工厂直销购物"。记者在美国方面接待公司发放的"意见征询表"上发现,署名徐某某的评语提及,"行程安排紧凑,增加了同性恋双峰山等景点……"

考察团名单显示,该考察团团长名叫刘群,职务是新余市外事侨务办公室副主任。昨日下午,记者多次拨打刘群手机,但刚刚接通就被对方挂断。知情人透露,刘群已经被新余市主要领导问话,正在接受调查。

网友曝光该市公务员出国考察清单事件已经引起该市主要领导的重视,并下令成立调查组展开调查。11月29日江西省新余市委、市政府对"新余市赴美国、加拿大人力资源考察团"成员进行了处理。一是给予新余市赴美国、加拿大人力资源考察团严重违纪违规问题直接责任人刘忠平撤销新余市外事侨务办党组书记、主任职务的处分;免去主要责任人刘群新余市外事侨务办副主任职务,给予党内严重警告处分;给予负有一定责任的新余市仙女湖风景名胜区管委会主任徐冬春党内警告处分。二是责令该团其他出国人员写出书面检查,所有人员上缴本应由个人负担的费用。三是收缴新余市外事侨务办非法侵占的其他单位的机票打折款,上交财政。

5. 根据下面的材料,代××大学拟写一份商调函。

(1) 发文单位:××大学

(2) 该校教授王××一人在南京工作,生活非常不方便,其妻李×在扬州大学图书馆工作,××理工大学根据王××的请求,也因工作需要,经领导研究,拟同意将其妻李×调到该校工作,以解决夫妻分居两地的困难。

(3) ××大学致函给扬州大学,如果扬州大学同意李×调出,请将同意调出的函和李×的档案等一并寄给××大学。

(4) 收文单位:扬州大学

6. 拟写一份邀请函

南京师范大学博士生导师钟振振是一位在国内外享有重大声誉的文学教授,他的一系列学术成果都在国内外引起了极大的反响。南京某学院在本月举办学术月,拟致函南京师范大学邀请钟教授为该校师生作一次学术讲座。请拟文一则。

第五章 会议性公文的写作

会议性公文,专用于会议的公文,主要有决议、纪要、议案,其次有会议通知。纪要用得较广泛。议案,只用于政府机关。

第一节 决议的写作

一、决议的适用范围

《条例》规定:决议"适用于会议讨论通过的重大决策事项"。

决议为2012年4月16日中办、国办联合印发的《党政机关公文处理条例》中新增的正式公文。决议是指党的领导机关就重要事项,经会议讨论通过其决策,并要求进行贯彻执行的重要指导性公文。

二、决议的特点

(一)权威性

决议是经过党的会议讨论通过才能生效并由党的领导机关发布的。

(二)指导性

决议表述的观点和对事项的评价都具有指导意义。

三、决议的类型

决议一般分为公布性决议、批准性决议和阐述性决议三种类型。公布性决议是为公布某种法规、提案而写作的决议;批准性决议系为肯定或否定某种议案的文件;阐述性决议是对某些重大结论的具体内容加以展开阐述的文件。

四、决议的结构

决议的结构一般包括标题、正文和结尾。

(一)决议的标题

决议的标题一般为完整式标题,由发文机关(或会议名称)、事由和文种构成,决议正式通过的日期一般放在标题下,在小括号内注明会议名称及通过时间,也可只写年月日。如《中国共产党第十八次全国代表大会关于十七届中央委员会报告的决议(2012年11月14日中国共产党第十八次全国代表大会通过)》。

(二)决议的正文

决议的正文一般由决议根据、决议事项和结语三部分组成。

1. 决议缘由：一般简要说明有关会议审议决议涉及事项的情况，陈述作出决议的原因、根据、背景、目的或意义。

2. 决议事项：写明会议通过的决议事项，或会议对有关文件、事项作出的评价、决定，或对有关工作作出的部署安排和要求、措施。

3. 结语：决议通常要有一个鼓舞号召性的结语。一般紧扣决议事项有针对性地提出希望、号召和执行要求。

[例文]

中国共产党第十八次全国代表大会关于十七届中央委员会报告的决议
（2012年11月14日中国共产党第十八次全国代表大会通过）

中国共产党第十八次全国代表大会批准胡锦涛同志代表十七届中央委员会所作的报告。报告高举中国特色社会主义伟大旗帜，以马克思列宁主义、毛泽东思想、邓小平理论、"三个代表"重要思想、科学发展观为指导，分析了国际国内形势的发展变化，回顾总结了过去五年的工作和党的十六大以来的奋斗历程及取得的历史性成就，确立了科学发展观的历史地位，提出了夺取中国特色社会主义新胜利的基本要求，确定了全面建成小康社会和全面深化改革开放的目标，对新的时代条件下推进中国特色社会主义事业作出了全面部署，对全面提高党的建设科学化水平提出了明确要求。报告描绘了全面建成小康社会、加快推进社会主义现代化的宏伟蓝图，为党和国家事业进一步发展指明了方向，是全党全国各族人民智慧的结晶，是我们党团结带领全国各族人民夺取中国特色社会主义新胜利的政治宣言和行动纲领，是马克思主义的纲领性文献。

大会认为，报告阐明的大会主题对我们党带领人民继往开来、奋勇前进具有十分重大的意义。全党要高举中国特色社会主义伟大旗帜，以邓小平理论、"三个代表"重要思想、科学发展观为指导，解放思想，改革开放，凝聚力量，攻坚克难，坚定不移沿着中国特色社会主义道路前进，为全面建成小康社会而奋斗。

大会强调，当前，世情、国情、党情继续发生深刻变化，我们面临的发展机遇和风险挑战前所未有。全党一定要牢记人民信任和重托，更加奋发有为、兢兢业业地工作，继续推动科学发展、促进社会和谐，继续改善人民生活、增进人民福祉，完成时代赋予的光荣而艰巨的任务。

大会高度评价十七届中央委员会的工作。十七大以来的五年，是我们在中国特色社会主义道路上奋勇前进的五年，是我们经受住各种困难和风险考验、夺取全面建设小康社会新胜利的五年，各方面工作都取得新的重大成就。

大会同意十七届中央委员会对十六大以来十年奋斗历程的基本总结，认为我们紧紧抓住和用好我国发展的重要战略机遇期，战胜一系列重大挑战，奋力把中国特色社会主义推进到新的发展阶段，巩固和发展了改革开放和社会主义现代化建设大局，提高了我国国际地位，彰显了中国特色社会主义的巨大优越性和强大生命力，增强了中国人民和中华民族的自豪感和凝聚力。

大会强调，总结十年奋斗历程，最重要的就是我们坚持勇于推进实践基础上的理论创新，围绕坚持和发展中国特色社会主义提出一系列紧密相连、相互贯通的新思想、新观点、新论断，形成和贯彻了科学发展观。科学发展观是马克思主义同当代中国实际和时代特征相结合的产物,是马克思主义关于发展的世界观和方法论的集中体现,对新形势下实现什么样的发展、怎样发展等重大问题作出了新的科学回答,把我们对中国特色社会主义规律的认识提高到新的水平,开辟了当代中国马克思主义发展新境界。科学发展观是中国特色社会主义理论体系最新成果,是中国共产党集体智慧的结晶,是指导党和国家全部工作的强大思想武器。科学发展观同马克思列宁主义、毛泽东思想、邓小平理论、"三个代表"重要思想一道,是党必须长期坚持的指导思想。

大会指出,九十多年来,我们党紧紧依靠人民,把马克思主义基本原理同中国实际和时代特征结合起来,独立自主走自己的路,历经千辛万苦,付出各种代价,取得革命建设改革伟大胜利,开创和发展了中国特色社会主义,从根本上改变了中国人民和中华民族的前途命运。中国特色社会主义道路,中国特色社会主义理论体系,中国特色社会主义制度,是党和人民九十多年奋斗、创造、积累的根本成就,必须倍加珍惜、始终坚持、不断发展。在新的历史条件下夺取中国特色社会主义新胜利,要牢牢把握以下基本要求:必须坚持人民主体地位,必须坚持解放和发展社会生产力,必须坚持推进改革开放,必须坚持维护社会公平正义,必须坚持走共同富裕道路,必须坚持促进社会和谐,必须坚持和平发展,必须坚持党的领导。只要我们顽强奋斗、艰苦奋斗、不懈奋斗,就一定能在中国共产党成立一百年时全面建成小康社会,就一定能在新中国成立一百年时建成富强民主文明和谐的社会主义现代化国家。全党要坚定这样的道路自信、理论自信、制度自信!

大会认为,根据我国经济社会发展实际,要在十六大、十七大确立的全面建设小康社会目标的基础上努力实现新的要求:经济持续健康发展,人民民主不断扩大,文化软实力显著增强,人民生活水平全面提高,资源节约型、环境友好型社会建设取得重大进展。全面建成小康社会,必须以更大的政治勇气和智慧,不失时机深化重要领域改革,坚决破除一切妨碍科学发展的思想观念和体制机制弊端,构建系统完备、科学规范、运行有效的制度体系,使各方面制度更加成熟更加定型。

大会同意报告关于我国社会主义经济建设、政治建设、文化建设、社会建设、生态文明建设的部署。大会强调,要加快完善社会主义市场经济体制和加快转变经济发展方式,把推动发展的立足点转到提高质量和效益上来,着力激发各类市场主体发展新活力,着力增强创新驱动发展新动力,着力构建现代产业发展新体系,着力培育开放型经济发展新优势,使经济发展更多依靠内需特别是消费需求拉动,更多依靠现代服务业和战略性新兴产业带动,更多依靠科技进步、劳动者素质提高、管理创新驱动,更多依靠节约资源和循环经济推动,更多依靠城乡区域发展协调互动,不断增强长期发展后劲,促进工业化、信息化、城镇化、农业现代化同步发展;要坚持走中国特色社会主义政治发展道路和推进政治体制改革,发展更加广泛、更加充分、更加健全的人民民主,坚持党的领导、人民当家作主、依法治国有机统一,以保证人民当家作主为根本,以增强党和国家活力、调动人民积极性为目标,扩大社会主义民主,健全社会主义协商民主制度,完善基层民主制度,加快建设社会主义法治国家,健全权力运行制约和监督体系,发展社会主义政治文明;要扎实推进社会主义文化强国建设,坚持社会主义先进文化前进方向,推动社会主义文化大发展大繁荣,兴起社会主义文化建设新高潮,提高国家文化软实力,发挥文化引领风尚、教育人民、服务社会、推动发展的作用;要在改善民生和创新管理中加强社会建设,从维护最广大人民根本利益的高度,以保障和改善民生为重点,提高人民物质文化生活水平,多谋民生之利,多解民生之忧,加快健全基本公共服务体系,加强和创新社会管理,推动社会主义和谐社会建设;要大力推进生态文明建设,树立尊重自然、顺应自然、保护自然的生态文明理念,把生态文明建设融入经济建设、政治建设、文化建设、社会建设各方面和全过程,加大自然生态系统和环境保护力度,努力建设美丽中国,实现中华民族永续发展。大会强调,必须坚持以国家核心安全需求为导向,按照国防和军队现代化建设"三步走"战略构想,加紧完成机械化和信息化建设双重历史任务,建设与我国国际地位相称、与国家安全和发展利益相适应的巩固国防和强大军队。

大会强调,全面准确贯彻"一国两制"、"港人治港"、"澳人治澳"、高度自治的方针,必须把坚持一国原则和尊重两制差异、维护中央权力和保障特别行政区高度自治权、发挥祖国内地坚强后盾作用和提高港澳自身竞争力有机结合起来。必须坚持"和平统一、一国两制"方针,巩固和深化两岸关系和平发展的政治、经济、文化、社会基础,开创两岸关系和平发展新前景,团结台湾同胞维护好、建设好中华民族共同家园,为和平统一创造更充分的条件。

大会同意报告对国际形势的分析和提出的对外工作方针,强调中国将继续高举和平、发展、合作、共赢的旗帜,坚定奉行独立自主的和平外交政策,始终不渝走和平发展道路,始终不渝奉行互利共赢的开放战略,坚决维护国家主权、安全、发展利益,坚持在和平共处五项原则基础上全面发展同各国的友好合作,推动建设持久和平、共同繁荣的和谐世界,同各国人民一道为人类和平与发展的崇高事业而不懈努力。

大会强调,形势的发展、事业的开拓、人民的期待,都要求我们以改革创新精神全面推进党的建设新的伟大工程,全面提高党的建设科学化水平。全党要增强紧迫感和责任感,牢牢把握加强党的执政能力建设、先进性和纯洁性建设这条主线,坚持以人为本、执政为民,坚持解放思想、改革创新,坚持党要管党、从严治党,全面加强党的思想建设、组织建设、作风建设、反腐倡廉建设、制度建设,增强自我净化、自我完善、自我革新、自我提高能力,建设学习型、服务型、创新型的马克思主义执政党,确保党始终成为中国特色社会主义事业的坚强领导核心。

大会强调,反对腐败、建设廉洁政治,是党一贯坚持的鲜明政治立场,是人民关注的重大政治问题。反腐倡廉必须常抓不懈,拒腐防变必须警钟长鸣。要坚持中国特色反腐倡廉道路,坚持标本兼治、综合治理、惩防并举、注重预防方针,全面推进惩治和预防腐败体系建设,做到干部清正、政府清廉、政治清明。

大会强调,党的集中统一是党的力量所在,是实现经济社会发展、民族团结进步、国家长治久安的根本保证。党面临的形势越复杂,肩负的任务越艰巨,就越要加强党的纪律建设,越要维护党的集中统一,形成全党上下步调一致、奋发进取的强大力量。大会强调,面对人民的信任和重托,面对新的历史条件和考验,全党必须增强忧患意识,谦虚谨慎,戒骄戒躁,始终保持清醒头脑;必须增强创新意识,坚持真理,修正错误,始终保持奋发有为的精神状态;必须增强宗旨意识,相信群众,依靠群众,始终把人民放在心中最高位置;必须增强使命意识,求真务实,艰苦奋斗,始终保持共产党人的政治本色。

大会号召,全党全国各族人民高举中国特色社会主义伟大旗帜,更加紧密地团结在党中央周围,为全面建成小康社会而奋斗,不断夺取中国特色社会主义新胜利,共同创造中国人民和中华民族更加幸福美好的未来!

第二节 纪要的写作

一、纪要的适用范围

《条例》规定:纪要"适用于记载会议主要情况和议定事项。"。

二、纪要的特点

(一)纪实性

"纪"同于"记",就是把会议的情况客观、真实、准确地记载下来,使没有参加会议的人能够了解会议的真实情况。

(二)概要性

"纪要"中的"要"要求择要而记,简练扼要地反映会议的概貌、决议事项、基本精神等。

三、纪要的类型

(一)以内容分类

1. 办公会纪要

用以传达由机关、单位召开的办公会议所研究的工作、议定的事项和布置的任务,要求与会单位和有关方面、有关人员共同遵守、执行。这是最常写的会议纪要。有领导办公会议纪要、党政联席办公会议纪要、经理办公会议纪要、董事会会议纪要等。

2. 座谈会纪要

主要指专家座谈和工作座谈、调查座谈会等会议纪要。

3. 研讨会纪要

具有研究、探索性质的会议纪要。主要是学术研讨和论坛类的会议纪要。这类会议纪要通过对有关重要方针、政策和理论(学术)问题的研究交流、讨论情况的纪实,给人们以深刻的启发,给工作以宏观的指导。但不具有像办公会议纪要那样的行政约束力。

(二)以作用分类

1. 消息类纪要

发布会议消息的纪要。仅供人们了解会议情况。

2. 决议型纪要

以记载会议的决议为重点的纪要。需要有关方面贯彻执行,多为下行文。

3. 记录型会议纪要

摘要地记录会上发言内容要点的纪要。供决策参考或备查。

四、纪要与会议记录、会议简报的关系

(一)纪要与会议记录的关系

纪要是在会议记录的基础上产生的,是对会议记录的归纳和概括。其源于会议记录,又明显地不同于会议记录。

会议记录不是公文,只是一种事务性文书,是会议情况的原始记录,是拟写公文的原始

参考材料。会议记录一定要按会议的实际进程详细地记录开会的情况和每位发言人的发言,真实地反映发言人每个议题的看法和意见,不能增删。一般地说,发言人怎么说就怎么记录,不能人为地加以整理和归纳,尤其是会议在某一问题上出现分歧的时候,会议记录要将其准确详尽地记录下来,以体现会议真实情况。

纪要是一种正式公文,记载的是会议的要点(与会各方达成的共识)、结果,不必记录详细发言、分歧等情况。

（二）纪要和会议简报的关系

共同点是有通报会议情况的作用,但是纪要有行政约束力,而会议简报则没有。两者的容量和反映的情况不同。会议简报以简短为特点,一个会议可编发多期,往往反映会议的某一局部、某一侧面、某一具体问题;纪要着眼于会议的全局,抓住会议的主要问题和重大方面来写,不受篇幅的限制,可长可短,必须在会议即将结束前形成。

五、纪要的结构

（一）纪要的文头

纪要的文头可采用常规文件的文头格式,也可用纪要专用的文头,并套红印制。如"市长办公会议纪要"、"市政府办公会议纪要"等。专用于会议纪要的文头,一般单列"第×期",不用发文字号。在期号左下方印刷制发单位全称,右下方印制发日期。会议纪要不写主送机关。

（二）纪要的结构

一般由标题、开头、主体、结尾四部分组成。

1. 标题

例会、办公会纪要的标题,要求标明单位名称、会议性质。其他会议纪要的标题一般由会议召开单位、会议名称和文种组成,也可只由会议名称和文种两项内容组成。

纪要的标题有以下几种写法：

(1) 会议名称+文种。如《××学会第×届年会纪要》。

(2) 会议名称+纪要内容+文种。如《××学会第×届理事会第×次会议决议事项纪要》。

(3) 发文单位名称+会议名称+文种。如《××市日用杂品公司进一步做好×××市场供应工作会议纪要》。

(4) 正题+副题。正题阐述会议的主旨、意义,副题交代会议名称、文种。如："维护药品市场秩序——江苏省重点打击假劣药品工作会议会议纪要"。

会议纪要是一种正式的公文,它的标题应写得明确,不能仅以"会议纪要"为题。

2. 开头

简要介绍会议的基本情况,叙述召开会议的根据、目的、与会人员、会议的起止时间、地点、会议的基本议程、主要活动和会议的结果。

3. 主体

阐述会议讨论的问题和意见、结论和决定以及对今后工作所提出的要求,反映会议的主要精神和成果。必须"记录要点",概括地传达会议的精神和要求,不能缺少必要的归纳。首先要明确开会的目的;其次要全面了解会议的情况;最后要仔细地研究会议的发言记录和其他相关的文字材料。

主体部分是会议纪要的中心,常见的写法有四种：

（1）概括叙述式。把会议的发言、讨论的情况加以综合分析，围绕中心内容，归纳概括成几个部分，分条分段用"一、二、三……"的形式或以小标题进行排列，表明层次；然后对各个部分完整系统地说明和阐述。这种写法的优点是：纲目清晰，层次分明，便于将问题讲深讲透。

（2）发言记录式。既可按会议的发言顺序，把握发言的要点，将发言的观点、论据如实记录整理；也可按会议讨论的问题，分别列出小标题，然后在小标题的下面，写出重点发言。这种写法较概括叙述式简便，一般小型会议、专业会议或座谈会的纪要多采用此种写法。

（3）综合式。把会议内容按性质综合为若干部分，然后逐条写出。工作经验交流会纪要、学术问题研讨会纪要一般采用这种写法。这种写法有利于概括丰富的内容，有利于从原则高度上把问题说深讲透。

（4）条项式。即讨论的问题和决定的事项，分条分项写出。会议讨论了几个问题，纪要就以几个问题各自自成一点写出，工作会议纪要大多采用此种写法。这种写法条理清晰，易于理解。

4. 结尾

一般会议纪要主体部分的最后一个问题写完即结束全文。有些会议纪要需要单独一段结尾，对会议作出一些评论或提出希望、号召等。

六、几种会议纪要的写作

（一）办公会议纪要的写作

办公会议纪要的正文由前言、主体和结尾构成。

1. 前言。包括会议时间、地点、主持人、列席人等。出席人、列席人不多时，应该写上职务、姓名。还可以在开头不涉及会议的情况，而是交代会议召开的背景，或者提出有待解决的问题，以说明会议的重要性和必要性。一般用"会议议定事项如下"引出下文。

2. 主体。议定事项较多时，应分条叙述。会议达成的共识或作出的决定，应用"会议认为"、"会议决定"、"会议要求"等专用语起头。

3. 结尾。第一种自然结尾，主体部分写完即结束全文；第二种专设一段收束全文；第三种是在正文的条款后面增加一个条款作为结尾。

[例文]

江苏省水利厅厅长办公会议纪要
（2008年第2期）

1月7日，吕振霖厅长主持召开厅长办公会议，审议《江苏省水文条例》（草案）〔以下简称《水文条例》（草案）〕、《江苏省水利厅立法草案起草和规范性文件制定工作规定》（以下简称《规范性文件制定规定》），听取2007年省水利工程建设文明工地评选结果汇报、讨论厅后勤中心辅楼命名事宜、研究水利投资开发公司投资分红事宜、讨论淮河入海水道建管处管理用房集中建设实施方案。厅领导张小马、陶长生、陆桂华、陆永泉参加了会议。现将议定事项纪要如下：

一、审议《江苏省水文条例》

会议听取了厅政法处关于《水文条例》（草案）立法情况的说明，讨论了《水文条例（草案）》。会议认为，水文是水利事业发展的基础。开展地方水文立法，是为了更好地结合江苏水文事业发展实际，贯彻落实好国家《水文条例》，规范水文事业管理，促进水文事业发展，充分发挥水文在防灾减灾和开发、利用、节约保护水资源中的作用,更好地服务经济社会发展。会议就《水文条例》(草案)的有关问题进行了讨论:(一)关于水文管理体制。根据我省特点,明确水文机构实行双重领导、以条为主的管理体制。(二)关于水文站网建设。明确要组织制定全省水文站网建设规划,加快完善水文站网站点和监测断面布设,建立水文情报监测体系。加强对水文站点设立的行政审批,促进资源共用共享,避免重复建设。(三)关于水文情报预报发布。实现水文情况发布的统一性、规范性、权威性。(四)要研究提出加快水文发展的相关政策。会议还就《水文条例》(草案)文字表述提出了具体修改意见。并要求政法处根据讨论意见进行认真修改后,通过召开座谈会进一步听取意见,同时在江苏水利网站上公开征求意见,经再次修改后提交下次厅长办公会议审定。

二、审议《江苏省水利厅立法草案起草和规范性文件制定工作规定》

会议听取了厅政法处关于《规范性文件制定规定》有关情况的汇报。会议指出,规范水利立法草案起草、规范性文件制定以及有关法案和行政规章征求我厅意见的办理,对加强水利法制建设、推进依法行政和加强机关行文规范化管理都是十分必要的。会议原则同意《规范性文件制定》,并提出如下意见:一是政法处负责对厅规范性文件的文稿进行审核,并具体规定不同规范性文件审核时限要求。二是规范性文件的起草审议一般包括初稿、征求意见稿、厅长办公会议审议稿、二审稿等四个阶段,一般规范性文件草案经厅长办公会议初审修改后要在江苏水利网站上广泛公开征求意见,再经厅长办公会议二审确定后定稿和报审。

三、关于2007年省水利工程文明工地评选

会议听取了厅基建处关于2007年省水利工程文明工地评选情况的汇报,会议原则同意评选结果。并对进一步改进文明工地评选工作提出意见:参评的项目要具备一定规模;南水北调工程应纳入统一参评;要重视河道工程文明工地的参评。

四、关于江苏水利大厦辅楼定名事宜

会议听取了厅办公室关于江苏水利大厦辅楼定名的报告,考虑辅楼的定位及功能,为体现与江苏水利大厦的整体性和水利特色,会议议定辅楼命名为"江苏水务(楼)"。

五、关于水利投资开发公司投资分红事宜

会议通过产业中心关于水利投资开发公司年度投资分红的方案,延续往年做法按18%年收益率进行分红。

六、关于总渠管理处工程管理用房相对集中建设实施方案

会议听取了省总渠管理处关于部分工程管理用房适当集中建设的实施方案的汇报,原则同意将有关工程原设计方案中的管理职工值班宿舍在管理处范围内集中建设。会议还听取了总渠管理处关于淮河入海水道管理处展示馆建设缺口资金的情况汇报,会议同意请示省政府在淮河入海水道工程建设包干节余资金中解决。

二〇〇八年一月十八日

(二)记录型纪要的写作

记录型会议纪要是专门研究解决思想、理论、科技、教育、文化、生产等某一重要问题而召开会议之后,记录会议主要内容而形成的纪要。

记录型会议纪要的正文由前言、主体和结尾构成。开头和结尾与工作会议纪要相同,会议事项部分概括地写出与会代表发言的主要观点和意见。要客观、符合发言人的原意,不加评论,不能概括不全或改变。分歧意见也应反映。最常见的结构方式有两种:一是按照会议

上的实际发言顺序;二是按照讨论问题来分类,每类用一个小标题。记述发言,要先标出发言人的姓名,并在姓名后面加括号注明所在单位和职务。

[例文]

2005年全国天灾预测会议纪要

2005年全国天灾预测会议于4月21日~23日在北京工业大学召开。来自气象、水利、地震、科研、院校、海洋等部门的46位专家、学者参加了会议。

会议共收到论文56篇,年度预测简表33份。会前分别编印了《天灾预测研讨会议文集》(2005)及《2005年天灾预测意见汇编》(《黄皮书》)。

北京工业大学主管科研的卢振洋副校长出席了开幕式并作了热情洋溢的讲话。他动情地说,我参加过很多学术会议,但像这样的学术会议还是第一次参加。你们都这么大年纪了,还为天灾预测事业奋斗不息,李(均之)先生一年365天住在办公室里,从他的身上看到了科技工作者的无私奉献精神。

天灾预测专业委员会主任郭增建教授在开幕词中说,我们在经济困难的情况下,坚持了14年,雷打不散,遇阻不退,知难而进,今后仍要坚持下去。他强调,天灾预测专业委员会一是预测,二是创新,三是研究成因机制,这三点要始终坚持,要下工夫,有志者事竟成。

王明太副主任在主持开幕式时说,本次会议与以往的预测会有所不同,除了讨论天灾预测外,还要讨论、修订《天灾预测专业委员会(第三届)工作意见》,使专业委员会的工作制度化、程序化。天灾预测专业委员会的活动坚持了14年,得到社会的承认,很不容易,总结其原因是:① 坚持了重大天灾预测的宗旨;② 坚持了多学科的交叉渗透;③ 坚持了学术民主,海纳百川,允许不同学术观点的争鸣;④ 坚持了实践检验。开幕式后,转入2005年天灾预测讨论及学术报告。任振球、范垂仁、李秀斌、李国琛、强祖基、徐好民等分别主持了2005年全国洪涝、干旱、全国流域性洪水、海冰、地震、流行病等重大灾害的预测、趋势分析的交流、研讨及相关学术报告。发言踊跃,讨论热烈。为了全面地反映专家们的预测意见,与会代表在听取了到会专家的报告后,常务副主任耿庆国教授系统介绍了未到会专家为《黄皮书》提供的预测意见。最后,经深入、反复讨论,耿庆国宣读了会议形成的《2005年天灾综合预测意见》。本《预测意见》按惯例由天灾预测专业委员会上报中国科协、国家发改委、国家减灾委、国家防总及有关业务主管部门。

李均之副主任主持了闭幕式。耿庆国常务副主任做了会议总结,他再次强调了加强专业委员会团结的重要性,他说我们这个团体是一个弱势团体,同时也是一个很脆弱的团体,需要全体同仁的精心呵护。我们必须旗帜鲜明地突出预测,特别要致力于搞好重大天灾和灾害链预测。我们必须坚持实行多学科交叉,多手段、多方法综合预测。我们必须坚持实行学术民主,贯彻"双百"方针。要认真贯彻翁老生前提出的办法,要用"学术的方式"而不是用"会商的方式"或"组织的方式"处理各种不同的预测意见。我们必须坚持科学性和实践检验。坚持边研究、边预测、边总结、边提高的做法,不断提高重大天灾预测水平。实事求是,严谨治学。为了人民的利益,百折不挠、团结奋斗、同舟共济、锐意创新。闭幕式上还讨论了专业委员会的两项工作:①《天灾预测专业委员会(第三届)工作意见》。根据到会委员、专家提交的书面意见修改后施行。② 预测检验问题。顾问陈一文先生根据三届第一次主任会议的意见,起草了《关于对2004年度以及历年天灾预测意见进行系统总结的初步建议(征求意见稿)》，经会议充分讨论后认为，工作难度较大，条件尚不成熟，暂不实行。对陈一文先生的辛勤工作与会者表示感谢。

中国工程院院士许绍燮先生因事不能到会，他向会议代表问好，并祝会议成功。

国家发展改革委员会前副司长严谷良应邀参加了会议，并在开幕式和闭幕式上发表了重要讲话。他说，天灾预测专业委员会在困难条件下坚持了这么多年，不容易。要将领先的东西坚持下去。要在预测的本质、成因上有所突破，拿出实实在在的成果。在项目的组合上要有所取舍，要将有希望的项目综合为大的课题，好好干下去，早点把重大天灾综合预测攻下来。不能再耽误了，再耽误就太可惜了。严副司长热切希望我国在这个领域中能出几个拔尖领军人物，并形成自己的学派。作为国家重大科技创新试点工程中的一项课题，寻找新的突破性的出路，并尽可能争取到必要的科研经费。他表示愿做大家的后勤，做些搭桥的工作。严副司长恳切的话语使与会专家学者深受鼓舞。

本次会议由翁文波科学发展基金资助。北京工业大学地震研究所承办了会议，与会代表对他们热情、周到的服务和辛勤劳动表示衷心感谢！

北京工业大学
二〇〇五年四月二十三日

(三) 决议型纪要的写作

决议型会议纪要是要求有关单位或人员贯彻执行的纪要，具有较强的权威性、政策性和指示性。

正文由前言、主体和结尾构成。前言同其他会议纪要。主体只写会议最终决议事项，而不涉及形成会议的过程和存在的分歧意见。常见的写法是把会议所形成的一致意见按内容的性质进行归纳分类，概括为若干方面，然后按照一定的顺序逐次写出来。在表述方式上，决议事项都以会议或与会人员的名义提出，如"会议认为"、"会议指出"、"会议强调"、"会议决定"、"与会同志指出"等。

[例文]

2008年淮河流域省际边界水事协调联络小组工作会议纪要

为预防和调处淮河流域省际边界水事纠纷，检查一年来《淮河流域省际边界水事协调工作规约》(以下简称《规约》)及《2007年淮河流域省际边界水事协调联络小组工作会议纪要》(以下简称《2007年会议纪要》)的贯彻执行情况，2008年9月28日至29日，淮委在山东省日照市组织召开了"2008年淮河流域省际边界水事协调联络小组工作会议"，淮委党组副书记、副主任肖幼，山东省水利厅巡视员武轶群作重要讲话，水利部政法司倪鹏处长到会指导，日照市人民政府副市长刘西良致贺辞。会议由山东省水利厅承办，淮委和流域四省水利厅有关部门代表近30人参加了会议。

会议听取了淮委和流域四省水利厅关于一年来省际边界水事纠纷预防和调处工作的报告，就《规约》和《2007年会议纪要》的贯彻落实情况，目前省际水事纠纷预防和调处工作面临的形势、出现的新情况和新特点、存在的问题等进行了充分的沟通和交流；讨论了《淮河流域省际边界水利工程建设管理办法(征求意见稿)》；并对下一步工作重点和方向进行了深入探讨。现将会议主要精神纪要如下：

一、会议认为，近年来，在淮委和流域四省各级政府及水行政主管部门的共同努力下，流域省际边界地区水事秩序有了明显好转,但边界水事问题还未根本解决,矛盾隐患依然存在,仍需引起各级领导的高度重视。淮委和流域四省各级水行政主管部门要以"三个代表"重要思想为指导,坚持科学发展观,从构建边界地区和谐社会的高度,重视省际边界水事纠纷预防和调处工作。

为进一步强化省际水事纠纷预防和调处工作,淮委和流域四省各级水行政主管部门要不断强化水事纠纷预防和调处意识,坚定不移地促进流域和谐边界建设;进一步深化水事纠纷排查化解工作,努力把影响边界地区稳定的问题消除在萌芽状态;切实提高管理水平,进一步推进纠纷预防和应急机制建设;坚持以人为本,切实解决省际边界地区实际问题。

二、会议强调,淮委和流域四省各级水行政主管部门应进一步加大对水法规、《规约》和《淮河流域省际水事纠纷应急处置预案》(以下简称《预案》)的宣传力度,增强广大干部职工和人民群众在省际边界水事活动中自觉遵守水法规和《规约》的意识,遇突发省际水事纠纷时能按照《预案》和《规约》规定的职责和要求积极协商处理水事纠纷。为进一步推动淮河流域省际边界水利工程建设管理工作,有必要编制《淮河流域省际边界水利工程建设管理办法》(以下简称《管理办法》)。该办法的制订对规范流域内省际边界水利工程的申报、审批、建设、验收等工作具有重要意义,其实施能更好地明确各方责任,发挥投资效益,为流域经济社会发展和构建和谐社会服务。淮委应根据流域四省水利厅提出的意见和建议进一步修改完善《管理办法》(征求意见稿)并尽快颁布实施。流域四省在《管理办法》颁布后应认真贯彻落实,使有关人员明确如何规范、高效开展工作,使之起到应有的作用。

三、会议要求,流域四省应在省际水事纠纷热点地区进一步建立和完善双方县(市)间的例会交流制度,及时通报相关水事状况,磋商和协调有关问题,同时,切实加强省际边界涉水建设项目的监督管理,避免产生新的水事矛盾。流域四省应认真筛查确定省际边界地区确需进行建设的水利工程,做好项目储备和前期工作,在质量和进度上满足边界工程建设和边界地区社会经济发展的需要。流域四省应想方设法、积极筹措资金,逐步加大对省际边界地区的投入,督促落实已批复省际边界水利工程的配套资金;淮委也应积极争取国家对省际边界地区水利工程建设的资金补助,加快统一治理步伐,使工程早日建成投入使用,真正发挥工程整体效益。

四、会议就以下问题达成共识:

1. 目前,淮河流域省际边界河湖非法采砂活动已成为突出的水事违法行为和易引起边界水事纠纷和矛盾的一个重要因素,淮委和流域四省各级水行政主管部门应加强监督管理,增强防范意识,积极协调和配合,做好省际边界河湖采砂管理工作,减少省际边界地区水事矛盾隐患。

2. 省际边界地区水库的运行管理、水资源配置、水污染防治等也是淮河流域引起边界水事纠纷和矛盾的重要因素,需引起相关部门的高度重视,应严格按照有关规定运行管理,严格控制污水排放,避免引发水事纠纷。

3. 应深入开展省际水事纠纷排查,强化基础工作。流域四省应对省际边界水事矛盾热点、难点、敏感地区和河流展开调查和查勘,淮委应根据需要在适当的时候组织有关部门进行调研,研究解决处理方案。

4. 流域四省水行政主管部门应抓紧研究制定水事纠纷调处应急预案,提高危机处置和社会管理水平,确保省际边界地区水事秩序稳定、社会安定和人民生命财产安全。

5. 开展淮河流域省际边界水事矛盾敏感地区水利规划,对流域省际边界地区水利事业发展至关重要,各省水行政主管部门和省际边界地区各级水行政主管部门应高度重视该工作,积极配合淮委开展淮河流域省际边界水事矛盾敏感地区水利规划编制工作,做好边界工程建设项目的储备,为边界地区水利事业发展奠定基础。

各省应将2009年省际边界治理工程项目于2008年10月底前报淮委(应有省转报文件、项目初设报告、双方县以上水行政主管部门治理协议、地方配套资金承诺文件等材料)。

六、按照《规约》约定的协商机制,"2009年淮河流域省际边界水事协调联络小组工作会议"由安徽省水利厅承办。

(四)研讨型纪要的写作

研讨型会议纪要的正文由前言、主体和结尾构成。开头同其他纪要。主体部分写出会议中研讨情况和结论。结尾,提出要求或作有关说明。

[例文]

国家重点实验室规范管理研讨会会议纪要

为学习贯彻《国家重点实验室建设与管理暂行办法》(以下简称《管理办法》),研讨国家重点实验室改革与发展的思路,听取科技界对国家重点实验室工作的意见和建议,促进国家重点实验室健康发展,科学技术部基础研究司于2002年7月—8月分别在北京、西安、长春和杭州召开了"国家重点实验室规范管理研讨会"。164个国家重点实验室主任,依托单位主管领导,教育部、财政部、国土资源部、农业部、卫生部、国家计划生育委员会、国家环境保护总局、国家林业局、国家海洋局、中国科学院、中国地震局、中国气象局、国家自然科学基金委员会、中国石油天然气总公司等部门和山西省科技厅、吉林省科技厅、上海市科委、浙江省科技厅、陕西省科技厅的代表共400余人参加了会议。科技部程津培副部长两次出席会议并发表重要讲话。

科技部基础研究司领导在会上作了主题发言,提出了国家重点实验室改革与发展的思路,介绍了《管理办法》的要点。信息安全国家重点实验室副主任荆继武教授介绍了国家重点实验室网站建设情况。固体微结构物理等25个国家重点实验室的代表作了大会发言,介绍了他们学习《管理办法》的体会和各自实验室的管理经验。与会代表围绕国家重点实验室改革与发展、规范管理、评估等问题进行了认真、热烈地讨论。

会议认为,科技部出台的《管理办法》非常必要和及时,适应了新形势下实验室发展的需要,进一步明确了国家重点实验室的宗旨和定位,规范了国家重点实验室管理的基本原则和程序,将对国家重点实验室的发展产生深远的影响。会议代表一致同意国家重点实验室的定位,即:国家重点实验室是国家科技创新体系的重要组成部分,是国家组织高水平基础研究和应用基础研究、聚集和培养优秀科学家、开展学术交流的重要基地。会议赞成科技部提出的实验室下一步改革与发展的基本思路,要按照"三个基地"的要求,推进国家重点实验室的改革和调整工作。一是部分实验室要拓宽研究方向,遴选吸纳高水平人才;二是推进规模较大、多学科交叉集成的国家实验室的试点工作;三是建立"优胜劣汰"和有进有出的机制,淘汰部分较差实验室,新建少量实验室;四是要大力推动国家重点实验室深化改革,真正建立"开放、流动、联合、竞争"的运行机制。通过改革和调整,国家重点实验室将逐步发展成为三种类型:多数实验室仍为专业类实验室,少数为多学科交叉集成的国家实验室和以重大科学工程(装置)为依托的国家实验室。国家重点实验室将能够真正代表我国基础研究和应用基础研究的精华力量,部分实验室成为有一定国际影响和竞争力的国际一流实验室。

与会代表对国家重点实验室评估工作给予了很高的评价,认为评估是必要的,评估结果是公正、合理的,对促进实验室的发展发挥了重要作用。

与会代表就国家重点实验室具有"相对独立的人事权和财务权"、实验室与依托单位的关系、淘汰制度等进行了热烈的讨论。代表们认为,国家重点实验室要处理好与依托单位的关系,依托单位要关心、支持国家重点实验室的发展,切实帮助实验室解决发展中的实际问题,如人员编制、研究生培养、经费等。建立淘汰机制是必要的,但淘汰比例不宜太高。

代表们一致认为国家重点实验室网站建设十分重要,将推动实验室信息化管理,促进实验室开展网上合作交流,密切社会、行政主管部门和实验室之间的联系,加强实验室对外宣传。

与会代表对《国家重点实验室评估规则》和《评估综合指标体系》提出了许多意见和建议。要简化评估指标和评估程序,突出对成果和人才的评价,淡化过于细致的数量统计工作,真正体现以评促进、以评促改的目标;评估指标要充分考虑应用基础研究类和基础研究类实验室的区别,获得专利、完成国家重大任务与论文一样,都是实验室对国家的重要贡献。

代表们一致呼吁,国家应为重点实验室营造有利于原始性创新的宽松环境,增加经费投入,注意通过科技项目计划和人才计划支持实验室的建设和发展;在促进实验室开放方面部署相应计划,如设立国家重点实验室开放基金等;加大仪器设备更新改造力度。主管部门应进一步加大对国家重点实验室的支持力度,落实配套经费。

会议要求:

1. 各主管部门和依托单位要根据本单位的具体情况制定相应的《国家重点实验室建设与管理暂行办法实施细则》,把国家重点实验室作为科技工作的重点予以支持,明确实验室相对独立的人事权和财务权、实验室主任负责制、试行课题制管理等。要根据会议精神,切实加强对国家重点实验室的管理,按照"统一规划,分步实施,成熟一个,启动一个"的原则,逐步开展国家重点实验室的改革和调整工作。有国家重点实验室的高等学校要进一步明晰实验室在学校发展中的地位和作用,为重点实验室的发展创造更好的环境。

2. 各国家重点实验室要进一步明确定位和研究方向,加大开放力度,遴选吸纳更多的优秀人才进入实验室队伍,深化改革,建立新机制,改进管理,努力在出成果、出人才方面再上新台阶。

与会代表普遍反映,这次会议非常及时和必要,希望科技部今后多组织类似的会议,加强科技部与国家重点实验室以及实验室之间的联系和沟通,促进国家重点实验室的健康发展。

科学技术部基础研究司
二〇〇二年八月十八日

第三节 议案的写作

一、议案的适用范围

《条例》规定:议案"适用于各级人民政府按照法律程序向同级人民代表大会或者人民代表大会常务委员会提请审议事项"。

议案作者必须是政府而不是政府部门。政府法人代表(第一把手)必须署明职务、姓名,如国务院总理李克强。

二、议案的特点

（一）制作主体的法定性

议案适用于各级人民政府按照法律程序向同级人民代表大会或人民代表大会常务委员会提请审议事项。非人大代表的个人以及政府各部门和党群机关，均无权向人民代表大会提请议案。

（二）内容的特定性

根据我国的宪法和人民代表大会以及各级人民政府组织法的规定，人民政府所提议案的内容必须是属于人民代表大会或其常务委员会职权范围内的事项。

（三）严格的时效性

各级人民政府的议案，应当且必须在同级人民代表大会或其常务委员会举行会议期间提出，否则不能列为议案。

三、议案的类型

按内容划分为以下三种：

（一）提请审议立法的议案

较高级别（如较大的市）各级人民政府制定本辖区的一些重要法律、法规的议案。

（二）提请审定人事任免的议案

用于重要人事（如市长、区长、人民检察院检察长、人民法院院长等）的任免的议案。

（三）提请审议重大事项的议案

用于重大的事项的议案，如变动行政机构、变动行政区划、确立节日、重大的外交事项等。

四、议案的结构

议案由标题、主送机关、正文、签署四个部分组成。

（一）标题

议案的标题须完整地写出发文机关、事由和文种，不能省略其中任何一项。如《国务院关于提请审议〈中华人民共和国税收征收管理法（草案）〉的议案》，立法议案后应加上"草案"二字。

（二）文号

机关代字后需加"函"字。因为行政机关不隶属于权力机关，所以文号上"函"表示用函方式发布。如《国务院关于提请审议兴建长江三峡工程的方案》（国函〔1992〕24号）。

（三）主送机关

在标题下面，另起一行顶格写明审议议案的人民代表大会或者人民代表大会常务委员会的全称或规范化的简称。

（四）正文

议案的正文通常比较简短，写明所提议案的原因、目的与意义以及主要内容。正文的结尾通常使用"请审议"、"现提请审议"、"请审议批准"、"请审议决定"、"请予审议"等词语，并附所审议的文件全文。议案应具有可行性，一事一案。议案必须在会议规定的截止时间前提交。

（五）签署

议案由政府首长签署。国务院提交给全国人大的议案，要由总理签署；各省、直辖市、自治区提交给同级人民代表大会的议案,要由省长、市长或自治区主席签署。

五、议案的正文写作

(一)提请审议立法议案的写作

高度概括出提议案的原因、依据、目的和议案产生的过程及法律法规的名称。

[例文]

国务院关于提请审议《中华人民共和国企业所得税法(草案)》的议案
国函〔2006〕101号

全国人民代表大会常务委员会：

  为了适应对外开放的新形势,统一内资、外资企业所得税,创造企业公平竞争的市场环境,促进社会主义市场经济健康发展,国务院有关部门在认真调查研究、总结实践经验、广泛听取各方面意见的基础上,拟订了《中华人民共和国企业所得税法(草案)》。这个草案已经国务院常务会议讨论通过,现提请审议。

国务院总理　温家宝
2006年9月28日

(二)提请审议重大事项的议案写作

  提请审议的缘由,即为什么提出议案。缘由一般要求写得概括准确,说明提请审议事项的意义、作用以及有关背景。议案的事项是在议案中提出要求审议的具体事项或问题提出解决的途径、方法的部分。

[例文]

国务院关于提请审议国务院机构改革方案的议案

全国人民代表大会：

  中国共产党第十七次全国代表大会明确提出,要加快行政管理体制改革,抓紧制定行政管理体制改革总体方案。根据党中央的部署,经过认真调研,广泛听取意见,反复研究论证,形成了《关于深化行政管理体制改革的意见》和《国务院机构改革方案(草案)》,并先后经国务院常务会议、中央政治局常务委员会会议、中央政治局会议讨论和修改。党的十七届二中全会审议通过了这两个文件。现将《国务院机构改革方案》提请第十一届全国人民代表大会第一次会议审议。

国务院总理　温家宝
2008年3月4日

写作训练

一、标题改错。指出错误,说明理由,并拟写正确的标题

  1. ××县人民政府关于遭受雹灾情况的请示报告
  2. ××省税务局转发国家税务局印发全国统一税务文书式样的通知

3. ××乡人民政府请示××河水污染农田的问题
4. ××乡人民政府关于秋收生产、收摘棉花、收割水稻情况的报告
5. ××公安局关于批复同意购买汽车的通知
6. ××大学请求增拨教育经费的请示
7. ××省人民政府办公厅关于转发《国务院办公厅关于严格控制新闻发布会和周年纪念活动的通知》的通知
8. 广东省人民政府批转省工商行政管理局《关于做好〈中华人民共和国合同法〉贯彻实施工作的意见》的通知

二、判断说明。判明正误，说明理由

1. 议案只能是行政机关向同级人民代表大会或人民代表大会常务委员会行文。
2. 议案的标题由发文机关、事由、文种构成，有时可省略发文机关。
3. 议案与建议是一回事。
4. 会议纪要同会议记录一样是事务文书。
5. 为使公文简洁，写请示应开门见山地提出对某一重大问题的处理意见，以取得上级机关的批准。
6. 签发人对公文的文稿内容和行政效力负责。

三、拟稿

1. 根据下面材料，以××县人民政府办公室的名义拟写一份会议纪要。

××县人民政府召开第六次常务会议，时间：××××年×月×日上午八点半至十二点；地点：县政府常务会议室；主持：县长×××；出席：副县长×××、××、×××、×××，办公室主任×××；请假：×××（出差）；列席：×××、×××、×××；记录：×××。

副县长×××汇报经济工作会议准备的情况。会议讨论了扩大县属企业自主权的十条规定。会议同意县经济工作会议准备情况汇报，并决定于×月×日召开全县经济工作会议。今年各项经济工作指标，要以市经委下达的为准，不再调整县原各公司的主要经济指标。在县经济工作会议上，由县经委与县原各公司签订经济责任书。会议原则同意县民政局《关于民政事业费管理使用办法的修订意见》。会议同意将县政府办公室提出的《转变机关工作作风的规定意见（讨论方案）》印发各部门，广泛征求意见，做进一步修改后，以县政府文件印发。

2. 针对班级部分同学迟到、旷课现象严重，组织一次座谈会，写一篇座谈会纪要

四、按照公文的写法和要求，为下面一篇公文补写标题，并根据复函内容代江西省人民政府拟写《关于景德镇市准备兴建的陶瓷博物馆冠中国景德镇陶瓷博物馆馆名的请示》

标题：

江西省人民政府：

你省《关于景德镇市准备兴建的陶瓷博物馆冠中国景德镇陶瓷博物馆馆名的请示》（赣府[2001]15号）收悉。经商有关部门并经国务院领导同志同意，现函复如下：拟在景德镇建设的陶瓷博物馆名称可定为"景德镇中国陶瓷博物馆"。

国务院办公厅

二〇〇一年八月四日

第二编

管理文书写作

第六章　业务管理文书概述

第一节　管理文书的性质及特点

一、管理文书的性质

业务管理文书是党政机关、社会团体、企事业单位处理日常事务管理工作时，用来沟通信息、总结经验、研究问题、指导工作、规范行为的实用性文书。

二、管理文书的特点

（一）较强的政策性

管理文书有着较强的政策性，虽然它不具备行政公文那样的法定权威性和法定效力，但是它们同样担负着传达党和国家方针政策的职能。

（二）鲜明的事务性

管理文书是处理日常事务的工具，有着鲜明的事务性和适用性，实际使用频率比国家行政机关公文要高。

（三）表达的灵活性

业务管理文书的写作既有着约定俗成的惯用格式，又具有一定的灵活性，表达方式多种多样，叙述、议论、说明相互结合，语言准确简练。

第二节　管理文书的种类

管理文书按照不同的标准，可以分为不同的种类。我们这里是从性质的角度将其分为四大类。

一、事务管理文书

事务管理文书包括计划类文书、报告类文书。计划类文书是机关团体为达到某一目标或完成某一任务，对目标达到、任务完成前特定时段工作的设计和安排。计划类文书包括规划、方案、计划、安排等。报告类文书是反映工作状况和经验，对工作中存在的问题或具有普遍意义的重要情况进行分析研究的文书。报告类文书包括总结、述职报告、调查报告、简报等。

二、信息管理文书

信息管理文书主要是运用于经济领域的调研、决策时所使用的应用文。主要包括市场调查报告、经济预测报告以及可行性分析报告等。

三、规章管理文书

规章管理文书是规范工作、活动、行为等的法规、规章制度类文书。它包括条例、规定、办法、规则、章程、公约等。

四、契约管理文书

契约管理文书是市场经济中运用得相当广泛、使用频率也相当高的一类应用文。主要包括经济合同、协议书、意向书等。

第七章 事务管理文书的写作

第一节 事务管理文书概述

一、事务文书的性质和特点

在国家机关、企事业单位、社会团体处理公务活动中,一部分重要的事项使用国务院颁布的正式公文,但大量信息交流和日常事务的处理却是使用机关日常事务文书,如简报、调查报告、计划、总结等。这类文书虽然不像党政公文有严格的规则和法定的权威效力,但大多数有约定俗成的行文要求。事务文书是党政机关、社会团体、企事业单位处理日常事务时使用最为普遍和广泛的实用性文体。事务文书是指法定公文和专用文书之外的公务文书,是公务文书的一大类别。具体地说,这类文书的特点主要体现在以下几个方面:

(一) 对象比较具体

一份事务文书是为哪些人撰写的,要求哪些人了解并使用,都很具体。

(二) 格式比较固定

事务文书的格式在长期的应用中大都形成了比较固定的惯用格式,各种事务文书的构成要素以及各构成要素的写法,通常是有一定的规则的。

(三) 写法比较实际

撰写事务文书要以能够满足实际需要为原则,观点的确定、材料的使用既要切合实际,又要具体扎实,写作形式的运用也要讲求实际效果,要有利于文书的处理和文书内容的落实。

二、事务文书的种类

事务文书按照不同的标准,可以分为不同的种类。依据其性质与作用的不同,可以分为以下几类:

(一) 计划类文书

计划类文书是单位或个人对一定时限内的工作、生产、学习做有目的、有措施、有步骤的安排所撰写的文书。计划类文书包括规划、方案、计划、安排等。

(二) 报告类文书

报告类文书是反映工作状况和经验,对工作中存在的问题或具有普遍意义的重要情况进行分析研究的文书。报告类文书包括总结、述职报告、调查报告等。

(三) 简报类文书

简报类文书是简明扼要记录工作状况的文书。它包括简报、大事记等。

三、事务文书的写作要求

(一)以方针政策为指导,以法规规定为依据

事务文书具有一定的政策性,它是党和国家的方针政策在实际工作中的具体体现,因而不管写作什么样的事务文书都必须认真学习党在各个时期的方针、政策,并运用政策原则去指导工作。同时,事务文书还必须以法律规定为依据,不能与现行的政策法规相抵触。

(二)从实际出发,获取真实材料

写作事务文书时,要了解实际情况,进行深入细致的调查研究,尽可能多地获取第一手材料,尤其是在市场经济的条件下,无论是政府还是企业,在进行决策、指导、计划、管理时更需要从实际出发,只有这样才能发挥事务文书的作用。

(三)格式相对稳定,语言准确,层次分明

事务文书的格式虽不像党政公文那样程序化,但许多文种的格式是相对稳定的,具有约定俗成的共同点。事务文书在结构方面,要求开门见山,突出重点,层次分明;在语言方面,要求用语准确,讲究炼字炼句,表述清晰。

第二节 计 划

一、计划的适用范围

计划是根据党和国家有关方针、政策以及上级的指示要求,依据本部门的实际情况,对未来一定时期内的工作、生产、学习等作出具体打算和安排,以确定其完成期限的一种实用性文书。

计划是计划类文体的统称。日常工作中,安排、打算、规划、设想、意见、方案等也都属于计划一类。由于内容侧重不同,往往选用不同的名称。一般来说,安排、打算常用于时间较短、内容较具体,并偏重于工作步骤的文书;规划是带有全局性、长远性和方向性的计划;设想表示初步的、非正式的计划;工作要点、工作意见、方案一类,往往是领导机关用以向所属的单位或部门布置一定时期工作,或对某项工作提出任务要求,阐明指导思想,提供工作方法的文书。

人们做什么事都要有计划。"凡事预则立,不预则废"。预,就是事前的计划和安排。工作有了计划,可以统筹全局,做到心中有数,同时便于随时检查,从而提高工作质量,完成工作任务。

二、计划的特点

(一)预见性

计划是在正确分析形势的基础上,根据本机关、本单位或本部门的具体情况提出的下一步设想。每个机关、单位、部门下一步的工作目标、重点、具体措施、办法及有效期限等,都不可能是前段工作的重复进行,而只能是顺应事物的客观发展规律,顺应国民经济发展的总形势、总要求,对本机关、本单位、本部门下一阶段发展趋势、所能达到的目标作出科学的分析和预见。

(二) 现实性

计划的现实性是指以现实为基础,经过主观努力可以做到,并且是切实可行的措施和方法。好的计划,既不能无所突破,又不能脱离实际、好高骛远。

(三) 目的性

目的是计划的灵魂和生命,是制订计划的出发点,不同的计划有不同的表现目的和形式,或直接指出指标,或提出任务、要求,提法可以不同,但必须有明确、具体的目标。

三、计划的种类

计划的种类很多,按照不同的划分标准,可分为不同的种类。

按性质分,有综合计划、专题计划;

按范围分,有国家计划、地区计划、部门计划、单位计划、科室计划、班组计划、个人计划;

按内容分,有学习计划、工作计划、生产计划、科研计划、会议计划;

按时间分,有长远计划、年度计划、季度计划、月份计划、周计划;

按作用分,有指令性计划、指导性计划;

按形式分,有文字计划、图表计划。

我们这里所采用的是从时间、范围相结合的角度来划分种类,一般分为"计划"、"规划"、"方案"、"安排"、"要点"等。

四、计划的写作

(一) 计划

计划的写作格式和结构并不十分严格,常见的计划一般采用条文式和表格式两大基本类型。国家行政机关工作的计划大多采用条文式,将计划的宗旨、内容用文字逐条列出。经济领域各部门的计划,如生产、营销、基建、财务等计划,常采用表格式,在事先设计好的图表上逐项填写数字、数据。有时日常工作的安排也可以用表格的形式。由于表格式计划有固定的格式,这里我们略而不论,主要探讨的是文字式计划的写作。

1. 标题

标题是计划的名称。计划的标题有以下两种情况:

(1) 完整式

写明制订计划的单位名称、计划内容、适用时间和文种名称,如《××学院二〇〇八年工作计划》、《××大学 2007～2008 学年教学改革计划》。

(2) 省略式

对制定单位、适用时间进行一定的省略。如省略单位:《关于 2009 年卫生工作计划》;省略时间:《××省直属机关整党计划》。如果是属于未经正式讨论通过,或没有最后定稿的计划,须在标题后用括号注明"草案"、"初稿"、"讨论稿"、"征求意见稿"等字样。

2. 正文

正文是计划的主体,包括指导思想、计划事项、执行希望三个部分。

(1) 指导思想(前言)

简要说明制订计划的原因或依据,即说明"为什么"制定本计划,常见写法有以下几种:第一种,阐明指导思想,统领正文;第二种,分析形势,引出总的目标和要求;第三种,交代行文依据或目的,点明工作重点;第四种,总结前段经验,承上启下。

如果是普通的、简要的计划,前言部分可以省略。

(2) 计划事项

计划事项通常包含以下内容:

① 目标。计划是为了完成一定任务而制定的。目标是计划产生的导因,也是计划奋斗的方向,应说明"做什么"的问题。计划应根据需要与可能,规定出在一定时间内所完成的任务和应达到的要求。任务和要求应该具体明确,有时还要定出数量、质量和时间要求。

② 措施。要确保实施目标和完成任务,就必须制定出相应的措施和办法,这是实现计划的保证。措施和方法主要指达到既定目标需要采取什么手段、动员哪些力量、创造什么条件、排除哪些困难等,并落实责任单位,即执行任务的有关部门和人员。

③ 步骤。这是指执行计划的工作程序和时间安排。各项任务,在完成过程中都有阶段性,而每个阶段又有许多环节,它们之间常常是互相交错的。因此,订计划必须胸有全局,妥善安排。哪些先做、哪些后做应合理安排,哪是重点、哪是一般也应该明确。在时间安排上既要有总的时限,又要有各阶段的时间要求,以及人力、物力的相应安排、配合。

以上三方面内容不一定截然分开,有时往往要结合在一起写,写作时应按实际情况灵活安排、处理。

(3) 执行希望(结尾)

主体写完后,一般自然结束,不再另写结尾。但有时也可根据需要,或写一段注意事项,或指出计划的重点任务与实施过程中的主要环节,或提出完成计划的决心和口号,以此作为计划的结束语。

3. 落款

在正文结束后的右下方,注明制订计划的单位名称和日期。如果在计划标题下已标明了单位名称,结尾处就不必重复。上报或下达的计划,要在落款处加盖公章。此外,与计划有关的材料,可以在正文后面附文、附图或附图说明。

[例文]

东北农业大学校工会2002年工作计划

2002年是实施"十五"规划的重要的一年,学校工会工作坚持以邓小平理论为指导,在校党委的领导下深入学习落实"工会法"、"公民道德建设实施纲要",贯彻实施党委工作要点,认真落实省教育工会工作计划,按照"三个代表"的要求切实加强工会工作和教职工思想政治工作的力度,在学校深化内部改革中维护教职工的合法权益,维护学校稳定,确保学校各项工作顺利进行。本年度的工作计划如下:

一、认真组织学习"工会法",贯彻实施"公民道德建设实施纲要"

把学习"工会法"和"公民道德建设实施纲要"作为2002年教职工政治学习的主要内容。充分利用校园内的广播、校报和校园网等宣传媒体,通过举办专题辅导、专题讨论、座谈、报告等多种形式进行宣传教育。

学习"工会法"和"公民道德建设实施"纲要,要紧密结合学校的实际,通过学习,引导广大教职工依照"工会法",规范自身行为,认识依法治国和以德治国的重大意义、精神实质和重要内涵。把全体教职工的思想统一到党委的工作要求上来,提高贯彻执行党的路线、方针、政策的自觉性；提高贯彻"三个代表"重要思想的自觉性；提高解放思想、实事求是、坚持发展是硬道理、锐意改革的自觉性。

9月份开展一次以部门工会为单位的"工会法"和"公民道德建设实施纲要"知识竞赛。每个部门工会选派一个代表队（二男一女）参加。

二、完善"二级教代会"制度，充分发挥工会各级组织的作用

教职工代表大会制度是在学校党委领导下，广大教职工行使民主权利，参与学校民主管理与监督的基本制度和组织形式，是学校管理体制的重要组成部分，它在学校民主政治建设和改革发展中具有不可替代的重要作用。建立健全"二级教代会"制度，是实现教代会网络化的需要，是广大教职工直接参与学院民主管理、参政议政、发表意见，为学校发展建设献计献策的重要渠道。2001年我校已有11个学院和图书馆、军体部等单位召开了二级教代会。通过召开"二级教代会"，使广大教职工参与学院民主管理的力度加大，调动了广大教职工在学校教学、科研和管理方面的积极性和创造性。因此未召开"二级教代会"的单位，请务必于今年暑期前召开"二级教代会"，并于4月份前将召开会议的申请报告交到校工会。

在新形势下，高校工会工作也肩负着更加重要的任务，因此，工会各级组织应抓住机遇，开拓创新，扎实工作，在教育改革的全局中发挥工会组织的应有作用。我校深化内部体制改革以来，学校出台了一系列有关政策，因此，作为工会各级组织要认真贯彻落实学校各项政策及规章制度，使广大教职工能积极投入到学校的改革与发展中来。学校内部体制的深化改革，这也是对教职工素质提出的更高要求，工会要配合有关部门实施各项规章制度的落实，要不断提高教职工的政治素质，增强教职工的责任感和使命感。为发挥"二级教代会"的管理作用，校工会将在6月份召开"二级教代会"工作总结会议，"教职工之家"验收工作。

三、继续深入开展好"三育人"工作

加强"三育人"制度的建设。根据省高校工委、省教育厅和省教育工会即将下发的"三育人"工作条例，修改完善我校"三育人"工作条例和评价体系，试行"三育人"量化评价体系，建立、健全"三育人"工作领导体系，形成党政齐抓共管的新局面，并制定出"三育人"的近期规划和长远安排，建立目标责任制，与有关职能部门配合，把"三育人"工作与教职工的聘任和评职晋级结合起来，进一步完善"三育人"活动的规范化和制度化。在评选"三育人"先进集体和先进个人的基础上，加大宣传力度，充分发挥先进集体和先进个人的示范引导作用。以"师德建设"为核心，在教职工中开展多种多样生动活泼的教育活动。

2002年的"三育人"评选工作要认真结合全校各级岗位职责进行，使教职工在敬业爱岗、教书育人、服务育人、管理育人方面更进一步深入人心，把"三育人"工作形成教职工的自觉行动。9月份召开表彰"三育人"先进集体和先进个人大会。

四、充分发挥工会在教职工思想政治工作中的特殊作用

各级工会和工会干部，要明确思想政治工作职责，不断提高思想政治工作的意识，找准思想政治工作位置的切入点。在思想政治工作中发挥工会组织的优势，各部门工会要通过开展各种活动，围绕学校党委工作中心，弘扬主旋律，陶冶情操，引导教职员工树立正确的人生观和价值观。各部门工会要结合本单位的实际，为教职工说实话办实事，依法维护教职工的合法权益，旗帜鲜明地代表和维护教职工的根本利益，并注意在维护教职工合法权益的过程中，协助党组织做好学校的深化内部体制改革的稳定性工作。通过维护教职工的合法权益，把党的方针、政策和党的温暖送到教职工之中。

校工会和部门工会要加大"送温暖工程"工作力度,加强职工消费合作社工作,在我校工会职工消费合作社现有状况下,加强和开创消费者合作社工作的新局面,使合作社能为教职工解决生活上的实际困难做出努力和贡献。关心教职工的精神文化需求和生活需要。坚持做到对生病住院的同志进行探望,对生活有实际困难的同志进行补助,对职工本人和家属逝世进行慰问等,把思想政治工作做到教职工日常生活之中。

五、结合教职工的特点开展好文体活动,丰富教职工的业余文化生活(略)

六、努力加强工会的自身建设,不断提高工会工作的水平(略)

七、2002年工会工作安排(略)

东北农业大学工会
二〇〇二年三月五日

(二)安排

安排,是对相对较短的时间范围内要完成的工作做具体筹划。它是计划中最为具体的一种。由于其工作在时间上比较切近,在内容上单一,不做具体安排就不能达到目的,因此内容要写得详细一些,使人容易把握。

安排的内容由于是涉及范围较小或单位内部的工作,所以一般有两种发文形式。如果是上级对下级的工作安排,尽管涉及面较小,也要用"文件头"形式下发。如果是单位内部的工作安排,可直接下发。安排一般由某项工作的执行部门制定,目的是按部就班地开展工作,避免忙乱、遗漏。

1. 标题

安排的标题可采用完整式,也可采用省略式。如《南京人口学院第十周工作安排》、《南京市植树工作安排》。

2. 正文

安排的正文一般写清目的要求、活动内容和时间安排即可。有时简单的工作安排可省略目的要求。

[例文]

2004年团省委6月份主要工作安排

全机关:
1. 筹备第二届"海峡青年论坛"。

办公室:
2. 选送我省调研材料参评全团调研奖。
3. 出好《青春潮·共青团号》第6期。
4. 做好文字综合、调研、督查和机关档案工作。
5. 选派党员干部驻村任职。

组织部:
6. 调研新时期党与青年关系、我省青年人才工作专题。
7. 修订编印团干部培训教材。

统战部:
8. 配合团中央海外学人处赴闽调研。

9. 做好少数民族、西部地区团干部赴闽挂职工作。

宣传部：

10. 筹备省青年志愿者山区援助计划。
11. 检查评比全省青少年宫工作。
12. 团省委学习中心组理论学习活动。

青工部：

13. 开展青年文明号检查验收工作。
14. 筹备全省青年文明号十周年纪念大会。

青农部：

15. 出台《关于实施全省农村青年转移就业促进计划的意见》。
16. 调研全省开展"共青团城乡互动百千万工程"工作。
17. 评选表彰全省保护母亲河行动先进集体和先进个人。
18. 表彰福建省青年民间工艺品制作大赛先进个人、集体和优秀作品。
19. 表彰2003年度全省"乡村青年文化活动先进县（市、区）"、"优秀乡村青年文化活动项目"和"乡村青年文化名人"。

学校部：

20. 举办第三届"挑战杯"福建省大学生创业计划竞赛决赛。
21. 评选2004年度福建省大学生"康海济困奖学金"。
22. 部署全省大学生暑期"三下乡"社会实践工作。
23. 部署全省大中学生参加全国DV纪实作品大赛工作。
24. 上报全省中学生团校、业余党校调研报告。
25. 评选表彰第三批"迈好青春门、走好成人路"主题竞赛活动先进集体和个人。（略）

（三）工作要点

工作要点是为了实现某一奋斗目标而提出应该做的一些主要工作的文体。要点大多是上级机关某一大项工作计划的摘要，一般都要以文件形式下发，都有"批示性通知"作"文件头"，所以只要有标题和正文两部分内容就够了。

1. 标题

一般由单位名称、时间和文种三部分组成。如《国家土地管理局二〇〇六年工作要点》、《南京人口学院二〇〇八年工会工作要点》

2. 正文

由于要点的内容是摘录计划的主要之点，所以其正文部分也是围绕这一主题，概括提出该单位该时限内为实现某一目标而应落实的主要工作和措施、方法。正文方面既不要兼顾到各个方面，也不必讲具体做法，更不用讲道理。在结构方式上，大都是并列式，可分若干项目一贯到底，也可分几大项，大项下分若干小项。

制定工作要点首先要从本单位、本部门的实际出发，根据本单位、本部门的工作性质和工作特点，提出科学的奋斗目标。其次主旨要集中、准确，提出的要点一定要与实现目标相关，且是对实现目标起主要的关键作用。第三要文风朴实，语言简洁、精练，切中要点和富于说服力。

[例文]

扬州大学 2002 年下半年宣传思想工作要点

2002年下半年,中国共产党将召开第十六次全国代表大会,中国社会主义现代化建设将进入新的历史时期,学校的改革发展也将进入新的阶段,进一步加强全校的宣传思想工作十分重要。

2002年下半年,全校宣传思想工作的指导思想是:高举邓小平理论伟大旗帜,以江泽民同志"三个代表"重要思想为指导,认真学习、宣传、贯彻党的十六大精神,认真学习贯彻李岚清副总理第三次视察我校时的重要讲话精神,紧紧围绕全党全国的工作大局和学校的改革发展大局,唱响主旋律,打好主动仗,进一步加强理论武装工作,加大宣传舆论工作力度,为建设"高水平大学"提供坚强的思想保证和良好的舆论环境。根据上述指导思想,提出2002年下半年宣传思想工作要点如下:

一、以学习、宣传、贯彻党的十六大精神为主题,进一步深化"三个代表"重要思想的学习教育,大力推进理论武装工作

1. 认真组织全校党员干部和师生员工深入学习党的十六大精神,掀起学习、宣传、贯彻党的十六大精神的热潮。

2. 认真学习贯彻李岚清副总理第三次视察我校时的重要讲话精神,认真学习全国、全省高校党建工作会议精神,在教职工中开展"高等教育如何适应加入WTO后的竞争形势"专题学习活动,为巩固成果,深化改革,提高质量,继续发展,建设"高水平大学"奠定坚实的思想理论基础。

3. 认真做好党委理论学习中心组、教职工政治理论学习和大学生形势政策教育工作,坚持学习制度,精心安排内容,不断改进方法,努力提高效果。

4. 认真做好邓小平理论研究中心的有关工作,进一步提高研究水平,促进学校事业的发展。充分发挥理论教育讲师团在理论教育活动中的作用,不断推动全校理论武装工作向纵深发展。

二、以建立新闻中心为契机,进一步加强和改进宣传舆论工作,为学校改革发展创造良好的舆论氛围

1. 紧紧围绕学习、宣传党的十六大精神的主题和学校改革发展的工作实际,充分运用广播、电视、校报、网络、宣传橱窗等多种宣传手段,形成宣传工作的强大合力,营造积极向上、奋力前行的校园风气。

2. 积极配合学校有关部门,从学校实际出发,加快建立新闻中心,进一步整合宣传资源,统一宣传力量,加大宣传力度,取得更好的宣传工作效果。

3. 在上半年工作的基础上,进一步加大对外宣传工作的力度,全方位地宣传学校改革发展的新成就,为建设高水平大学创造更加有利的舆论环境。做好《扬州大学对外宣传报道奖励暂行办法》的修订工作。

三、认真做好思想政治工作,大力加强校园精神文明建设

1. 紧密结合学校深化改革、加快发展的实际,认真做好改革发展中的思想政治工作,为凝聚人心、聚集力量奠定坚实的思想基础。

2. 继续认真组织《公民道德建设实施纲要》和《扬州大学教师职业道德规范》的宣传教

育工作,进一步提高全校教师的师德水平,大力促进师资队伍建设。

3. 大力开展优秀校风建设活动,和有关部门积极配合,积极做好江苏省高校优秀校风建设评估的有关工作。

4. 开展"四五"法制宣传教育工作,充分发挥法制教育讲师团的作用,进一步增强全校师生员工依法治校的意识,不断提高依法治校的水平;做好江苏省教育厅组织的禁毒知识辩论赛的片上组织工作和本校参赛工作。

5. 做好学校思想政治教育研究会工作,召开省高校思想政治教育研究会扬盐泰片片会,做好校思想政治教育研究课题的有关工作,积极协助党委组织部做好"扬州大学党建研究2002年年会"的会务工作。

四、增强政治意识和责任意识,进一步加强宣传思想工作队伍建设

1. 以党的十六大精神为指导,进一步加强专兼职宣传思想工作队伍的建设,努力塑造宣传思想工作者的新形象,做到政治上敏锐坚定,业务上精益求精,作风上高效务实。

2. 不断适应新形势和科学技术发展对宣传思想工作者的新要求,以与时俱进、开拓创新的精神,不断研究新情况,努力掌握新手段,力争作出新贡献。

附件一:2002年下半年校党委理论学习中心组集中学习安排
附件二:2002年下半年教职工政治理论学习安排
附件三:2002年下半年大学生形势与政策教育专题

扬州大学党委宣传部
二〇〇二年九月一日

(四)规划

规划是一种用以制定比较全面的、长远的、带有发展性的计划性文体。规划与一般性计划有明显的区别:从内容上看,规划比较全面,是原则性的定向;计划比较单一、具体,是任务性的定量。从时间上看,规划期限一般较长,时限要求是大体上的;计划则期限较短,时限要求是很具体且很严格的。从性质上看,规划是定方向、定规模、定远景,富有理想性和鼓动性;计划则是定任务、定指标、定时间,并且要求实打实地执行,有强烈的约束性。

1. 标题

一般由制定单位、规划内容和文种构成,如《南京市城市发展规划》。

2. 正文

规划的正文一般比较长,通常由四部分组成。

(1)前言(背景材料)。这一部分既是规划的现实依据,也是规划前途的基础和立足点,因此要求符合客观实际,充分反映现状,有时还要进行历史的纵向比较和国内外同类实施工程的横向比较,以得出该规划的可行性依据等。

(2)指导方针和目标要求。这是规划的纲领和原则,是在前言的基础上提出的,一般用精练的语言概要阐述出来。

(3)前景规划。这一部分是规划的中心内容,详细、全面、具体地写出发展远景,往往用条文式分述,一个阶段、一个阶段地去描述,最终得出统一的蓝图,写得既要鼓舞人心,又要坚定有力。

(4)对策与措施。这一部分原则提出实现规划前景的策略和具体措施办法。它与前景的规划一"实"一"虚"相辅相成。制定时要求规划者用发展的眼光看问题,尽量能预见到未

来的事情，避免不符合发展规律的空想主义的规划。

[例文]

<h3 style="text-align:center">国家审计署2003～2008年审计工作发展规划</h3>

2003～2007年是我国全面建设小康社会，加快推进社会主义现代化建设的关键时期。审计工作已进入总结经验、开拓创新、不断深化、寻求进一步发展的新阶段。为了深入贯彻党的十六大精神，促进审计工作在新世纪新阶段取得新的发展，特制定本规划。

一、今后五年审计工作的指导思想是，以邓小平理论和"三个代表"重要思想为指导，按照十六大要求，强化对权力的制约和监督，认真履行宪法和法律赋予的职责。继续贯彻"依法审计、服务大局、围绕中心、突出重点、求真务实"的方针，坚持"全面审计、突出重点"，全面监督财政财务收支的真实、合法、效益，在促进改革和社会经济发展等方面发挥更大的作用。

二、今后五年审计工作的总体目标是，以审计创新为动力，以提升审计成果质量为核心，以加强审计业务管理为基础，以"人、法、技"建设为保障，全面提高审计工作水平，基本实现审计工作法制化、规范化、科学化。

三、今后五年审计工作的主要任务是：继续坚持以真实性为基础，在财经领域打假治乱，促进整顿和规范市场经济秩序。继续严肃查处重大违法违规问题和经济犯罪，惩治腐败，推进廉政建设。积极开展效益审计，促进提高财政资金的管理水平和使用效益。

四、在审计内容和审计方式上坚持"两个并重"：实行财政财务收支的真实合法审计与效益审计并重，逐年加大效益审计分量，争取到2007年，投入效益审计力量占整个审计力量的一半左右。（略）

实行审计与专项审计调查并重，逐步提高专项审计调查的比重，争取到2007年，专项审计调查项目占整个项目的一半左右。（略）

五、着力加强三项基础工作：实行科学的审计管理，整合审计资源，促进提高审计工作层次和水平。建立审计质量控制体系，进一步规范审计行为，防范审计风险。大力推广先进的审计技术方法，积极探索信息化环境下新的审计方式，促进提高审计工作效率和质量。

六、财政审计，以促进规范预算管理，提高财政资金使用效益，建立社会主义公共财政制度为目标，以中央预算执行审计为重点，实现由收支审计并重向以支出审计为主转变；在支出审计方面，由主要审计中央本级支出向中央本级与补助地方支出审计并重转变。（略）

七、金融审计，以促进防范风险、提高效益、规范管理为目标，推进建立安全高效稳健的金融运行机制，促进金融监管机构依法履行职责。（略）

八、国有企业审计，以摸家底、揭隐患、促发展为目标，坚持和完善以经济责任审计为中心的企业审计路子，促进深化国有企业改革，加强国有资产监管。（略）

九、经济责任审计，坚持"积极稳妥、量力而行、提高质量、防范风险"的原则，加强协调指导，全面推进县以下党政领导干部和国有及国有控股企业领导人员经济责任审计，扩大县以上党政领导干部经济责任审计覆盖面，推动部门单位开展经济责任审计。加强法规建设，逐步完善经济责任审计制度。（略）

十、加强审计法制建设，规范审计行为。（略）

十一、推行审计结果公告制度，充分发挥社会舆论监督作用。（略）

十二、探索建立适应审计工作需要的干部管理机制，全面提高审计队伍素质。（略）

十三、积极推广先进的审计技术方法,提高审计信息化水平。(略)

十四、整合审计资源,实现审计业务的科学管理。(略)

十五、加强调查研究,总结推广先进经验,进一步加强对地方审计工作的指导。(略)

十六、本规划自发布之日起施行。各执行单位根据规划要求,研究制定本部门具体落实措施,以确保完成规划提出的各项目标。

(五)方案

方案就其形式和内容上与计划差不多,都是事先对工作、事项作出的筹划安排。但方案比计划更具体,更有实际执行的意义,而且方案的时限较之计划更短、更迫切。方案是用于近期内即可执行、完成的针对单一事项的计划。如改制方案、招生方案、活动方案、工作实施方案等。

1. 标题

方案的标题有两种写法:一种是由发文机关、计划内容和文种组成,如《水利部清产核资试点工作实施方案》;另一种是省略发文机关,由内容和文种组成,如《企业改革试点方案》。标题下方是成文时间。为郑重起见,方案的成文时间一般不省略。

2. 正文

由方案内容及其执行要求构成。方案内容一般按主要目标、原则、政策措施、实施步骤这种较固定的程序来写作。方案内容要求具体、明确、切合实际,结构上往往采用总分式的表达方法,即兼顾总体的设想和具体的措施办法,明确规定执行的要求,便于有关部门和人员开展行动。

[例文]

本溪市2002年进一步实施"蓝天计划"工作方案

为贯彻《"蓝天计划"确保城市空气质量达到国家规定标准的决定》(本政发〔2001〕3号)巩固治理成果,切实提高空气环境质量,市政府决定2002年在全市城区内,进一步实施"蓝天计划",其工作方案如下。

一、总体原则和目标

本着因地制宜、突出重点、统一规划、全面实施、依法推进的原则,进一步动员全社会力量,加大城市环境综合整治力度,确保全年1/2以上天数达到国家城市空气环境质量Ⅱ级标准。其中,大峪新区要率先在今年末实现空气环境质量全天候达到或好于国家Ⅱ级标准;平山、明山中心城区(不含工业区),全年1/2天数达到国家Ⅱ级标准;溪湖、彩屯地区,在春、夏、秋三个季度力争实现国家Ⅲ级标准。

二、主要任务和措施

1. 结合技术改造,通过实施清洁生产,强化老污染源治理,彻底根治工业"红烟、黄烟"。全年计划投资6 000万元安排大气治理工程11项,竣工10项。(略)

2. 实施《大峪新区环境行动方案》。10月30日前,大峪新区峪明路两侧(含"富佳"一带)可视范围内,现有的供暖、生产锅炉房25处27座烟囱,与洗浴、餐饮锅炉房5处5座烟囱,全部停止使用或拆除。(略)

3. 溪湖地区实施燃料与炉具改造。(略)

4. 进一步强化平山区、明山区的中心区餐饮、洗浴等行业禁煤防污监管力度,严厉查处

低空燃煤污染违法案件,坚决防止污染反弹。(略)

5. 采取有效措施继续增加城市建成区(56.4平方公里)裸露地面的软硬覆盖面积;拓宽太子河河道,建设第二道橡胶坝,增加城区水面;提倡所有企事业单位建设喷泉设施,增加空气湿度减少二次扬尘。(略)

6. 平山区、明山区的中心区内凡具备进入供暖联网条件的供暖小锅炉房实行"并小",停用或拆除烟囱30座。

7. 贯彻《辽宁省机动车排气污染防治管理办法》(省政府令135号),加强机动车排气污染的年检、抽检、路检工作,对排气超标车辆依法查处。(略)

8. 结合城市改造和工业布局调整做好重污染企业关停、搬迁工作。(略)

9. 加强源头污染控制。加大全市工业耗煤大户和供暖企业能源管制力度,采购原煤灰分必须低于20%、硫分低于0.8%,禁止高灰分、高硫分的原煤散烧;严格建设项目审批制度,中心城区不再批建燃煤污染环境的建设项目。擅自建设的,将依据国家《环保法》及有关规定予以处罚、取缔。

10. 继续加大对现有除尘装置的监督管理,提高现有除尘装置的运行率、完好率和达标率。各有关企业年内必须对大型环保除尘设施安装在线监测装置,实施动态监测和管理。

三、加强领导,明确分工,落实责任

实施"蓝天计划"是市政府实施可持续发展战略和改善空气环境质量的重要举措。各级政府和市直各部门、各企事业单位必须高度重视,千方百计组织落实好本地区、本部门、本单位的工作,做到各负其责、密切配合、齐抓共管、务求实效。

1. 市环保局、财政局、发展计划委和污染源企业及主管部门共同负责做好老污染源治理工作。

2. 市城乡规划委员会(新区办)、市供暖办等部门负责做好新区现有锅炉房、烟囱拆除和集中供热工作。

3. 溪湖区政府负责本辖区燃料与炉具改造工作;平山区和明山区政府负责本辖区低空燃煤污染整治工作的协调、组织;市公安局、司法局负责现场治安和强制取缔工作。

4. 市城乡规划建设委员会负责城市建成区裸露地面软硬覆盖、马路街道清扫、建筑扬尘的污染整治工作。

5. 市水务局和各企事业单位分别负责太子河第二道橡胶坝及喷泉设施的规划与建设工作。

6. 市城市管理综合执法局、环保局负责取缔临街小商贩燃煤炉具。

7. 各企事业单位、各有关部门按各自管理权限负责煤场、料堆、灰堆的整治。

8. 市供暖办负责,各供暖单位及财政等有关部门配合,完成中心城区供暖锅炉房"并小"工作。

9. 市环保局、公安局、质量技术监督局负责机动车排气污染整治。市环保局、公安局各自负责除尘装置管理、下灰场整治和机动车运输扬尘整治。

10. 市经委负责重污染企业搬迁,市环保局、财政等有关部门配合;市环保局、质量技术监督局负责能源管制;市发展计划委员会、城乡规划建设委员会、工商局、环保局等部门负责建设项目。

本溪市人民政府
二〇〇二年×月×日

（六）设想

设想是初步的、预备性的、非正式的计划。设想因有预备性，所以其写作要求并不十分严格，其格式也不大一样。如果是给领导看的，就要严肃一些，往往要通过"随同性报告"报给上级，不必署名，也不必写成文时间；如果是交给群众讨论的，或者不以通知或报告的形式转发上报，就要署名并写明具体成文时间。

1. 标题

设想的标题可以是完整式，也可以是省略式，如《××市管理干部学院2004年工作设想》。

2. 正文

设想的正文一般有两种写法：第一种只讲目标要求，采用条项并列式结构，适用时间较长的"设想"或工作计划的最初构思或打算；第二种是按一般计划的格式要求，内容粗略一些，通常适用于预备性的计划。

[例文]

桂林市西部开发办2002年工作设想

2002年，是西部大开发进入全面推进的重要一年，也是我市进一步解放思想，真抓实干，加快发展的重要一年。做好今年的工作，对于实现市委、市政府提出的新一轮跨越式发展的目标，具有特别重要的意义。根据市委一届七次全会精神，结合西部大开发的战略部署，2002年市西部开发办工作的总体设想是：

1. 完善组织机构，确保西部开发工作的正常运转。实施西部大开发是一项宏大的系统工程和艰巨的历史任务，要求我们既要有紧迫感，又要充分做好长期艰苦奋斗的思想准备。为了把西部大开发的政策措施落到实处，实现党中央、国务院确定西部大开发的战略目标，国务院要求西部地区的各级政府都要成立相应的西部开发专门工作机构，即西部开发工作领导小组及其办公室，配备专门力量研究实施西部大开发的政策措施，出台相关的配套政策，组织实施和管理西部大开发的重点项目，协调各方面的关系，使西部大开发的各项工作得到顺利开展。要按照国务院的要求，参照自治区的做法，结合本市实际，尽快成立桂林市西部开发领导小组，进一步完善市级西部开发领导机构。各县（区）也要尽快成立相应的组织机构，配备专职人员，在县（区）党委政府领导下，负责当地的西部大开发工作。

2. 修改、补充桂林市实施西部大开发战略总体规划。要在原有总体规划的基础上，按照"立足当前、着眼长远、统筹规划、科学论证、突出重点、分步实施"的原则，结合市委一届七次全会精神，重点对战略目标、政策措施和重点项目方面进一步补充和修改，使修改后的总体规划更符合桂林市的实际，更能体现市委一届七次全会提出桂林市社会、经济发展的总体要求。各县（区）也要根据自己的实际，制定贯彻实施西部大开发战略和具体规划。

3. 提出桂林市贯彻实施西部大开发战略和政策措施。国务院关于西部大开发政策措施，涉及面广，内容丰富，政策性强，我们要在认真学习和研究的基础上，根据国务院国发〔2000〕33号、国办发〔2001〕73号文件和自治区桂政发〔2001〕100号文件精神，结合桂林市实际，就投资、税收、土地、矿产资源、价格、收费等方面的政策作出规定，以更加开放的意识，为西部大开发提供更为宽松的市场准入和投资环境。

4. 贯彻市委决定，努力做好七篇文章。市委一届七次全会提出的2002年全市经济工作要做好国企改革和工业项目、农业结构调整和加快产业化、新一轮大规模城市建设、公路建设、城市管理和旅游秩序整顿、放手发展非公有制经济和扩大对外开放七篇文章,这七篇文章也是七大任务,全市都要围绕这七个方面做好工作,为实现今年的发展目标贡献力量。市西部开发办将根据自己的工作特点,积极在项目上做好服务,凡列入西部开发投资的项目和享受西部开发优惠政策的项目,西部开发办都要积极申报,疏通关系,努力为桂林市争取更多的项目和资金。

5. 加强对在建项目的管理,提高项目投资的综合效益。国家西部大开发政策措施实施以来,我市已有不少的西部开发投资项目,据统计仅西部国债项目我市就有13项,总投资8 521万元。根据国务院对西部开发办的职能要求,西部开发办必须加强对西部开发投资项目的监督和管理,确保项目建设的质量和投资的使用效益。今年要对在建的西部开发投资项目进行一次全局检查,通过检查,使西部开发投资项目充分发挥应有的作用。鼓励先进、鞭策后进,抓好典型、整体推进。

6. 进一步加强西部大开发的宣传力度,营造西部大开发的强烈氛围。实施西部大开发战略,加快中西部地区发展,是我国现代化战略的重要组成部分,是党中央高瞻远瞩,总揽全局,面向新世纪作出的重大决策,具有十分重要的经济意义和政治意义。今年要继续开发西部大开发战略的宣传活动,通过各种形式宣传实施西部大开发战略的重大意义、政策措施和目标要求,通过宣传使西部大开发战略更加深入人心,家喻户晓。通过宣传,进一步统一大家的思想,强化机遇意识,营造西部大开发的强烈氛围。

7. 加强自身建设,努力提高自身素质。西部开发办工作千头万绪,涉及面广,政策性强,需要较高的政治、业务素质。因此,从2002年起,必须加强自身的学习,包括加强政治理论以及与西部大开发工作有关的业务知识。通过学习,提高自身的素质,使大家逐步成为西部大开发的行家里手,提高工作效率,更好地完成市委和党委组交给的工作任务。

桂林市西部开发办公室
二〇〇二年×月×日

五、计划的写作要求

(一)方向正确,顾及大局

制订计划的目的,是为了更好地贯彻执行党和国家的方针、政策,努力完成党和国家交给的任务。因此,制订计划时,必须领会党和国家的有关政策方针,了解上级的指示精神和工作部署,使工作计划成为上级有关精神和部署的具体化,使计划的指导思想、基本安排与上级意图一致。这样制定出来的计划就比较切合工作实际,并能发挥、调动各方面的积极性。

(二)实事求是,留有余地

计划的制订要实事求是,一切从实际出发,既不能单凭个人的主观热情和愿望,也不能一味照搬上级下达的指示、计划,而应该从客观实际出发,因地制宜。同时,计划又要有一定的弹性,不能搞形式主义,要留有一定余地,积极而又稳妥。

(三)要求明确,突出重点

计划的目的、任务、指标、措施、办法、步骤、负责单位或相关人员等,都应写得具体、明确,切忌含糊不清、模棱两可。同时,制订计划时,要根据确定的中心工作突出重点。如果没有工作中心和重点,就必然会主次不分,工作杂乱无序。

(四)语言简明,朴实自然

计划的语言要简洁明快,朴实自然,不要在文中过分地议论、叙述,用语应准确、明晰,不能语意含糊、模棱两可。

第三节 总 结

一、总结的适用范围

总结是对本单位、本部门过去一个时期或一个方面工作的系统回顾与评价,从中找出经验教训,引出规律性的东西,用于指导今后实践的一种应用性文书。

总结是认识客观事物、掌握客观事物规律的一种重要手段。我们知道,人类知识的增进就是经验的积累。因为我们每做完一项工作之后,必然会获得大量的感性认识。为了使认识不断深化,更自觉地按照客观事物的发展规律办事,就需要把零散、肤浅、表面的感性认识上升为全面、系统、本质的理性认识。因此,人类必须不断地总结经验,以便更好地指导今后的工作。

总结成文以后,可以上报,以便上级领导掌握情况,调整工作部署,推广经验或者纠正某些偏差,更好地帮助、指导下级做好工作。也可以向下级传达,使本单位或下属单位的干部、职工全面、深入地了解领导意图、工作情况、取得的成绩与存在的问题。既可以增强主人翁责任感,提高工作的自觉性和主动性,也有利下级对上级的监督工作。有些比较典型的经验总结则由上级机关或社会传播媒介进行宣传、推广,可以扩大总结单位的知名度。

计划和总结是一段工作或一项任务的两个方面的文件,一在工作之后,一在工作之前。它们之间的区别是:

(1)从时间上看,计划是为完成某项任务,根据党和国家的政策及具体情况在事前所作出的具体步骤、目标要求、方法措施等的安排;而总结是在计划执行过程和工作进行过程或工作进行完毕之后写的,用以检查计划的完成情况。

(2)从对内容表述方法上看,计划重在说明;而总结则注重具体分析、全面评价某一任务或某一工作完成的情况,寻找规律性的东西,以指导今后的工作,表达方法重在议论。

(3)从要求上看,计划要求重在做些什么,总结要求回答做得怎样。

二、总结的特点

(一)过程性

人类进行每一项工作,都有一定的过程,有一定的时间跨度。总结工作时,要反映出事物发展变化的过程,包括工作的开始、发展、结局,问题的发生、解决、效果等。总结通过概括叙述的方式,展示出工作的全过程。

(二)客观性

总结是对实际工作再认识的过程,是对前一阶段工作的回顾。其内容要完全忠实于自身的客观实践,总结的材料是自身实践中的真实的具体材料,总结的观点是从自身实践中抽象出来的认识。总之,总结的依据、概括和提炼都要依实际工作活动为依据,不允许有任何主观臆断。

（三）理论性

总结是理论的升华，是认识客观事物、掌握客观规律的一种重要手段，因而写总结就必须从自身的工作实践中，通过分析、概括、总结出带规律性的东西，从而给人以理性的认识，更好地把握客观事物。因此，总结的写作，不但要有材料、有观点，而且要阐明其来龙去脉，说明其发展的必然趋势，找出相互之间的因果关系，从而总结出具有典型意义的规律性的经验教训，给人以启迪。

三、总结的种类

总结可以从不同的角度分类。

按内容分，有全面总结、专题总结；

按性质分，有工作总结、学习总结、生产总结、思想总结、活动总结、会议总结；

按范围分，有单位总结、部门总结、个人总结；

按时间分，有年度总结、半年总结、季度总结、月份总结、阶段总结。

四、总结的写作

（一）总结的基本结构

总结一般由标题、正文、具名、日期等部分构成。

1. 标题

总结的标题，由以下几种方式构成：

（1）公文式标题

① 完全式标题：由单位名称、时间、事由、文种四个方面组成，如《××学院 2002 年工作总结》、《××单位××××年技术革新工作总结》。

② 省略式标题：由单位、事由、文种组成，如《××单位抗洪工作总结》；由事由、文种或时间、文种组成，如《关于组织青年志愿者活动的工作总结》、《2001 年销售情况总结》。

（2）新闻式标题

① 单标题：直接表明总结的基本观点，如《适应新的形势，努力做好商业工作》、《加强管理监督，防范金融风险》。

② 双标题：一般正题用文章式标题，点明总结的主要观点，让人易于把握；副题采用公文式标题，补充说明单位、时限、内容。可用于专题性总结，如《奋力开拓，打开局面——××公司 2001 年空调销售工作总结》、《薄利多销，保质保量——××市服装公司经验总结》。各单位常规工作总结大都采用公文式标题；用来介绍经验，并准备在新闻媒体发表的总结，大多数采用新闻式标题。所以，总结标题的写法具有较大的灵活性。

2. 正文

正文内容包括前言、主体、结语三部分。

（1）前言。也称引言，一般简要概述总结的依据和目的。开头的方式主要有以下几种：

① 概述式：概括介绍基本情况。

② 结论式：提出总结的结论，并重点介绍经验或概括成绩。

③ 提示式：对工作的主要内容进行提示性的简要概括。

④ 提问式：开头提出问题以引起读者对该文的关注。

（2）主体。总结的核心部分，一般由基本情况、成绩与经验、问题与教训、今后打算等组成。

① 基本情况。交代总结对象的概貌、工作的背景、具体任务、工作结果等，用以说明在什么情况下，完成了什么任务，采取了什么主要措施，收到什么成效。这一部分一般写得比较概括，是为了使人们对总结有个大体了解。这些内容有时与前言结合起来，有时甚至可以把它糅合在经验中写。

② 成绩与经验。总结工作成效，分析取得成绩的主客观原因，从而找出经验和规律，这是总结的重点，应占有比较长的篇幅。这一部分应有理有据，通过翔实的材料，切实、明确地把新的经验总结出来。在有的总结中把这一部分称为基本做法或主要措施，实际上都是分析归纳取得成效的原因。

③ 问题与教训。说明工作中存在的问题，分析原因，找出病根，以便解决问题，避免今后工作中出现类似的失误。总结既要看到成绩，也不应忽视存在的问题，因而经验教训是总结必要的组成部分。总结经验教训要有重点，要把重点放在对未来工作有指导或借鉴意义的那些方面，而不应不分主次，平均使用力量。

④ 今后的打算和努力方向。针对工作中存在的问题提出切实有效的改进措施，提出新的奋斗目标，以表明态度。由于总结侧重不同、目的要求不同，其正文的结构方式也不同，常见的结构方式主要有以下几种：

A. 常规式。主体部分的结构形式通常采用"基本情况—经验做法—存在问题—今后打算"的顺序，分成四大部分进行总结，这是总结的传统方法。这种结构容量大，眉目清楚，适用于综合性总结。

B. 阶段式。用于对周期长、阶段性显著的工作进行总结。把整个工作过程按照时间顺序划分成几个阶段，分别说明每个阶段的情况、成绩和问题。

C. 并列式。将总结的内容按照性质逐条排列为几部分，每一部分既有相对的独立性，又有密切的联系。有的是以经验体会为序分条，结合经验体会自然地介绍工作情况、成绩、问题等；有的是以工作项目为序分条，在介绍工作情况的基础上引出经验教训。它的优点是条理清楚，纲举目张。

D. 贯通式。这种形式既不列条款，也不分小标题，而是从头到尾，围绕主题，分若干自然段一气呵成。它主要靠清晰的思路来串联材料，靠分清层次来架构全篇，靠语言的过渡来贯通始终。这种结构常按时间顺序或事理发展的层次，抓住主要线索，层层分析说明，总结工作全过程。

（3）结语。总结正文写完后，有的无需加上结尾部分，即可结束；有的还需加上结束语，可以是对前文的总结，也可以是对未来的展望和号召。

3. 具名和日期

具名和日期，又叫落款。一般在正文结束的右下方签署作者姓名及成文日期。有的单位署名放在标题下，日期在文后右下方。

（二）总结的具体写法

在日常事务工作中，最常用的总结是全面总结和专题总结，现重点介绍如下。

1. 全面总结

全面总结，又叫综合性总结。主要用于对一个单位、一个部门在一定时期内的各方面情况的总结。全面总结的"全面"有两方面的含义：一是从时间上讲，是一个阶段的全面总结，即总结一个单位或部门一定阶段内的整个工作（各个方面）情况，如年终总结、季度总结等；二是从内容上讲，是一项任务的全面总结，即总结一项工作任务的全面情况，包括基本情况、成绩、效果、做法、体会、问题、今后意见等。全面总结通常用于年终或某项工作告一段落，向上级汇报工作、向群众报告工作以及进行工作经验交流时使用。一般反映工作全貌，内容广泛，篇幅较长。

全面总结的标题通常采用公文式，由完整式或省略式构成，如单位名称＋总结内容＋总结。如《××学院二〇〇八年工作总结》。

全面总结的正文写作基本采用常规结构方式，即由基本情况、成绩经验、存在问题、今后打算几方面组成。但这几部分的展开，不能平均使用力量。基本情况要简明扼要，能用数字显示的最好用数字。成绩做法是总结的重点，可以分条分项列出，内容要具体充实。存在的问题如果不是十分突出或十分严重，只需列出就行了。如果问题或性质很严重，就要找出存在问题的原因。这一部分偏重议论，文字要精练准确，不必具体展开，以免和前面的内容（成绩、做法）重复。今后打算要写得简要、概括，点到为止。

[例文]

柳城县财政局 2000 年工作总结

一年来，我局在县委、县人民政府的正确领导和在上级财政部门的指导下，以邓小平理论为指导，以党的十五大、十五届三中、四中全会精神为指针，认真贯彻落实自治区经济工作和财政工作会议精神和我县制定的各项有关政策，加强财源建设，进一步深化和完善财税体制改革，积极组织收入，严格控制支出，加大财政监督力度，各项财政工作均取得了较好的成绩，财政收入创历史最高水平。全年财政收入完成 14 474 万元（不含基金收入），完成年初预算 12 651 万元的 114.41%，同比增收 1 795 万元，增长 12.04%。其中：一般预算收入 9 632 万元，完成年初预算 8 198 万元的 117.9%，同比增收 1 402 万元，增长 14.56%。上划两税收入 4 842 万元，完成年初预算 4 453 万元的 108.74%，同比增收 393 万元，增长 8.83%。财政支出完成 13 976 万元（不含基金支出），完成预算调整数 13 976 万元的 100%，同比减支出 1 036 万元，下降 6.9%。其中：一般预算支出 1 283 万元，完成预算调整数 12 837 万元的 100%，同比减支出 1 402 万元，下降 9.79%；上解支出 1 139 万元，完成预算调整数 1 139 万元的 100%，同比增支 97 万元，增长 9.31%。现将一年来的主要工作总结如下：

一、狠抓队伍建设，为完成各项财政工作提供强有力的组织保证。

一年来，本局党政领导始终坚持两手抓，两手都要硬，把精神文明建设及财政队伍建设摆在与物质文明建设同等重要的位置，不断提高财政干部队伍的政治和业务素质，造就了一批适应市场经济条件下财政工作需要的干部队伍，为各项财政任务的圆满完成提供了强有力的保证。

1. 强化思想政治教育，提高财政队伍的政治素质。（略）
2. 加大培训和知识更新力度，提高干部职工业务素质。（略）
3. 建立和完善各项规章制度，加强队伍的廉政建设。（略）
4. 开展有益的文体活动，增加干部职工集体荣誉感和团结拼搏的凝聚力。

二、狠抓财源建设,提高生财、聚财能力。(略)

三、加强预算管理,严格控制支出,确保财政收支平衡。(略)

四、狠抓农业"四税"的征管工作。

农业"四税"的征收管理是财政工作的重要职责。一年来具体抓了如下几项工作:

1. 积极追收税款,缓解财政资金调度。(略)
2. 狠抓农业税法的宣传,提高公民的纳税意识。(略)
3. 完善农税征管制度,确保"四税"任务完成。(略)
4. 坚持依法税收,处罚抗粮抗税"钉子"户。(略)

五、进一步加强了预算外资金的管理。

为了加强预算外资金管理,实行预算外资金收支两条线管理,在四月份,配合县纪委、监察、人行、物价、审计等部门组成联合小组,对县直各有关执收执罚单位在银行开户情况进行检查清理,并按规定保留或取消执收单位在银行开设的资金账户,共清理检查县直单位221个账户,原有账户416个,按有关规定保留140个单位225个账户,取消了191个账户。在清理了银行账户的同时,加强了票据管理,行政事业性收费和罚没收入票据使用中央和省财政部门统一印制的收费票据,购置票据时,必须验旧换新。当月收入缴入财政专户及政府调剂基金户,使我县行政事业性收费以及其他预算外资金纳入专户管理。提高了预算外资金收入财政专户储存率,有效地缓解了县财政预算内资金调度困难,有力地支持了我县经济建设。

六、加强财政监督,加大财务稽查力度。

根据柳城政发〔2000〕3号《关于彻底清理检查"小金库"的通知》的精神,重点对5个单位进行检查,共查出违纪金额670万元,实际入库614万元,追缴以前年度违纪金额入库11万元。还对我县预算外资金实行收支两条线管理的检查,对4个单位进行了重点检查,共查出违纪金额31.2万元,其中坐支预算外资金29.4万元,截留预算外资金1.8万元,已追缴入专户31.2万元。

七、认真抓好国有资产管理工作。(略)

八、认真抓好全县会计基础管理工作。(略)

九、财政工作存在的问题。(略)

十、2001年工作计划要点。(略)

一年来,财政各项工作取得了一定成绩,但与上级的要求尚有一定的差距,存在的问题有待于在今后的工作中加强和完善。为开新世纪的好头,2001年,在县委、县政府的领导下,在人大的监督和指导下,我们财政干部将齐心协力,团结拼搏,严格依法治税、依法理财、科学理财,以务实创新的精神,开创新世纪财政新局面。

柳城县财政
二〇〇〇年十二月五日

2. 专题总结

专题总结,也叫单项工作总结。是对一定时间内某项工作或某个问题所做的专门总结。这种总结往往根据一个活动过程、一个典型事例、一个突出的问题或是一项新颖的方法和措施进行阐述说明和分析研究,提出体会、认识,以供他人学习、借鉴或警醒、启示。与全面总结不同的是,这类总结往往以小见大,从实际工作中来,目的是为今后的工作提供经验与教训,并指导今后遇到同类问题应采取的措施、办法。这类总结使用广泛,针对性强。平时常见的经验总结、典型总结、事故总结都属于专题总结。

专题总结的标题基本采用文章式标题,或是对题材的概括,或是对内容的提炼。如《加强商品管理,提高两个效益——我们是怎样进行蔬菜经营管理的》。

专题总结的正文大多采用小标题式结构方式。即把要介绍的经验或做法概括为若干条,并列组成文章的框架,然后把做法、成绩、效果等有关的具体材料充实进去。条与条之间是并列的,但又不是孤立的,互不相干的,而是围绕中心相辅相成,有理有据,既能使文章条理清楚,又有说服力。

[例文]

西北科技大学葡萄酒学院共青团工作经验总结

葡萄酒学院团工委现有10个团支部,298名团员。在校团委和院党总支的正确领导下,我院团工委高举邓小平理论伟大旗帜,按照江泽民"三个代表"重要思想的要求,抓住西部大开发、学校大发展的机遇,本着"放开"、"搞活"的工作思路,紧密围绕校团委各项工作中心,不断开拓创新,推进各项工作,领导全院团员青年积极探索,锐意创新,努力实践,在组织建设、校园文化、社会实践和大学生素质拓展等方面做了大量富有成效的工作,取得了一定的成绩。

一、强化制度,搞活形式,组织建设效果明显

1. 加强团员组织生活制度,强调组织生活纪律,使组织生活制度化。院团工委要求每个团支部每两周召开一次组织生活,团小组至少每周不定期召开一次组织生活,结合学校、国家、社会等热点问题给出组织生活的主题进行讨论。

2. 坚持团工委、学生会干部例会制度。

学院团工委每两周召开一次学生干部例会,及时了解各团支部组织生活情况,调查团员思想状况,有针对性地开展思想政治教育工作,及时解决各种思想问题,加强团工委对团支部组织生活的指导作用。

3. 加强优秀团员推荐入党工作,以党建带动团建。

院团工委积极鼓励思想要求进步的团员加入党组织,并建议党组织在发展学生党员时,如果对象是团员,必须经过团支部推荐,以此强化团支部的组织工作,培养入党积极分子。2002~2003学年,团工委共向党组织推优入党的团员达34名,学员现有学生党员46人,占学生总数的15.4%。

4. 建立以社团为单位的不定期组织生活制度,加强对社团的指导。

根据社团所具有的特殊性,院团工委要求以我院学生为主的社团不定期开展组织生活,以加强社团的组织建设,同时指导社团朝着健康、规范、有特色的方向发展。

二、实施目标管理,开展丰富多彩的校园文化活动,推进大学生素质教育拓展计划

1. 根据校团委的安排,我院团工委积极修订了在1999年开始实施的《葡萄酒学院大学生技能素质培养与考核条例》,同时建立大学生目标管理体系,实施目标管理。要求每一位同学在校期间均要按照目标管理体系的要求,培养和锻炼自身的素质(当然,目标管理体系是针对整体的,对每个同学来讲,在目标管理体系的要求下,可以根据自身的特点和个人发展计划确定个体不同的培养目标)。

2. 为配合《大学生技能素质培养与考核条例》的实施，院团工委根据该条例所涉及的考核范围，开展了形式多样的校园文化活动。如各类报告会、演讲赛、知识竞赛、文体比赛等20余次。这些活动从各个方面对大学生的技能素质进行了不同程度的考核，考核结果作为综合测评的依据，有些记录在案，其有效地促进了大学生的素质拓展。通过这些活动的开展，培养了一大批组织管理、文艺体育、书法写作等方面的人才。如省级优秀学生干部鲁燕汶；葡萄酒爱好者协会会长王庆伟；校艺术团成员王娟、吕婧、高园；劲爆地带协会会长胡劲光；武术协会会长彭建；校报优秀学生记者刘晓英等等。他们学习、生活、工作中的突出表现在学院团员当中起到了很好的示范作用，引导广大团员积极培养素质，提高技能，为把自己培养成为适应当今社会发展需要的新型人才而努力。

三、加强科技创新的意识培养，提高大学生创业和服务社会的能力

1. 院团工委领导团员青年开展院村挂钩活动，传播科技知识，做先进文化的代表者和传播者。学院与张家岗村建立起长期稳定的挂钩联系，为村民提供长期的技术指导。在2002～2003学年度中，三次组织高年级学生为农民举办葡萄种植知识讲座，多次在该村的葡萄园进行修剪、采收、扦插等葡萄栽培规范的技能培训，累计共有600余人次参与，受到张家岗村民的好评。同时也让同学们受到了锻炼，把理论知识与实践活动紧密联系起来，达到学以致用的目的。

2. 坚持开展义务助教活动，与张家岗小学结对子，每学期安排10周时间进行义务助教活动。参与人数200余人次。

3. 利用寒暑假，指导团员青年进行各种社会调查。2002年暑假，2002～2003年寒假，共有300多名团员进行了社会调查，全部上交了社会调查报告。在学校寒暑假社会实践报告评比中，我院共有2人次获得一等奖，4人次获得二等奖，6人次获得三等奖。

四、组织志愿者服务活动，树立为人民服务的思想

1. 积极响应校团委号召，组织团员参加暑期"三下乡"活动。亓白岩等7名同学参加了2002年暑期青年志愿者服务队活动。

2. 组织假期家教服务队，对中学生进行假期课外辅导。2002年暑假，组织10名同学成立家教服务队，对30多名中学生进行了数学、英语、物理等课程的辅导，为期40天，收效良好，受到了参加辅导的中学生及其家长的赞扬。

3. 以送温暖为主题，积极开展志愿者服务活动。2002～2003学年度上学期，院团工委先后三次组织青年志愿者到阳春乡敬老院进行送温暖活动，带去同学们所捐的书籍等物资，同时打扫卫生，整理物品，为老人们创造整洁的生活环境。同学们以自己的实际行动实践着全心全意为人民服务的宗旨，使老人们感受到社会主义大家庭的温暖。

4. 组织社区志愿者服务队，搞好"五个文明工程"建设。一年来，院团工委累计组织300余人次参加了社区服务活动，为创造文明宿舍、文明食堂、文明校园、文明教室做出了不懈努力，引导和教育青年团员争做文明大学生。院团工委曾被评为校五个文明工程建设优秀团工委。"路漫漫其修远兮"，共青团工作是一项长期、艰巨和复杂的工作，我们将继续发扬优良传统，不断改革，不断创新，教育广大团员按照"三个代表"的要求，开拓进取，与时俱进，为开创学院、学校共青团工作的新局面而不懈努力。

葡萄酒学院团工委
二〇〇三年四月二十日

(三) 总结的写作要求

1. 坚持实事求是的原则

总结的目的是要从对过去的回顾中汲取经验教训以指导今后的工作，所以正确估量是写好总结的首要条件。正确估量就得实事求是，全面、客观、辩证地分析事物。既要总结成功的经验，也要分析失败的教训；不可对成绩夸大其词，也不能对缺点避而不谈。

2. 占有充分的材料

占有充分的材料是写好总结的前提。总结必须建立在事实的基础上，而对构成事实的要素如时间、进度、空间变迁、人员构成、不可变因素与各种偶发因素等，均需作详尽的调查研究，掌握真实的数据信息。没有丰富的实际材料作为叙述、归纳与评判的基础，总结的内容就很难做到准确、全面、客观和公正。

3. 揭示本质，找出规律

总结不能停留在表面现象的认识和客观材料的罗列上，必须从实践中归纳出规律性的认识。因而，总结的写作必须进行深入地思考和分析，把握事物的本质，从而总结出经验教训，以指导今后的实践。

4. 表述叙议得当

总结的写作以叙议为主，叙议结合。一般在交代工作的过程、列举典型事例时，以叙述为主；在分析经验教训，指明努力方向时用议论。叙述的事实为议论提供依据，说理是对所叙事实的升华、提高。以叙带议，叙中有议，叙议结合，叙议得当。

第四节 简　　报

一、简报的概念

简报是传递某方面信息的简短的内部小报，是国家机关、企事业单位、社会团体为汇报工作、交流经验、反映情况、沟通信息、报道动态而编发的内部常用事务文书。简短、灵活、快捷的简报又称"动态"、"简讯"、"要情"、"摘报"、"工作通讯"、"情况反映"、"情况交流"、"内部参考"等。也可以说，简报就是简要的调查报告、简要的情况报告、简要的工作报告、简要的消息报道等。

二、简报的特点

一般简报具有简、快、新、实的特点。简，即简明扼要。快，即报道迅速快捷，讲究时效性。新，即内容新鲜。实，即真实准确。

简报具有一般报纸新闻性的特点，这是共性；它又有本身的特点，主要是下列三点：

（一）内容专业性强

公开的报纸，一般是综合性的，内容广泛，各方面的新闻都有，政治经济文化、工农商各行各业、城市乡村、国内国外的新闻等；这样才能满足各阶层读者的需要。简报就有所不同，它一般由有关单位、部门主办，专业性十分明显。如《人口普查简报》、《计划生育简报》、《水利工程简报》、《招生简报》等，分别由主办单位组织专人撰写，传递该项工作的各种信息，包括情况、经验、问题和对策等，一般性的东西少说，无关的东西不说，专业性的东西多说。这样,对一般读者来说,能使他们了解工作的进展情况,增强责任感;对领导机关来说,各级领导接到这样的简报,掌握了情况,有问题就有办法处置了。

(二) 篇幅特别简短

虽然所有报纸篇幅都有限,文章都较简短,但比较起来,公开的大报,一般最少有4版,有好几万字;现在有的报纸动辄都是十几版甚至几十版,内容繁杂。简报却不同,简报姓"简",这是它区别于其他报刊的最显著的特点。一期简报甚至只登一篇文章,几段信息,或一期几篇文章,总共一两千字,长的也不过三五千字,读者可以花很短的时间把它读完,适应现代快节奏工作的需要。简报的语言要求简明精练。

(三) 限于内部交流

一般报纸面向全社会,内容是公开的,没有保密价值,读者越多越好,正因为如此,它除了新闻性外,还要求有知识性和趣味性。简报则不同,它一般在编报机关管辖范围内各单位之间交流,不宜甚至不能公开传播,特别是涉外机关和专政机关主办的简报更是如此。有的简报,往往是专给某一级领导人看的,有一定的保密要求,不能任意扩大阅读范围。

三、简报的作用

(一) 上下沟通的渠道作用

简报是上级主管部门了解下情的重要渠道,它具有总结工作,推广典型以及反映群众愿望和要求的作用。简报也是上级主管部门向下级和基层传达意图和指导性意见的渠道。概括地说,简报具有"下情上达"和"上情下达"的重要渠道作用。

(二) 内部交流的途径作用

简报的内容传递着本单位的各种信息、情况、经验、问题和对策,有利于各单位相互间情报的沟通和情况的了解,是内部信息交流的良好途径。

(三) 单位情况的媒介作用

简报也是各单位内部的消息报道,具有新闻性。简报的新闻性体现了媒介作用。

四、简报的分类

简报的种类,按时间分,有定期的简报、不定期的简报;按内容分,有工作简报、生产简报、学习简报、会议简报;按性质分,有综合反映情况的简报和反映特定情况的专题简报。

常见的简报有:

1. 日常工作简报,又称业务简报。这是一种反映本地区、本系统、本部门日常工作或问题的经常性简报。它包含的内容较广,工作情况、成绩问题、经验教训、表扬批评,对上级某些政策或指示执行的步骤、措施都可以反映。它常以定期或不定期的形式出现,在一定范围内发行。

2. 中心工作简报,又称专题简报,它是一种阶段性的简报。它往往是针对机关工作中某一时期的中心工作、某项中心任务办的简报,中心工作完成,简报也就停办了。

3. 会议简报,是会议期间反映会议情况的简报,它是一种临时性的简报,内容包括会议中的情况、发言及会议决定等。规模较大、时间较长的会议常要编发多期简报,以起到及时交流情况,推动会议的作用。小型会议一般是一会一期简报,常常在会议结束后,写一期较全面的总结性的情况反映。

4. 动态简报，包括情况动态和思想动态。这类简报的时效性、机密性较强，要求迅速编发，发送范围有一定限制，在某一个时期、某一阶段要保密。

五、简报的写作

1. 简报的结构

简报的结构可以分为报头、报核、报尾三部分。

（1）报头。报头部分主要包括简报名称、期号、编印单位、编发日期、密级等项目。

① 简报名称一般用套红印刷的大号字体。如有特殊内容而又不必另出一期简报时，就在名称或期数下面注明"增刊"或"××专刊"字样。秘密等级写在左上角，也有的写"内部文件"或"内部资料，注意保存"等字样。

② 期号，可写在名称下一行，用括号括上。

③ 编印单位。

④ 印发日期写在与编印单位平行的右侧。再下面，用一道横线将报头与报核隔开。

（2）报核。报核，即简报所刊的一篇或几篇文章。简报的写法是多种多样的，因此，它的形式也较灵活。大多数是消息，包括按语、标题、导语、主体、结尾和穿插在叙述中的背景材料。除了消息，还有别的文体，所以，不是每篇简报都有这几项内容。

① 按语。部分简报在标题上端加注编者"按语"，以说明编发这份简报的目的，或对文中所列事项进行评价。

② 标题。简报的标题类似新闻的标题，要揭示主题，简短醒目。

③ 导语。通常用简明的一句话或一段话概括全文的主旨或主要内容，给读者一个总的印象。

导语的写法多种多样，有提问式、结论式、描写式、叙述式等。导语一般要交代清楚谁（某人或某单位）、什么时间、干什么（事件）、结果怎样等内容。

④ 主体。用足够的、典型的、有说服力的材料，把导语的内容加以具体化。

⑤ 结尾。或指明事情发展趋势，或提出希望及今后打算。如果主体部分已经把事情说清楚，那就不必再加尾巴了。

⑥ 背景。即对人物、事件起作用的环境条件和历史情况。背景可以穿插在各个部分。

（3）报尾。在简报最后一页下部，用一横线与报核隔开，横线下左边写明发送范围，在平行的右侧写明印刷份数。

2. 简报的格式

简报名称
期号

编发单位	印发日期
标题	
正文	
发送范围	共印份数

[例文]

工作简报
第××期

××车站办公室编　　　　　　　　　　　　　　　　　　××××年×月×日

旅客赞扬我站文明礼貌服务好

　　我站最近陆续收到二百多封表扬信,表扬我站文明礼貌服务好。封封热情洋溢的表扬信件,有的是国际友人寄来的,有的是归国华侨写来的,更多的是国内农民、工人以及老弱病残者写的。一位五十八岁的老华侨来信说:"三月三日那天,我和妻子从××转车回香港,我妻子有心脏病,携带的东西又多,正在为上车发愁时,客运班09号值班员主动走过来,询问我们到哪里去。她问明情况后,给我们扛行李,拎提包,一直把我们送到车上。我们老两口非常感动,拿出三十元钱表示谢意。这位姑娘说,钱我不能收,这是我应该做的事情。我们问她叫什么名字,她只说:'我是乘务员。'"这位老华侨在信中感慨万分地说:"还是祖国好,处处有亲人。"一个法国女留学生在信中说:"三月底,我经过贵站转回北京,因天气突然变冷,我在站台上被寒风吹得直打冷战。一个女服务员连忙把我请到休息室,还给我端来一杯热茶。车到站后,她又帮我拎提包上车,我问她姓名,她只说是车站的服务员。"

　　上海宝钢总厂一个干部寄来一封信和10元钱。他在信中说:"三月十三日,我在××车站买票时发现钱不够,少了10元,我焦急万分,向一位服务员讲明情况后,她毫不犹豫地掏出10元钱给我。我不知道她的姓名,只知道她是客运二班服务员,是个二十多岁的姑娘。"车站根据这一线索,查到了这位助人为乐的服务员是王爱云。

　　××车站是我国最大的客运站之一,过去我站曾以环境脏、秩序乱、服务态度差招致不满。在"全民文明礼貌月"中,站党委带领我站职工,把站台打扮得像一座小花园。车站还要求服务人员在接待旅客中做到"三要"、"五主动",即接待旅客要讲究礼貌,纠正旅客违章行为时要态度和蔼,处理问题要实事求是。主动迎送旅客,主动扶老携幼,主动帮助旅客解决困难,主动介绍旅行常识,主动征求旅客意见。所以不少过往我站的旅客都称赞我站确实变了。

　　希望我站广大职工继续努力,为建设我站社会主义物质文明和精神文明作出新贡献。

(××供稿)

发送范围:车站全体职工　　　　　　　　　　　　　　　　　　共印:××份

六、注意事项

(1) 文字简练,篇幅简短。简报一般应控制在1 000字以内,最长不要超过2 000字。

(2) 内容真实、准确、典型。

第五节 调查报告

一、调查报告的性质及特点

调查报告是根据调查研究成果写成的反映事物客观规律的书面报告。

调查报告是经历了调查、研究、整理成文三个环节才最终形成的书面材料。调查报告具有以下特点:

(一) 严格的真实性

调查报告的内容是真实、客观的。尤其人、事、时、地必须符合客观实际,经得起复核、验证,才能研究出客观规律,提出建议或意见,供决策或工作参考。其中,尤其数据、关键情节要准确。如果不能做到这一点,调查报告也就失去了它的意义。

(二) 明确的针对性

调查报告是针对工作需要或解决实际问题而写作的,目的性、实用性很强。

(三) 语言朴实,以叙述为主,兼有分析和议论

调查报告以叙述为主,概括叙述调查事实,可适当选用群众语言或人物原型语言以增强真实性、生动性和形象性。语言要质朴、凝练、明了,不要拖泥带水。在叙述的同时,要注意分析和论证。不能就事论事,堆砌大量材料,淹没了观点;也不能就理说理,写成议论文。

二、调查报告的类型

按调查目的和最终形成的书面报告的内容综合评价,调查报告大体可分为以下类型:

(一) 总结典型经验的调查报告

这类调查报告是为了概括出先进人物或先进地区、先进单位的正面经验,使其便于在面上发挥影响。调研对象是一个或一类特定的先进典型。调查报告写成之后,其中所概括的经验,可以为有关人员或单位所借鉴,或可以使之从中受到启发;也可作为有关主管部门开展学习先进活动的素材。

(二) 反映情况的调查报告

这类调查报告因调查目的、范围和用途的差异又分两种:一种是反映具体情况的个案性调查报告。其调研目的是为了把某一个具体问题界定清楚,调研范围单一、具体,报告的内容一般用来作为处理某一具体问题的依据或重要参考。另一种是反映基本情况的综合性调查报告,调研的目的是为了掌握某一领域或某一方面的概貌,调研范围相对宽广,涉及的对象较多,报告的内容主要用作宏观决策参考,或者用于说明某种客观现象、某一学术观点。

(三) 揭露问题的调查报告

揭露问题的调查须在已有线索的基础上展开。调查的目的是为了查清事实,获得足以说明问题性质、程度的材料。调查对象一般是暴露出问题和问题涉及的有关单位和人员。揭露问题的调查报告不仅可以用来澄清是非,辨明真伪,教育群众,还可直接用作对有关责任单位和责任人进行处理的重要依据。

三、调查报告的作用

调查报告是调查研究和决策实施的中间桥梁。它的作用有以下四个方面:

（一）为领导机关的正确决策提供依据

只有经过认真研究，真正了解和掌握了实际情况，才能制定出正确的方针政策。调查报告反映了现实生活或工作中存在的问题和客观事物的本来面目，有的还提出了解决问题的意见和方法，供领导决策参考。

（二）扶持新生事物，推广先进经验

随着社会的进步，新生事物不断地涌现出来，而面对新生事物也有一个认识和扶持的过程，这就需要进行深入调查，通过调查报告来宣传新生事物，介绍和推广先进思想、先进经验，促进我们的工作向前发展。

（三）揭露社会弊病，引起社会公众关注

调查报告可以深刻地揭露阴暗面、丑恶现象，引起有关部门和社会公众的关注，起到舆论监督的作用，使问题早日得到解决。

（四）澄清事实真相，回答社会问题

社会上某些重大事件、重要问题，在难以辨明事实真相的情况下，需要经过调查研究，写出调查结果，有利于分清是非，澄清事实真相，以消除社会公众的疑惑误解。

四、调查报告的写作

（一）调查报告的写作过程

1. 调查前的准备

调查前的准备工作主要从四个方面着手：一是思想准备。明确调查研究的目的，端正态度。二是选题准备。要从实际需要出发，选择那些对社会实践有指导意义的、群众关注的事情，以及对领导了解情况和决策有参考价值的问题作选题，初步解决调查的方向。三是理论政策的学习。四是提纲的准备。要列出一个较为详细的调查提纲，将调查的对象、内容、项目、要求、方法、时间等事先做好安排，科学地设计好调查方案。

2. 坚持科学的调查方法，充分占有材料

准备工作做完后，就开始调查，占有材料，这是调查报告写作的物质基础。在调查中有三个方面要注意：首先是要深入，要能深入社会、深入底层、深入群众。二是细致，留心看，虚心问，仔细听，详细记，认真想，材料收集得越多越好。三是要采用各种科学的调查方式方法。常用的调查方法有：

（1）普遍调查法。即普查，是指在一定范围内，对所有对象进行全面的调查，以获得完整、系统的资料。普查的优点是资料全面、准确、误差小。如2 000年全国进行的第五次全国人口普查意义重大，为今后国家有关方针、政策的制定提供了依据。

（2）典型调查法。在一定的总体范围内，选择能够代表总体状况的典型深入地调查。准确地选择典型，是此调查法的关键。若典型不具普遍性、代表性，将特殊规律误认为是适用于普遍的一般规律，用来指导全局则会造成失误。

（3）抽样调查法。即在需要调查的客观事物的总体中抽取一部分进行调查，以此来推断总体情况。此法的长处是：省时，经济，排除人们的主观选择结论，较客观、可靠。

（4）实地观察法。即直接亲身深入调查第一线中去，通过观察、访谈等方式，获取真实、可靠的情况。

（5）问卷调查法。将调查内容设计为问卷，发给一定范围或社会人员回答，然后进行统计、分析,写出调查报告。

(二) 调查报告的结构

调查报告惯用的结构由标题、序言、主体、结尾组成。

1. 标题

调查报告的标题形式多样,总的来说约可分为两种类型:一种是单行标题,一种是双行标题。单行标题又可分为公文标题写法和一般文章标题写法两种。采用公文标题写法的优点是能使人直接明确文种,并了解调查的对象和调查报告的目的,如《关于当前微电脑在企业财务会计工作中的运用情况和存在问题的调查报告》。但是,采用公文标题写法容易写得过于冗长,而且比较平淡,不利于诱发读者的阅读欲望。采用文章标题写法,虽也有不利的一面,如不能让人由标题一眼看出文种,但处理得好,能使人看了标题便对调查对象和调查报告的目的有所了解。而且标题还有可长可短、可严肃可谐趣、可描述可设问的优点,因而,容易写得生动有趣,引人注目。例如:《愤怒的烧鸡》,《新闻纸紧张的症结何在》等。

2. 序言

序言是调查报告的开头部分,可用来交代调查的时间、地点、目的、对象、范围;也可以用来概述调查的主要内容,取得的主要收获;还可以交代调查工作的背景以及通过调查所获得的结论。开头的写法较灵活,常用的形式有:

(1) 概括介绍式。即概括介绍调查对象的基本情况。

(2) 结论式。即在前言中先写调查报告的结论,再阐述主要事实。

(3) 议论式。针对调查的问题说明意义,作简要的评述,再叙写事情的经过。

(4) 提问式。开门见山,抓住中心提出问题,引起读者的思考和兴趣。

不管运用何种方式开头,都应该重点突出,简明精要,切入内容要旨。

3. 主体

主体是一篇调查报告的主干。主体通常以叙述为主,叙议结合,围绕导语所提出的问题依次展开。主体为了突出段旨,常给各段加上小标题。主体部分的结构形式安排通常有两种方式:

(1) 纵式结构。按照事物发生发展的先后顺序组织材料安排层次。

(2) 横式结构。按问题的性质或事物的特点来组织材料,加上序号或小标题,分别进行阐述。

4. 结尾

调查报告的结尾写法不一,或一段,补充说明有关事项;或一句,顺便交代某一问题。或总结全篇,深化主题;或指出调查存在的不足之处。

值得一提的是,随着中国市场经济的成熟,调查报告这种以往更多用于机关的文种也日渐深入到经济活动中,如市场调查报告、可行性分析报告等。详细内容请参阅信息类。

[例文]

陕西合阳县农村妇女参选参政情况调查报告
陕西省妇联

第五次村民委员会换届选举工作已经结束。为了全面了解农村妇女参选参政状况,进一步探索新时期妇女参选参政工作新思路,提高农村妇女参选参政比率,促进男女平等,

2003年4月,合阳县妇联组织县、乡妇女干部深入基层,对全县第五次村民委员会换届选举中妇女参选参政状况进行了调查,收到调查表和调查报告各16份,并分片在我县城关、甘井、新池、杨家庄、和家庄五个乡镇召开了有主管妇女工作的乡镇领导、组织干事、民政干事及部分村党支部书记、村委主任、妇代会主任等村干部参加的座谈会。

一、基本情况

合阳县地处渭北旱塬东部,全县辖12镇4乡353个行政村,1 756个村民小组。全县总人口为432 689人,其中农村人口393 788人,农村劳动力人数21.34万人,其中女劳动力10.7万人,占51.14%。在第五次村民委员会换届选举工作中,全县选出女村支部书记5人,女支部副书记4人,女村委副主任2人,女支部委员83人,女村委会委员179人,其中妇代会主任进支委的76人,进村委的173人,妇代会主任进"两委"的比率为75.6%。

二、特点及存在问题

在各级组织的正确指导下,第五次村民委员会换届选举中,一批年富力强、有能力、群众信得过的妇女脱颖而出,在农村担任了不同的职务,掀开了农村妇女参选参政工作新的一页。妇女参选参政呈现出新的特点:一是妇代会主任参选参政比率高。在本次换届选举中,妇代会主任参选的积极性较一般妇女群众高,当选的妇代会主任占到了村级女干部的95%以上。二是农村女干部的整体素质有了提高。本次选出的女支书、女主任、女委员,文化程度较上一届有了提高,高中文化程度占38.35%,初中的占60.25%,小学的仅占1.2%;年龄趋向年轻化,35岁以下的妇女干部占36.2%,36岁至45岁的占41.8%,46岁以上的占22%。三是妇女参选率提高。在本次选举中,由于男子外出、妇女民主法制意识增强等原因,女选民占到了60%以上。与此同时,通过调查,我们也不难发现妇女参选参政也存在一些问题:一是妇女参选参政比率较上届有所下降。在第四次村民委员会换届选举中,全县选出女支部书记8人,副书记3人,女村委会主任3人,副主任10人,女村委会委员249人,女支委委员83个,村妇代会主任进"两委"班子比率达到了93.2%,而第五届妇女参选参政人数从决策层到委员都有所下降。二是妇女在参选参政过程中处于被动地位。座谈调查中,96%以上的妇女干部都是村选委会提名后选举产生的。换届选举中,往往会出现几个候选人竞争一个职务,面对这种情况,竞选的妇女大部分都没有采取任何措施,抱着顺其自然的态度。新池镇张家庄村妇女主任雷尽侠被选委会提名为村委会委员候选人时,村上还有18个妇女和她竞选。她说自己当时心里也想干,但是没有采取任何措施,觉得宣传自己或者展示自我那是在拉选票、是不光彩的事。南沟村的孙茹芹说:"既然村选委会把我提上了,一切顺其自然,群众信任我,选我我就好好干,群众不选我,我就回家做生意,无所谓,我不会为此做什么动员工作的。"三是决策层女性太少。全县农村"两委"班子决策层只有11个女性,其中女支书5人,仅占1.5%;女村委主任上届有3人,本次没有1人;女副支书、女副主任6人,仅占1.81%。

三、原因分析

1. 传统的性别观念根深蒂固,严重地影响着农村妇女参选参政。首先是妇女自身社会性别观念浓厚、参政意识不强。(略)其次,妇女参选参政还会遇到丈夫及其家人的阻力。(略)另外,周围群众陈旧的性别观念也严重地影响着妇女参选参政。(略)

2. 妇女自身条件差制约着妇女参选参政,在农村,妇女文化程度整体上不高。(略)

3. 宣传、动员妇女参选参政的力度不大。(略)

四、措施及对策

1. 加强培训学习，不断提高广大农村妇女的综合素质。打铁先要自身硬，要做好农村妇女参选参政工作，提高她们自身的综合素质首当其冲。要充分利用家长学校、妇女学校等阵地，采取专题辅导、座谈交流等不同培训学习形式，组织广大农村妇女学习党的方针政策及法律、科技、市场信息等方面的知识；学习马克思主义妇女观、男女平等基本国策、社会性别知识等，使她们通过学习拓宽视野，解放思想、树立"四自"精神，增强社会性别意识、民主法制意识和参选参政意识。另外，还要有重点地培训妇女如何演说、竞选，特别是要加强妇女当选后如何参政方面的培训，努力提高广大农村妇女的参选参政能力，推动农村妇女积极参选参政，进一步促进男女平等。

2. 广泛宣传，营造有利于妇女参选参政的良好氛围。在全社会要广泛宣传马克思主义妇女观、男女平等基本国策、社会性别知识等，改变、消除一些不利于妇女解放和发展的传统习俗和社会性别观念，解决广大群众特别是妇女群众思想上的模糊认识和种种顾虑；要大力宣传《村民委员组织法》中"村民委员会成员中，妇女应当有适当名额"的规定，动员引导妇女积极参选参政；要突出宣传优秀妇女典型，提高社会对女性价值的认识，激励妇女向榜样学习，激发她们的自信心，在参选参政工作中展示新时代女性风采。

3. 组织农村妇女广泛参与经济建设。有为才能有位。现实中大部分农村妇女在家中处于从属地位，没有经济地位。我们要充分调动广大农村妇女的积极性、创造性，发展经济，提高她们的经济地位，为争取政治地位打好经济基础。

4. 政策上给妇女参政参选以倾斜。各级组织在换届选举中应该将女候选人的名额强调出来，形成制度，为妇女参选参政提供政策支持。

第八章 信息类文书的写作

第一节 信息类文书概述

一、信息类文书的概念和作用

本章所谓的信息类文书,也可以称为"商务综合报告文书",或者"研究决策商务文书"。它是指企业为实现经济活动的目标,对自身因素、内部条件和客观情况、外部环节进行分析研究,提出对策建议,拟写出切实可行的经营方案的书面材料。

信息类文书的写作,不是基础性的理论研究。因而,首先要选择一个明白准确的调查、研究、分析的目标,在掌握大量及时、确凿、完整的信息的基础上,系统地研究企业经营活动中各种因素之间的相互关系,把主观愿望和客观条件有机地结合起来,寻求一个相对满意的方案。

在经济活动日益频繁的今天,信息类文书的作用和意义越来越凸显。

(1) 信息类文书有助于企业在日趋激烈的市场竞争中明确、把握和不断修正经营目标和发展方向,以保证企业自身的健康发展。

(2) 信息类文书有助于企业把握自身和宏观的经济环境甚至整个社会环境的关系,从而提高企业的应变能力,适应市场和社会的需求,取得和提高经济效益和社会效益。

(3) 信息类文书有助于企业领导决策时全面把握市场和社会方方面面的有效信息,提高经营活动的自觉性,避免盲目决策。

二、信息类文书的种类

信息类文书的种类较多,本章主要涉及的有市场调查报告、市场预测报告和可行性研究报告。

市场调查报告,是用于确定经济活动目标阶段使用的文书,写于调查研究之后,所涉及的内容极其广泛。

市场预测报告,也是用于确定经济活动目标阶段使用的文书,所使用的材料可以是直接的调查研究所得,也可以是间接材料。

可行性研究报告,是在经济活动有了初步的意向之后,对该活动的可行性和有效性进行全面分析、论证的信息类文书。

第二节 市场调查报告

一、市场调查报告的概念和特点

(一) 市场调查报告的概念

市场调查报告是企业或企业代理人、专门的调查机构或研究人员,运用科学的方法,有组织、有计划地对国内、国际市场商品供应与需求信息,市场营销活动信息及消费信息等各种情报资料进行搜集、记录、整理、研究分析,作出恰当结论后所写成的书面报告。在消费需求变化速度加快,企业经营外部环境和内部条件越来越复杂的今天,要把握市场变化的规律,使企业的市场营销行为和外部市场环境相适应,就必须加强市场调查工作,研究市场的历史和现状,以克服经营的盲目性,提高管理的科学性。市场调查报告具有以下几个方面的作用:

1. 有利于企业生产符合消费者需要的产品

科学的市场调查报告可以从消费者的经济收入状况、文化教育水平、生活观念与生活方式以及社会风尚等方面揭示不断变化着的消费需求,让企业及时了解消费者的购买能力及其资金投向,组织生产适销对路的产品。

2. 有利于企业科学决策

市场调查报告通过市场调查揭示商品生产和商品需求的总体情况,使企业决策者牢牢把握市场脉搏,正确预测市场供求变化,从而保证决策的科学性。

3. 有利于提高企业竞争力

市场调查报告可以帮助企业做到知己知彼,了解自己产品销售情况,了解对手产品的销售信息,以迅速改变营销策略,改善经营管理,提高自身的竞争力。

(二) 市场调查报告的特点

市场调查报告的特点有:针对性、科学性、时效性。

1. 针对性

在一篇市场调查报告中,往往从市场实际出发,围绕企业某种产品所面临的主要问题,有针对性地调查市场营销的某一个或某几个环节,如产品质量、价格、营销状况、消费心理、市场占有率、销售环节、竞争对手状况等,但不能面面俱到。

2. 科学性

市场调查报告的科学性主要体现在运用材料确凿无误、科学的分析方法以及结论的正确性上。

3. 时效性

市场调查报告对市场瞬息万变的情况反应要迅速及时,否则,事过境迁,市场调查报告就失去其参考价值。

二、市场调查报告的种类

(一) 商品情况的调查报告

这一类市场调查报告,主要反映消费者对商品的质量、价格、包装、商标、使用状况、售后服务,以及商品的市场占有率、覆盖率、知名度、美誉度等方面的评价、建议和要求。

(二) 消费者情况的调查报告

这一类市场调查报告,主要反映购买某一商品的消费者的如下情况:性别、年龄、职业、民族、文化程度、数量、分布地区、个人收入和家庭平均收入、购买能力、购买的数量,以及消费者中谁是主要购买者、谁是忠实购买者、谁是使用者、谁是购买决策者、购买动机、购买习惯等。

(三) 销售情况的调查报告

这一类市场调查报告,主要通过对销售情况的调查,反映如下问题:

(1) 商品销售渠道是否通畅、合理。
(2) 商品在市场上的销售额、利润、占有率、供求比例以及影响销售的因素。
(3) 商品的潜在销售量、储存和运输情况。
(4) 中间商的销售情况。
(5) 推销的效果。
(6) 广告宣传的效果。
(7) 售后服务。

(四) 市场竞争情况的调查报告

这一类市场调查报告,主要通过对竞争对手及其产品的调查,反映如下问题:

(1) 竞争对手的企业发展战略、目标。
(2) 竞争对手人力、物力、财力、经营管理水平。
(3) 竞争对手产品的质量、品种、式样、花色及其特色。
(4) 竞争对手产品的市场占有率。
(5) 竞争对手的广告宣传战略和市场价格战略。

三、市场调查的方法

(一) 调查纲要的拟定

提出调查纲要是企业管理部门的责任,其目的主要在于帮助调查人员明确调查的范围和工作目标,使调查人员避免因在某些不必要的问题上纠缠而浪费时间、费用和人力,并保证调查工作的重点,使调查人员能够集中时间和精力研究必须解决的问题。而且,调查纲要应简明扼要。

(二) 拟定调查方案

拟定调查方案,一般应根据对本企业作深入调查而得到的资料以及与本企业的销售目标相结合而制定。进行企业内部调查时,首先应该对本企业的生产规模、销售水平以及扩大再生产计划有所了解;其次,应该了解企业的销售政策和促销措施、产品改进或更新换代措施,以及企业为开拓新市场所能投放的费用投资。此外,还应了解企业是否有能力在不同的市场上开展工作,应该以多长时间来争取使企业产品销售业务取得较大发展等内容。

调查方案应该能够向调查人员传达企业管理部门的意愿和希望,对重要的内容详加说明,但不可掺入某些不当规定,以免造成不必要的限制和约束。调查方案一般应包括对销售目标的说明、对调查原则的说明和对调查预算费用的说明等内容。

(三) 市场调查工作日程表的拟定

市场调查工作日程表应采用简明的表格形式,列出整个调查项目所包括的主要工作阶段,并说明各阶段的时间分配和人员安排。

通常需要在工作日程表中列明的主要工作阶段有文献调查,实地调查,资料整理分析和市场调查报告的起草、修改与定稿。但在拟定日程表之前,必须首先进行预备性调查,至少要基本上了解应从哪些方面和应采取什么办法进行市场调查之后,才可着手拟定整个调查项目的调查工作日程表,切不可仓促行事。此外,因为客观情况是在不断发生变化的,因此调查工作日程表应具有相当的灵活性。在时间上,必须根据各项工作的具体要求进行分配。

（四）确定调查方法

市场调查的方法有普查、抽样调查、典型调查和重点调查等。除此之外,还常采用询问调查法、直接调查法、实验调查法和统计分析法。

1. 询问调查法

是用口头或书面的方式取得调查资料的一种方法。调查对象可以是单独的个体,也可以是不同的群体。方法有个别访问、召开调查会、问卷调查等。

2. 直接调查法

多用于对企业产品销售和服务情况的调查。企业派遣调查人员到产品销售地,现场观察销售人员的服务态度,直接向消费者了解对产品质量、款式等方面的意见。

3. 实验调查法

多用于开发新产品、改进老产品,或者尝试以一种新推销方式扩大产品销售量的时候。从影响市场调查问题的诸如设计、品质、价格、包装、广告等因素中选出一两个,在一定条件下进行小规模试验,如举行试销会、订货会、展销会、博览会等,收集消费者意见,从而预测产品销售量,决定可否大规模投产。

4. 统计分析法

这是一种间接调查法。即利用企业现成的诸如统计、会计等报表以及有关的数据,对已经进行的市场活动进行综合分析,以便发现现行的经营策略是否正确合理、有无必要调整以及如何调整等。

四、市场调查报告的格式和结构

市场调查报告包括标题、正文、落款三部分。

（一）标题

市场调查报告常见的标题有直叙式、结论式、问题式和复合式。

1. 直叙式标题

直叙式标题,是以"调查"或"调查报告"为中心词,有一层或两层修饰关系的名词性短语。中心词前面的修饰性短语,大多用于以概括性的文字交代调查的内容和范围。有的标题还会在表示范围和内容的短语前加上介词"关于"。如《南京市2004年家用轿车市场调查报告》、《关于南京市商品房销售状况的调查》。

2. 结论式标题

结论式标题,就是用一个概括性的短语,直接表明调查报告的主要观点。如《过度包装并不能提高市场占有率》。

3. 问题式标题

问题式标题,就是把调查研究的问题加以概括后作为市场调查报告的标题。如《加入WTO,企业最关心什么?》。

4. 复合式标题

复合式标题,就是在正标题下面加副标题。正标题用来点明市场调查报告的主要观点,副标题交代调查的内容、范围、时间等。如《丰"产"更丰"收"——2004年安徽省农村市场调查》。

(二) 正文

正文分为开头、主体、结尾三部分。

1. 开头

开头也称前言,包括调查的原因、时间、对象(地区、范围)、经过、方法等,也可概括全文主旨或主要内容。其形式有说明式、议论式和结论式等。也可以省略不写。

2. 主体

主体是市场调查报告的重点和核心,一般有以下三方面内容:基本情况、分析判断、对策建议。

基本情况,是展开下文的基础,可以包括历史情况和现实情况,是对市场调查了解到的客观事实、有关数据进行叙述、说明,重点放在现实情况方面。对一般情况可简要介绍,重要情况则详尽阐述,要根据调查目的的需要而有所侧重和详略。写作手法上,一般以文字叙述、说明为主,辅之以数据、图表。

分析判断,是得出市场调查结论的部分,就是对市场调查了解到的基本情况进行研究,确定调查对象在市场竞争中所处的位置,从不同方面揭示原因,判断市场前景等。写作手法上,一般以议论、说明为主。

对策建议,是市场调查报告的落脚点,是在前文基础上提出的关于未来行动方案、经营策略的建设性意见,供决策者参考。写作时要注意可行性、针对性,语气要委婉。

主体部分的写作,通常采用纵式结构和横式结构的结构形式:

纵式结构,是按照市场调查报告的内在逻辑,把主体部分分成前后为递进关系或者因果关系的若干个部分,首先叙述基本情况,再对基本情况作分析判断,得出结论,最后提出对策建议,即基本情况—分析判断—对策建议。

横式结构,是把市场调查报告的主体部分按照其逻辑关系分成相互并列的几个方面,分头叙述并分析归纳。例如:

产品质量(基本情况)—分析判断(得出结论)—对策建议。

产品款式(基本情况)—分析判断(得出结论)—对策建议。

销售服务(基本情况)—分析判断(得出结论)—对策建议。

……

主体部分的写作,应根据具体写作目的的不同,在结构形式上通盘考虑,灵活把握,不必拘泥于一种格式。

3. 结尾

结尾,是全文的结束部分。如写有前言,一般要有结尾,以照应开头,或重申观点,或加深认识。如果没有前言部分,或者主体部分内容已经十分完备,也可以不写结尾。

(三) 落款

如果市场调查报告是为了供内部参阅,则调查者在正文右下方署名,并写上完成的日期;如果是在报刊上发表,则在标题下方署名,一般不再写明写作日期。

五、市场调查报告的写作要求

（一）明确目的

一篇市场调查报告，应该体现出明确的调查目的，突出重点，抓主要矛盾，不能面面俱到。

（二）尊重事实

市场调查报告中所介绍的情况，引用的资料、信息必须反复核实、验证、测算，做到真实可靠。否则，由此得出的结论以及对策建议，就会差之毫厘，谬以千里。

（三）讲究时效

市场情况变化无常，市场调查报告一定要讲究时效性。事过境迁，市场调查报告就失去了它的现实针对性。

（四）杜绝片面

撰写市场调查报告，一定要注意观点与材料的统一，一定要以全面的观点看问题，不脱离材料，不把假象和实质、局部和整体混为一谈，以保证市场调查报告的科学性。

[例文]

中国茶具市场调查报告

一、茶具市场的变迁

1. 源远流长的茶具

茶作为饮品，经过了发现—利用—茶艺化的漫长过程，它的历史至少可以上溯到5 000年前。

茶具是随着"茶之为饮"应运而生，它的发生和发展经历了一个从无到有，从共用到专一，从粗糙到精致的历程，并随着饮茶习俗的变化而不断变化和发展。

2. 功能完善的茶具

煮水器具：风炉、鍑、茶炉、茶铫、汤瓶、瓢、炭挝、火夹、随手泡。

碾罗器具：茶碾、茶磨、茶罗。

品饮器具：茶壶、茶盏。

摆置器具：茶桌、茶椅、茶车、茶海。

辅助器具：茶匙、茶筅、茶瓶、茶漏、茶夹、茶则、茶荷、茶针、巾、都篮等。

3. 材质多样的茶具

竹木茶具、金属茶具、玻璃茶具、陶土茶具、瓷器茶具、漆器茶具。

在数千年的发展进程中，出现了各种各样材质的茶具。调查统计发现，消费者在选择茶具时，最关注的因素仍然是茶具的材质。

4. 不断追寻艺术性的茶具

混煮法时期，茶与其他食物混煮，尚未发展出专用茶具，多为陶土所制。

瓷器是火与土的艺术，瓷器发明后，陶质茶具逐渐为瓷质茶具所替代。

唐代以后，文人雅士开始追求茶器的釉色之美与造型之特；随着饮茶风俗的普及，专门的茶具制造也应运而生。陶瓷茶具的种类与装饰也日渐丰富。明初紫砂的出现，更是广受追捧。

5. 传统与时尚共存的现代茶具

茶家具：茶桌、茶椅、茶车等，主要在茶馆、茶楼等经营场所应用。

煮水器：用来煮水的随手泡，又称电茶壶。

茶艺表演重要道具：茶海、茶六宝(茶夹、茶漏、茶拾、茶荷、茶针、桶)、水洗等。

茶器皿：狭义的茶具，包括紫砂壶、公道杯、品茗杯等。

二、生机勃勃的茶具市场

1. 茶具市场增长迅速

2008年6月，餐具用品市场供求平稳。2009年6月，餐具市场丝毫未受金融风暴的影响，以较大的幅度扩大市场份额，茶具和杯子囊括"市场占有率、同期环比增长率"双料冠亚军。

折线图(略)是2007年、2008年、2009年6月份茶具搜索量的比较图。从中我们可看到它是以"冲刺"的态势勇攀高峰，它的大销量带动了餐厨行业向好的方面发展的良好势头，是餐具行业的最大卖点之一。

2. 千古流变中，瓷器和紫砂茶具的王者地位一如既往。

无论是自己选用茶具还是对未来茶具市场的预测，消费者对紫砂的认可度最高，其次是瓷器，紫砂和瓷器的发展空间依然巨大，商家可以通过一些创新产品来增加其盈利能力。

3. 饮茶习惯的改变和技术的革新催生电茶具市场飘红，原因是：

家庭茶室的发展；

人民生活水平的提高；

家用电器的普及；

茶叶销量的持续增长。

4. 茶产业持续增长，将带动茶具消费持续增长

在各地政策和资金的扶持下，各地的茶园面积在不断的增加，由于新的茶园多是良种茶园，在产量和品质上都明显的优于传统茶园，所以直接导致了茶叶产量的增加。

整个茶业市场的发展，必然带动茶具市场的大规模发展。

5. 茶具飞速发展过程中隐含的问题

从这组数据来看(略)，现在市场上存在的主要问题是：

没有统一的行业标准；

定价混乱；

产品缺乏创意；

著名品牌较少。

这说明茶具行业尚处于产品竞争时代向品牌竞争时代迈进的阶段。

三、茶具的市场营销

1. 专业茶具类零售终端市场前景看好

无论从业者还是消费者都看好茶具类专卖店，这是将来茶具品牌必然要进入的渠道；但是目前国内连锁茶具专卖企业并不成规模，没有一家具有知名品牌的茶具经销企业。

从业者认为茶叶专卖店在未来茶具销售中占有重要地位，也是消费者首选的购买茶具的场所。

2. 产品的品牌与价格对市场销售至关重要

从商家的调查来看,品牌、价格、安全是大家最关心的问题,所以企业在经营过程中,树品牌、定价合理、攻技术依然是其发展壮大的核心。而从消费者的调查来看,安全、轻便耐用、材质是其最为关心的问题,然后才考虑到品牌与价位。其实消费者对安全和轻便耐用的认识完全来自市场上的成熟品牌教育。

四、茶具市场的未来发展之路

1. 茶具市场刚刚起步,发展前景极为广阔。

调查中,无论是消费者还是茶具经营者都非常看好茶具市场的未来发展前景,目前的茶具市场无论品牌还是产品质量尚处于鱼龙混杂的状态。

2. 组建专业的产销见面会是茶具企业最喜欢的宣传方式。

① 每年能组织一次大型的产销见面会(82.7%)。
② 每年能组织一次论坛,请国内著名市场营销专家授课(4%)。
③ 每年能进行一次茶具行业的品牌质量排名(0%)。
④ 每年举办一次茶具行业的博览会(9.3%)。
⑤ 都不需要(4%)。

从商家的调查来看,在未来茶具的市场营销方面,企业更希望能够组织产销见面会,厂家和经销商能够面对面的交流,共同研发消费者欢迎的产品。

第三节 市场预测报告的写作

一、市场预测报告的概念和特点

(一) 市场预测报告的概念

市场预测报告是反映市场预测工作和分析研究过程及其成果,对市场发展趋势进行分析的书面材料。它是预测市场对企业产品总的需求量,协调市场供求关系,指导企业制定产品生产计划的重要依据。

市场预测报告要求在正确的理论指导下,在全面掌握市场情况的基础上,运用科学的方法,根据市场调查获取的资料、数据,对未来一定时期内市场供需前景和发展趋势作出预测,得出定性或定量结论,提出有针对性的措施或决策。

(二) 市场预测报告的特点

1. 预见性

市场预测报告面向未来,要对市场未来一定时期内的发展变化趋势作出预计,所得结论具有预见性。

2. 科学性

市场预测报告必须能够反映客观经济规律。在分析市场现象时,要有敏锐的眼光、独到的见解。进行预测时,要突出预见的规律性。

3. 能动性

对未来市场发展趋向的分析是否正确,在一定程度上体现了人们智慧和判断力的高下。市场预测报告的确立,离不开人的主观思维,也就是人的主观能动作用。

4. 时效性

市场预测报告必须快速反映变化着的市场。及时了解国内外技术经济情报、市场需求，对企业来说，无疑有利于提高自身的竞争能力。在竞争日益激烈的市场上占有一席之地，对市场预测报告来说，才能及时地为企业或主管部门提供决策的参考意见，体现出自身的价值。

5. 近似性

市场预测报告是根据过去和现在的已知信息，分析未来一定时期内的市场变化趋势，因此，预测值不可能与实际值完全一致，只能是一个近似值。市场预测报告首先要求预测科学准确，其次也允许预测存在误差。关键是要充分掌握资料，并调动人的主观能动性，尽力减少误差程度，减少对市场未来趋势把握的盲目性，避免误导。

市场预测报告和市场调查报告既有联系又有区别。它们都必须通过提供有效信息，为企业或主管部门决策服务。所不同的是市场调查报告一定要进行实际调查，并对调查数据进行系统科学的分析，而市场预测所依据的数据和资料则既可以是通过市场调查得来的直接材料，也可以是他人调查总结出来的间接材料。另外，市场调查报告重在对市场的历史和现状的客观反映，以期及时而正确地了解情况，掌握信息；市场预测报告则重在推测未来一定时期内市场可能的走向，分析市场的发展趋势。市场调查是决策的基础；市场预测是决策的关键。

二、市场预测的基本知识

市场预测是一门应用性的边缘学科，它要求融合经济学、系统工程学、信息论等各门学科的知识，对市场因素进行定量定性分析，并用现代化的计算手段，对市场现象进行描绘和运算。

（一）市场预测的主要内容

市场预测必须以过去和现在大量、全面、系统和准确的资料为依据。一般说来，要搜集市场现象的如下资料数据，如商品需求量、商品价格、商品资源、市场占有率、经济效益等，作为市场预测的内容。

（二）市场预测的常用方法

市场预测的方法归纳起来可以分为两大类，即定性市场预测法和定量市场预测法。

1. 定性市场预测法

主要是根据预测人员的个人经验和综合分析能力，对未来市场发展变化的趋势进行预测，也称为直观预测法或判断预测法。包括：

（1）经理人员判断预测法。由经理人员负责邀请销售、经营管理、财务以及市场研究等部门的主管人员进行集体讨论，根据他们的经验、判断，对商品销售前景进行预测。

（2）销售人员意见法。根据直接接触市场的销售人员的意见，汇总成整个市场的预测方案。

（3）综合判断法。把经理人员和销售人员对市场分析预测的数据和结果，通过算术平均法和加权平均法有机地结合起来，互相补充验证，使预测结果更接近实际情况。

（4）专家意见法。包括以下程序：

首先，确定预测目标。

其次，从企业内外选聘专家若干人，发放背景材料或预测意见表，请专家们独立地对需要预测的问题发表意见,并按规定时间将预测表返回。

再次,对专家们的意见加以综合、整理和归纳,将集中的意见反馈给每个专家,请他们再根据这些意见进一步估计和预测。

最后,将专家们的估计和预测再加以综合、整理、反馈。

如此循环多次,使个人预测意见得以不断修正、补充和完善,最终形成趋于一致的预测结果。

2. 定量市场预测法

又称统计预测法或数学计算法。即通过对所获得的资料、信息等进行整理、分析,并建立相应的数学模型,对市场未来发展作出定量性预测。包括:

(1)外推法。外推法属于历史引申法,即利用过去的资料,运用数学模型,将历史统计数据按时间序列加以引申,如移动平均法、指数平滑法。

(2)因果法。也叫相关法。即利用经济现象和影响因素之间的因果关系进行市场预测,如回归分析法等。所谓数学模型,常用数学方程式表示,也可用图表表示。

三、市场预测报告的种类

(一)按预测范围分

可分为宏观市场预测报告和微观市场预测报告。

(1)宏观市场预测报告是针对国内外市场各类商品和服务的总需求或发展趋势而进行的预测。

它可以是一个国家、一个地区的经济发展情况,也可以是科学技术的研究情况、市场总购买力的变动情况。

(2)微观市场预测报告是企业针对自己的某一经济行为,或对自己生产与经营的产品进行的某方面的预测。例如:××产品市场需求量预测报告、××商品销售预测报告、××产品成本预测报告。

(二)按预测时限分

可分为短期、中期、长期预测报告。

(1)短期市场预测报告预测时限一般在1年左右。主要预测季节性产品、产销变化大的产品。

(2)中期市场预测报告预测时限为2~5年。主要预测较为耐用、使用周期较长的产品。

(3)长期市场预测报告预测时限一般在5年以上。主要用于预测生产周期和使用周期都比较长的产品。

(三)按预测方法分

可分为定性预测和定量预测。

定性预测有节约费用、节省时间、简便易行的优点,但是容易带有预测者的主观因素。

定量预测的特点是比较客观,但是影响市场的某些人为因素、社会因素等不易量化。

(四)按预测内容分

可以分为材料供应情况预测、生产预测、产品销售情况预测等。

四、市场预测报告的格式与结构

市场预测报告由标题、正文、落款三个部分构成。

（一）标题

市场预测报告的标题一般由预测时限、预测范围、预测内容和文种四要素组成。

1. 完整式标题

这一类标题最为常见。包括预测时限、预测范围、预测内容和文种四种要素。如《2004~2008年南京市家用轿车需求量预测报告》。文种有时以"预测"、"趋势"、"走势"、"研究"、"分析"、"展望"、"前瞻"、"发展前景"等词语表明。

2. 非完整式标题

这一类标题不要求四要素俱全，往往只有其中的三种或者两种。例如：如果是面向全国市场，有时候就可以省略预测范围，如《"十五"期间电视机市场需求预测报告》；如果是在报纸杂志上发表的预测报告，则常常省略时间，只要在标题中点明主要内容即可，如《彩色电视机产销趋势预测》。

3. 相关式标题

这一类标题，通常在交代清楚预测的有关要素之前，先交代与此相关的回顾分析的内容。如《2004年家用轿车市场情况及2005年市场预测》。这种预测报告一般出现在两个时间段交接之时，如季度末或季度初、年末或年初等。

4. 结论式标题

这一类标题，直接表明预测的主要观点，如《今年家用轿车销售市场不容乐观》。

5. 复合式标题

这一类标题，由主标题和副标题两部分组成。主标题表明预测得出的主要观点，副标题交代预测时限、预测范围、预测内容等。如《产量供过于求市场竞争加剧——2005年家用轿车市场预测》。

（二）正文

市场预测报告的正文一般分为开头、主体、结尾三部分。

1. 开头

也称前言。形式不拘，灵活多样。可以揭示全篇主旨，可以交代写作目的、写作动机，可以介绍预测方法、预测过程，也可以开门见山直陈其事，即没有前言部分，直奔主体。

2. 主体

市场预测报告的主体一般包括基本情况、分析预测、对策建议三部分。

（1）基本情况。这一部分是分析预测的基础，是保证预测报告质量的重要前提。主要任务是，选取搜集来的市场信息，根据数据资料，说明预测对象的历史和现实状况。数据和资料要确凿、充分，具有代表性、典型性。写作手法上，一般运用概括叙述的表达方式。

（2）分析预测。这一部分是整个预测报告的核心和重点。主要任务是，依据上个部分叙述的基本情况，对预测对象在未来市场的发展趋势和可能发生的状况作出估计和判断。分析、比较、推断，揭示本质，引领方向。要考虑到影响市场变化的各种因素，不要以偏概全，防止被个别现象掩盖了事物的本质。写作手法上，主要采用叙议结合、夹叙夹议的表达方式。

(3) 对策建议。根据分析预测的结果,从不同的方面提出具有针对性的应变措施、对策、建议、设想,如调整企业经营方向,改善企业经营管理状况,重新确定企业经营方案等。写作手法上,一般采用说明的表达方式;形式上,一般采用分条列项的形式。

对策建议部分并不是预测报告必须具备的内容,也可以不写。

市场预测报告的结构可以参阅市场调查报告部分。

市场预测报告一般没有专门的结尾。如果写专门的结尾,通常是总结上文观点,提示要注意的问题等。

(三) 落款

市场预测报告如果是用于单位内部,要在文末标明作者和写作时间;如果是在报刊上发表,则在标题下面写明作者。

五、市场预测报告的写作要求

(一) 掌握理论、方法

写好市场预测报告,没有正确的理论指导,不掌握科学的方法,是不可能的事。写作者要系统学习和掌握经济学、统计学、社会学、心理学、社会调查方法、应用文写作、计算机应用等基本理论、基本知识、基本技能,并能够综合运用这些理论、知识和技能,进行分析、推理、判断。

(二) 明确把握目标

一般而言,预测对象应该是关系企业前途命运的目标市场,或者是企业经营销售中遇到的新情况、新问题。只有明确把握住预测目标,才能以其为中心搜集材料,分析预测。如果搜集和分析的材料不能紧扣目标,写出的预测报告是毫无用处的。

(三) 遵循正确程序

首先确定预测范围、内容、期限;接着搜集整理数据资料;然后选择适当的预测方法,进行预测,得出预测结论;最后写出预测报告。

(四) 层次分明清楚

要做到层次分明,主题集中。市场预测报告一般按照"提出问题—分析问题—解决问题"的顺序来安排结构。

(五) 语言精当准确

市场预测报告不需要华美的辞藻,只要语言准确,能够用精当的专用预测词语、术语、数据以及概括性的词语,把预测内容恰到好处地表述出来就可以了。

[例文]

2005年下半年汽车市场预测

预计下半年汽车需求同比增速进一步上升,汽车厂家将在上半年的基础上提高供给量,加价销售的部分车型的供需紧张形势将有所缓解。受此影响,下半年汽车价格将出现走低的可能,但下降幅度将会大大低于去年。

市场需求进一步全面回升

根据对"产业增长景气和效益景气指数"的分析,国务院发展研究中心的《月度景气分析报告》(3月份)就提出了"汽车产业自2004年以来调整的拐点即将出现,即从增长的下降逐步转向上升",自4月份以来,汽车各月产销同比增速逐步回升,近几个月汽车市场的表现已经证明了这一判断。

由于2004年3季度是全年的销售低潮期,因此,在今年汽车市场回暖的大环境下,今年3季度同比增速有望进一步上升,从而带动全年同比增速的上升,但被动性增长的特征比较明显。

对于下半年汽车产业的发展预测,需要综合考虑以下因素。第一,对于中国下半年的宏观经济走势的看法,各界有截然不同的判断。这与去年比较一致的经济较热的判断大相径庭,也表明了2005年上半年中国经济增长已经出现了一些新的变化。在国内钢铁价格、焦炭价格大幅下跌的同时,5月份工业企业利润增幅比去年同期下降了27.9个百分点。在这种情况下,下半年经济增速有所放缓是完全有可能的,但不至于出现急剧的下降,即总体判断为国民经济仍将在高位运行,但增速会放慢。

第二,对于汽车产业而言,目前发展势头良好,市场平稳回升,尤其是中档以下轿车出现全面增长,表明消费者正在逐步成熟,消费者的非理性对市场的冲击将会大为减少,有助于保持市场的稳步增长,减少大起大落。

第三,根据全国乘用车市场信息联席会的信息,今年1~5月厂家已消化库存5万辆左右,经销商消化15万辆的库存,全国总共消化库存20万辆。去年生产厂家与经销商总库存40万辆左右,现在已消化一半,库存已经逐步接近正常水平。

第四,今年上半年汽车价格的稳定已经明显地提高了消费者买车的热情和信心。在目前的市场环境下,对于中国汽车市场而言,重要的是价格的稳定,而不是价格的绝对高低。因为价格系列较之前几年已经大为丰富,消费者可以根据实际情况做出选择,而价格的波动却会扰乱消费者的预期,延缓其购买的行为。

第五,从汽车服务来看,汽车购买之后的服务市场竞争越来越激烈。经销商为建立市场声誉也在努力提高汽车服务质量,生产商也降低了一些维修配件的价格,这些措施也有利于汽车市场的回升。

综合上述因素,尽管目前车市仍存在部分紧俏车型,但受上半年的市场良好表现的鼓舞,一些厂家已经提高了下半年的销售计划。尽管存在油价上升和汽车消费信贷偏紧的不利影响,汽车市场还是表现出了稳步回升的态势,表明国内汽车需求依然强劲。预计2005年全年汽车产销量同比增长将在15%~20%之间,产销量将在580万~600万辆之间。

汽车产品消费格局发生变化

在上半年平稳回升的汽车市场中,引领市场的主力正在发生变化。自2004年6月份以后,商用车成为支撑汽车市场的中坚力量,这一趋势一直持续到今年一季度,自2季度开始,商用车需求增速下降,乘用车需求增速快速回升,对汽车市场的增长贡献逐步上升,6月份的增长贡献度达到了92.3%。

目前,在新的汽车分类标准下,汽车产品的三大主力分别是基本型乘用车(主要是原来的轿车)、交叉型乘用车(主要是原来的微型客车)、载货车(涵盖范围小于原来的载货汽车)。基本型乘用车与交叉型乘用车同比增速近几个月快速回升,在基本型乘用车中,增长的主力又是经济型轿车。

这种现象的出现,可以归结为以下几点:首先,轿车市场经过近一年的调整,需求力量逐步积蓄并理性释放;其次,油价上涨;再次,国家对经济型轿车持续不断的政策支持。

今年汽车市场的一个重要特点是月度产销保持了较好的平稳性,预计下半年这一趋势仍将得到保持,基本型乘用车与交叉型乘用车仍将以较快的速度增长,而载货车则由于可能出现的经济增速下降而保持10%偏上的增长速度,再次出现增速大幅回升的可能性不大。总体预计,基本型乘用车全年销量将在270万辆左右,交叉型乘用车全年销量将在100万辆之间,载货车全年销量将在120万辆之间。这三大车型销量占全部汽车销量的81%～85%之间,以此计算,全年汽车总销量将在575万～600万辆之间。

汽车价格将下降但降幅不大

在目前的中国汽车市场上,价格变动情况仍是影响轿车进入普通百姓家庭的关键因素之一。在经历了2004年的汽车价格大战之后,2005年汽车市场的产品价格基本保持了稳定,这对于改变消费者降价的预期起到了很大的作用。

上半年汽车产品价格稳定的原因主要有两个方面,一是原材料(主要是钢材)价格上升,二是生产厂商在2004年由于扩张的冲动对于市场增速的下降反应太不敏感,造成了大量的库存积压,今年则在吸取去年教训的基础上,制定了以销定产的审慎的生产计划,由此甚至导致了一部分车型一度出现了加价销售的现象。汽车产品在2005年上半年利润率继续下降,这也向消费者传递了一个信号,汽车的继续降价空间已经大为缩小,买不买车,消费者只能根据自己的实际需求来决定,而不能单纯等待价格的下降。

根据网上车市的监测,2005年上半年各月的环比汽车价格变化幅度都在-0.5%到0.5%之间波动,6月份汽车平均价格和年初基本持平,而网上车市汽车价格指数也反映出2005年汽车价格在保持稳定的基础上稍有下降,基本上证实了上述结论。

虽然上半年汽车价格基本保持了稳定,但是下半年汽车价格下降的可能性却很大。首先,2005年是汽车产能形成的一个高峰年,产能增长速度大大高于需求增长的速度,下半年供大于求的矛盾较上半年会有所加剧。例如一汽丰田、神龙汽车、东风日产最近都宣布了下半年提产计划,这些厂家恰恰都是最具有降价实力的企业。随着这些厂家提产的实施,其他厂家为了保持和获得更高的市场份额也提高生产计划是完全可以期待的。其次,钢材等原材料价格出现较大幅度下降。钢材成本在汽车总成本中占有较大比重,钢材价格的下降减轻了汽车生产厂家和零部件企业的成本压力,同时也为汽车价格下降提供了空间,供需矛盾的压力不会将原材料价格下降的好处全部留给汽车及其零部件配套企业。因此,总体预计下半年汽车价格将是稳中有降,但降幅不会太大。

促进汽车市场健康发展的建议

2005年我国出现了多年未有的煤电油运全面紧张状况,对工业生产及国民经济造成了严重的影响。汽车产业是一个石油消耗大户,消费比重在逐年攀升。面对我国石油资源短缺和汽车需求高速增长的矛盾局面,促进汽车市场的健康发展就成为了问题的关键。

首先,要坚持和完善发展节能环保的经济型轿车的政策体系,将发展节能环保的经济型轿车作为我国汽车产业发展的基本战略选择。

其次,要改善消费环境,取消不合理的限制汽车消费的政策,尤其是地方对经济型、微型车使用的限制。

最后,要鼓励研发和自主创新的投入,要走自主创新之路。

表1 2005年各月的汽车产销同比增长速度(略)

表2 2005年各月的汽车产销量(略)

表3 2005年各月主要车型产销量(略)

(作者：国务院发展研究中心产业部"中国产业发展跟踪研究"项目组)

第四节 可行性研究报告的写作

一、可行性研究报告的概念和作用

(一) 可行性研究报告的概念

可行性研究报告是针对准备实施的新政策、新方案，拟订开发的新项目、新技术，分析其必要性、可能性、客观条件与未来前景的书面报告。它围绕所确立的课题、项目，进行全面、深入的调查研究，运用预测、比较、分析等研究手段，对各种方案予以论证，为决策部门定夺可否实施某方案，提供科学的、权威性的意见。

进行可行性研究，并撰写可行性研究报告，是决策前期的一项重要工作，是决策过程的首要的和关键的环节。因此，国务院及各主管部门明确规定，颁布重要政策，推行新体制，一切大中型项目和重要工程建设项目立项之前，都要进行可行性研究。

(二) 可行性研究报告的作用

1. 为领导者提供决策依据

可行性研究报告的肯定性或否定性结论，最终决定着决策者对准备实施的新政策、新方案或拟订开发的新项目、新技术同意与否的态度。

2. 为项目的各个环节提供实施依据

项目设计及编制设计任务书、申请建设执照、向银行申请贷款、与各协作单位签订合同和有关协议、安排施工、组织生产等，都要以可行性研究报告为依据，不得随意改变可行性研究报告中的各类控制性指标。

3. 为实现社会效益和经济效益提供保证

由于可行性研究报告对准备实施的新政策、新方案或拟订开发的新项目、新技术在政策上、经济上、技术上以及自然、社会环境上都作了周密的研究、分析、评估，这就避免了由于盲动而造成严重损失的失误，从而有力地保证了社会效益和经济效益的实现。

二、可行性研究报告的种类和特点

可行性研究报告从不同的角度可以分出不同的种类。

(一) 从内容的角度分

1. 新政策、新方案可行性研究报告

它是对准备实施的新的经济、技术政策或改革方案的必要性和可行性进行分析论证，为领导者提供决策依据。

2. 建设项目可行性研究报告

这是最为常见、最广泛使用的可行性研究报告。它是指为了减少投资决策的失误，减少风险，对一切大中型项目和重要工程建设项目的可行性研究报告。

3. 引进或开发性项目可行性研究报告

主要从生产需要、发展前景、技术或设备的先进性、效益、效率等方面，对开发新产品和新技术、引进新设备、采用新工艺和新管理方法之类的活动进行可行性研究。

（二）从性质的角度分

从性质的角度，可行性研究报告可以分为肯定、认可拟议项目实施的必要和可行的肯定性可行性研究报告；对拟议项目予以部分否定或彻底推翻的否定性可行性研究报告；以及对原拟议项目提出两个或两个以上实施方案，否定其他方案，肯定一个方案，或者是在肯定原项目可行的前提下否定其具体实施方案，再提供两个或两个以上可行性方案供选择使用的选择性可行性研究报告。其中肯定性可行性研究报告占大多数。

不论是哪一种可行性研究报告，它们都具有以下特点：

1. 科学性

可行性研究报告是运用大量的数字、资料、技术性指标，通过介绍、分析、比较、图表、数据等说明方法，对拟议项目的必要性、合理性、可靠性、可能性、可行性进行科学论证的书面材料，必须以科学的态度、科学的方法，得出科学的结论。

2. 预见性

可行性研究报告中的报告都是在实际方案实施之前进行的，实质上是对拟议项目的一种预测，因而，它既要系统地论证现实的条件，又要预测其未来的发展与效益，预计可能出现的风险。

3. 系统性

可行性研究报告不能只从经济或技术层面去片面、孤立地论证，而应对社会、政策、法律、经济、技术、环境等诸因素做系统的分析。也就是说，既要作微观的研究，又要作宏观的分析。

4. 有效性

大凡经过可行性研究报告认可的拟议项目及其实施方案，一般说来，付诸实施以后，都有比较大的成功把握。

三、可行性研究报告的写作格式

一份完整的可行性研究报告，一般由封面、编制说明、正文、附件等部分组成。

（一）封面

可行性研究报告的封面，包括报告名称、编制单位名称、成文时间。报告名称通常由事由和文种构成，如《关于合资经营××厂的可行性研究报告》。

（二）编制说明

通常包括项目名称、项目建设单位、项目建设单位负责人、编制单位、编制单位负责人和报告审核人。

（三）正文

正文，即报告内容，是可行性研究报告的主体部分。通常分为三个部分：总论、主体、结尾。

(1) 总论是报告内容的概述，介绍背景资料、理论依据、项目的必要性、经济意义、可行性研究的单位、采用的分析方法和基本评价等。

(2) 主体又被称为分论部分。具体、详尽地从不同角度对项目的必要性、可行性展开论证。主体主要包括以下内容：

①市场调查情况。着重说明产品有无市场、市场需求量的大小以及现有供给量与市场需求量之间的差距,目的是依据市场情况来证明拟建项目与拟建规模的必要性、可行性。包括:

项目产品的国内外市场需求量;

项目产品的市场占有率;

项目产品可能的价格变化;

项目产品的出口对象;

项目产品已有和潜在的竞争对手;

项目产品的销售渠道、手段和措施;

项目产品投产后的生产能力(生产规模)。

②建设条件和厂址选择。包括原材料、燃料问题,交通运输、供电、供水、消防等公用设施落实情况,地理位置、水文、气象、地形、地质条件等。

③设计方案。包括工艺流程、设备和技术的来源、可靠性、先进性,辅助设施,对原有固定资产的利用情况等。

④组织机构设置,专业人员管理、培训。包括机构设置的情况,人员来源、数量、培训设想等。

⑤环境保护、劳动保护、安全防护的手段。

⑥投资预算和资金保障。对所需投资数额要进行估算,其中包括资金来源(财政拨款、银行贷款、单位自筹)、资金成本、现金流量、需要垫付的流动资金等的估算与分析,并要详细开列项目所需资金的使用进度。

⑦财务分析。分析现金流量、投资回收期、投资回报率、净现值、现值指数等,对可能的盈亏情况作出预测。

编制可行性研究报告时,应该将方案涉及的问题一一分析清楚,但又要依据实际情况的不同而有所侧重。

(3)结尾对论证的提议和项目的必要性、可行性作出明确的判断,还可以再次强调重点问题或关键性的内容,提出有关建议。

(四)附件

相关的参考文件、图表等,合称附件。主要有相关的政策文件、调查资料、批准文件、协议书、统计图表、设计图纸等。如项目建议书的批准文件,银行财政部门给予支持的证明材料,环境影响报告书,供电、供水、消防等方面的协议书,投资估算表,成本概算表,财务平衡表,利润预测表,地理位置图,总平面设计图等等。

四、可行性研究报告的写作要求

(一)材料真实

数据资料是可行性研究报告的支柱,离开了大量真实、精确的数据资料,就失去了判断的可靠依据,可行性研究报告的结论就会出现差错和失误。国务院《关于加强基本建设计划管理、控制基本建设的若干规定》强调:"项目可行性报告中各项条件及计算,如有错误或不落实之处,应由主管部门及承担协作部门负责,凡由此造成重大损失的,要追究主管部门的责任,直到追究法律责任。"

(二)观点鲜明

撰写可行性研究报告,不能掺杂任何个人私念,不能屈从于任何外界压力,不能作任何夸大或缩小,态度要明确,观点要鲜明。对可行性研究报告的结论,应该在材料真实的前提下,毫不动摇地遵从论证逻辑,作出"可"或"否"的判断,或者提供可供选择使用的可行性方案。

(三)格式规范

撰写可行性研究报告,虽然可以根据实际情况的不同而有所侧重,但是总体上要严格遵从可行性研究报告的格式,做到既重点突出,又不至于遗漏必需的内容。篇幅较大的可行性研究报告,要按照封面—目录—编制说明—正文—附件的顺序装订成册。

[例文]

吸发式电推剪生产可行性研究报告

一、国际国内理发业目前使用的电推剪的缺点

据初步调查,国际(亚洲如韩国和日本、美洲如美国、欧洲如意大利、中东如以色列等)国内理发业目前广泛使用的电推剪在进行理发作业时,存在如下缺点:第一,被剪断的发屑以及头屑会散落飞溅到人们的头上、脸上、脖子里、衣服上、理发坐椅及其附近地面上,同样会散落或飞溅到理发人员的脸上、双手和衣服上,不仅令人讨厌和难受,而且污染环境,传播皮肤疾病;第二,理发必须由专业理发人员进行。

二、吸发式电推剪的优点

使用专利产品——吸发式电推剪进行理发作业时,它能将被剪断的头发以及头屑方便地收集起来,防止其到处散落和飞溅,使被理发人员和理发人员免除不舒服之感,改变环境卫生和防止皮肤疾病传染;同时,非专业理发人员按照说明书的要求,凭借专门设计的理发靠模,就可以十分方便地进行理发作业,而且可理多种发型(这就意味着吸发式电推剪可以进入家庭),极大地提高人们的生活质量。

三、吸发式电推剪的适用对象

因吸发式电推剪克服了本报告第一条所列出的现在普遍使用的电推剪的缺点,具有本报告第二条所列之优点,所以,吸发式电推剪适用于以下消费对象:① 家庭;② 医院、疗养院、老人院;③ 美容美发厅;④ 军队;⑤ 一般理发店。同时还适用于出口。(具体分析从略)

四、吸发式电推剪的趋势

因吸发式电推剪具有本报告第二条所列之优点,有广泛的适用性,相关的人员均表示欢迎(已作过近五年的广泛调查),而且价位适中(每台售价预计300元人民币左右),故吸发式电推剪面市后,将逐步淘汰现在国际国内目前普遍使用的旧式电推剪。

五、国内吸发式电推剪的市场前景与经济效益量化分析

1. 市场饱和量和年度需求量

(1)居住在城镇的家庭用户饱和量:3 000万台[15亿(居住在城市的家庭约有15亿个)×20%(每100个该类家庭有20个家庭采用)]。

该类家庭年度需求量:500万台[3 000万台÷6(使用6年报废)]

(2)居住在农村的家庭用户饱和量:600万台[2亿(居住在农村的家庭约有2亿个)×3%(每100个该类家庭有3个家庭采用)]。

该类家庭年度需求量：100万台[600万台÷6(使用6年报废)]。

(3) 医院、疗养院、干休所、老人院用户饱和量：60万台根据[《1998中国统计年鉴》概算]。

该类单位年度需求量：20万台[60万台÷3(使用3年报废)]。

(4) 美容美发厅用户饱和量：45万台(根据抽样调查估算)。

该类单位年度需求量：15万台[45万台÷3(使用3年报废)]。

(5) 军队用户饱和量：3万台(估算)。

该类用户年度需求量：1万台[3万台÷3(使用3年报废)]。

(6) 一般理发店用户饱和量：280万台[按每500人拥有一个理发店概算]。

该类用户年度需求量140万台[280万台÷2(使用2年报废)]。

以上(1)~(6)类用户的年度需求总量为776万台。

2. 目标年度销售收入和利润

(1) 目标年度主机销售收入：23.28亿元人民币[300元×776(万台)]。

(2) 目标年度配件销售收入：2.328亿元人民币(配件销售收入一般占主机销售收入的10%)。

(3) 目标年度利润额：5.1216亿元人民币[(23.28亿元＋2328亿元)×20%(销售收入利润率)]。

3. 可望实现的年度销售收入和利润以上目标年度销售收入和利润数

即使只实现30%(这个目标通过努力是完全可以达到的)，则该产品进入成熟期后，可望实现的年度销售收入为7.6824亿元人民币(主机加配件)，利润为1.53648亿元人民币。

六、出口的市场前景和经济效益量化分析(暂未计算)。

七、实施吸发式电推剪项目，投资少，风险小，组织生产容易。

八、吸发式电推剪为专利产品，且设计独特，他人无机可乘，独家生产和销售有法律保障。

九、吸发式电推剪出口的专利保护(略)。

十、以吸发式电推剪为龙头，可以形成一个生产系列理发工具、洗发护发用品和化妆品的企业群。

吸发式电推剪设计独特，为专利产品。如精心组织生产和销售，则很容易获得较高知名度。当该产品获得一定知名度后，以该产品为龙头，向该产品的两翼发展，则形成一个生产系列理发工具、洗发护发用品和化妆品的企业群，也并非难事。

十一、结论

吸发式电推剪较国际国内普遍使用的电推剪，具有明显的优点和适用性，必然深受顾客和理发员(即使用人)欢迎。该产品面市后，毫无疑问将逐步淘汰现在国际国内普遍使用的电推剪，市场容量巨大。实施吸发式电推剪项目，投资少，风险小，组织生产并形成较大批量并不困难，以此为龙头形成一个企业群亦有可能，经济效益和社会效益十分可观。因是专利产品，要做好专利保护工作，独家生产并向国内国际市场销售产品，其合法权益会受到国内和国际法保护。

第五节　招标书和投标书

招标投标是在兴建工程、采购或定做商品时，以业主为招标人或由业主委托专门的招标机构为招标人，事先公布竞争条件，由投标人竞投，然后依照有关规定择优选定中标人的活动。以上所称的专门的中标机构是指国家规定设立的，具有法人资格和招标资格，从事国内、国际招标业务的专职机构；业主是指兴建工程、采购或定做商品的法人和其他组织；投标人是指按招标文件规定参加竞投的建造商、供应商、制造商或其他组织；中标人是指招标投标中被招标人、业主选定为工程承包商、供应商、制造商的法人或其他组织。

招标投标书是国际上普遍采用的一种贸易方式，能够促进市场经济体制的建立与完善，加快公平竞争机制的建立，保障资金得到合理有效的使用。招标投标书必须遵循公开、公正、公平的竞争原则和诚实、信誉、效率的原则。

一、招标书

（一）招标书的概念和特点

招标人在进行科学研究、技术公关、工程建设、合作经营或大批物质交易之前，所发布的用以公布项目内容及其要求、标准和条件，以期择优选择承包对象的文书，即招标书。

招标文书一般有以下特点：

1. 公开性

这是由招标的性质决定的。因为招标本身就是横向联系的经济活动，凡是投标者需要知道的内容，如招标条件、招标要求、注意事项等，都应在招标文书中予以公开说明。

2. 紧迫性

因为招标单位或招标者只有在遇到难以解决的任务和问题时，才需要外界协助解决，而且要在短期内尽快解决，若拖延，势必会影响工作任务的完成，这就决定了招标书具有紧迫性的特点。

（二）招标书的种类

招标书的种类繁多，按照不同的分类方法有不同的种类。

（1）若按招标内容分类，可分为建筑工程招标书、劳务招标书、大宗商品交易招标书、设计招标书、企业承包招标书、企业租赁招标书等。

（2）若按招标范围分类，可分为国际招标书、国内招标书、部门系统内招标书和单位内部招标书等。

（3）若按合同期限分类，可分为长期招标书和短期招标书两类。

（4）若按招标环节分类，可分为招标公告、招标通知书、招标章程等。

（三）招标书的写作格式

在招标书中，用得最多的是招标公告和招标通知书。招标公告，是公开招标时发布的一种周知性文件。招标通知书，则是用以向有承包能力的若干单位直接发出投标邀请的内部招标文件。二者都要公布招标单位、招标项目、招标时间、招标步骤及联系方法等内容，以吸引投资者参加投标。这两种文书的结构一般由以下几个部分组成：

1. 标题

由招标单位的全称、招标项目、文种组成,如《中国技术进出口总公司国际招标公司招标公告》;也可由招标单位和文种名称组成,如《××公司招标通知书》。还有的招标书用双行标题,以正标题标明招标单位和文种名称,以副标题点明招标项目。

2. 招标号

标题下方一般应标列招标号。招标号一般由招标机构的英文缩写、编号两部分组成。

3. 正文

正文分开头和主体两部分。

开头是指在招标公告的开始简要说明招标的缘由、招标项目的资金来源、招标的依据或目的。

主体部分又包括三个方面的内容:

(1) 招标项目的情况。具体说明招标项目名称,如工程名称、要采购的商品的名称,并说明项目的主要情况,如工程的主要内容、规模,商品的具体品类和数量等。如项目包含内容较多,应分类列出。

(2) 招标范围。说明投标人应具备的条件,使潜在投标人明确自己是否能成为投标人。

(3) 招标步骤。说明潜在投标人与招标人联系的单位名称,招标文件发售的时间、价格,投标截止的时间,开标的时间、地点。有的还说明签约的时间或时限,项目计划开工和预期完成的时间或时限。

上述三个方面内容在写作时可有所变化,如将招标范围在招标步骤中一笔带过而不专门列项交代。

4. 落款

在招标公告的文末写明招标单位的名称、招标公告发布的日期。如果招标公告是刊发在报纸上,也可不署日期。同时这部分还要注明招标单位地址、电话、电报挂号、电传、传真、邮政编码等,以便投标人与招标人联系。

[例文]

天地大厦建筑安装工程招标书

为了提高建筑安装工程的建设速度,提高经济效益,经市建工局批准,天地公司对天地大厦建筑安装工程的全部工程进行招标。

一、招标工程的准备条件

本工程的以下招标条件已经具备:

1. 本工程已列入北京市年度计划。

2. 已有经国家批准的设计单位出具的施工图和概算。

3. 建设用地已经征用,障碍物已全部拆迁;现场施工的水、电、路和通信条件已经落实。

4. 资金、材料、设备分配计划和协作配套条件均已分别落实,能够保证供应,使拟建工程能在预定的建设工期内连续施工。

5. 已有当地建设主管部门颁发的建筑许可证。

6. 本工程的标底已报建设主管部门和建设银行复核。

二、工程内容、范围、工程量、工期、地质勘察单位和工程设计单位(见附表)

三、工程可供使用的场地、水、电、道路等情况(略)

四、工程质量等级、技术要求,对工程材料和投标单位的特殊要求,工程验收标准(略)

五、工程供料方式和主要材料价格,工程价款结算办法(略)

六、组织投标单位进行工程现场勘察,说明招标文件交底的时间、地点(略)

七、报名、投标日期,招标文件发送方式

报名日期:2003年5月4日。

投标期限:2003年5月10日起至2003年5月30日止。

招标文件发送方式:(略)

八、开标、评标时间及方式,中标依据和通知

开标时间:2003年6月10日。

评标结束时间:2003年6月30日。

开标、评标方式:建设单位邀请建设主管部门、建设银行和公证处参与。

中标依据及通知:本工程评定中标单位的依据是工程质量优良,工期适当,标价合理,社会信誉好,最低标价的投报单位不一定中标。所有投标企业的标价都高于标底时,如属标底计算错误,应按实况予以调整;如标底无误,通过评标剔除不合理的部分,确定合理标价和中标企业。评定结束后五日内,招标单位通过邮寄(或专人送达)方式将中标通知书送发给中标单位,并与中标单位在一月内签订天地大厦建筑安装工程承包合同。

九、其他(略)

本招标方承诺,本招标书一经发出,不得改变原定招标文件内容,否则,将赔偿由此给投标单位造成的损失。投标单位按照招标文件的要求,自费参加投标准备工作和投标,投标书(即标函)应按规定的格式填写,字迹必须清楚,必须加盖单位和代表人的印鉴。投标书必须密封,不得逾期寄达。投标书一经发出,不得以任何理由要求收回或更改。

在招标过程中发生争议,如双方自行协商不成,由负责招标管理工作的部门调解仲裁,对仲裁不服,可诉诸法律。

建设单位:天地公司

地址:海淀区光明路5号

联系人:高叶

电话:(010)65784321

附:施工图纸,勘察、设计资料和设计说明书(略)

二〇〇三年三月二十日

二、投标书

(一)投标书的概念和特点

投标书是指投标单位按照招标书的要求和规定,专门向招标单位提交的文书。

投标书一般有以下几个特点:

1. 真实性

投标书的内容一定要真实可信、切合实际。如果单纯为了中标而增加水分,就会适得其反,使招标者产生怀疑,以致对中标产生不利影响。

2. 竞争性

投标书既是一种表明自己实力、经营策略、管理手段等的书面材料,又是一种可以在招

标答辩会上发表自己意见的演说稿,招标单位要通过投标书择优选择中标者,所以投标书具有很强的竞争性。

3. 针对性

编写投标书既要针对招标者提出的条件和内容,也要针对企业或工程任务的现状,经过分析和论证,决定是否投标和投标的程度,因此具有很强的针对性。

(二) 投标书的种类

投标书按不同的标准划分为不同的类别。

(1) 按投标内容划分,可分为建筑工程投标书、大宗商品交易投标书、招聘经营者投标书、企业承包投标书、企业租赁投标书等。

(2) 按投标范围划分,可分为国际投标书、国内投标书。

(3) 按投标方的身份划分,可分为个人投标书、合伙投标书、法人投标书、联合投标书等。

(4) 按投标书的性质划分,可分为投标申请书、投标审查书及投标书等。

一般来说,投标申请书和投标书最为广泛。所谓投标申请书是指投标单位得知招标公告之后,按公告通知的时间,向招标单位申请参与投标而报送的申请书。所谓投标书则是指投标单位在充分领会招标文件、进行现场实地考察和调查的基础上所编制的投标文书。它是对招标书提出的要求的响应与承诺,并同时提出具体的标价及有关事项来竞争中标。

(三) 投标书的写作格式

投标文书种类很多,其中较为常用的是投标申请书和投标书,一般由标题+正文+结尾组成。

(1) 标题由投标方名称、投标项目与文种三部分组成,如《××公司承包××大学新教学楼建设工程投标书》,也可由投标方名称与文种两部分组成,如《×建筑工程公司投标书》,更多的是用文种直接代替标题。

投标书的正文结构是:送达单位+引言+主体+结尾。

① 送达单位顶格书写。

② 引言说明投标的依据、目的和指导思想。

③ 主体根据招标书提出的目标、要求,介绍投标企业的现状,明确投标期限及投标形式,拟定标的,填写标单等。

④ 结尾写明投标单位的名称、地址、电话号码和传真等。

(2) 正文投标申请书的正文只需用简洁的文字直接表明态度,写明保证事项即可。有时也可根据需要介绍一下本单位的情况,或者写明其他应标条件及要求招标单位提供的配合条件等,必要时还可附上标价明细表。一般说来可分为前言和主体两大部分。

① 前言部分要采用简练的语言说明投标方名称、投标的方针、目标以及中标后的承诺等内容,开宗明义,提纲挈领。

② 主体部分则应包括以下内容:

写明投标的具体指标。若为大宗货物贸易投标,还要写明投标方对应履行责任义务所作出的承诺;若为建筑工程项目投标,则应写明项目开工、竣工日期。

说明此投标书的有效期限。说明投标方将按指标文件要求交纳银行担保书和履约保证金。

[例文]

天地大厦建筑安装工程投标书

天地公司招标办公室：

在研究了天地大厦建筑安装工程的招标条件和勘察、设计、施工图纸，以及参观了建筑安装工地以后，经我们认真研究核算，愿意承担上述全部工程的施工任务。我们的投标书内容如下：

一、标函内容（略）

包括工程名称、建筑地点、建筑面积、建筑层数、结构形式、设计单位、工程内容、包干形式等。

二、标价

总造价：100万元（直接费、间接费、材料差价）。

每平方米造价：100元（直接费、间接费、材料差价）。

其他：（略）。

三、工期（略）

包括开工日期、竣工日期、合计天数等。

四、质量（略）

达到等级、保证质量主要措施，施工方法和选用施工机械等。

五、投标企业概况（略）

企业名称、地址、所有制类别、审定企业施工级别、平均人数。

六、企业简历（略）

七、技术力量（略）

工程师以上人数、助理工程师人数、技术员人数、五级工以上人数、平均技术等级。

八、施工

机械装备情况（略）

九、营业执照（略）

批准机关、执照号码。

我们特此同意，在本投标书发出后的30天之内，都将受本投标书的约束，愿在这一期（即从2003年5月10日起至2003年6月9日止）的任何时候接受贵单位的中标通知。一旦我们的投标被接纳，我们将与贵单位共同协商，按招标书所列条款的内容正式签署天地大厦建筑安装工程施工合同，并切实按照合同的要求进行施工，保证按质、按量、按时完工。我们承诺，本投标书（标函）一经寄出，不得以任何理由更改，中标后不得拒绝签订施工合同和施工；一旦本投标书中标，在签订正式合同之前，本投标书连同贵单位的中标通知，将构成我们与贵单位之间有法律约束力的协议文件。

投标书发出日期：2003年5月10日9时　　投标单位：辉煌建筑公司

企业负责人：万明光　　　　　　　　　　联系人：杨杰

电话：(010)34567899　　　　　　　　　地址：永定路2号

第六节　策划书的写作

策划就是设计、计划。古人曰"行成于思毁于随",就是强调计划的重要性。策划的关键在创新,是一种思维过程,并不是一拍脑袋计上心来的事。因此,必须要有调查,有研究,有分析,有步骤,有预算等。策划有活动策划、营销策划、管理策划、公关活动策划、广告策划等。

一、策划书的性质和意义

所谓策划,是指在人类社会活动中,人们为了谋取达成某种目标或某项事业的成功而生发的设想及其创造性思维过程,是确保实现决策、计划而进行的有科学程序的谋划、构思和设计过程。策划也是策略、谋划,为了达到一定目标,在调查、分析有关材料的基础上,遵循一定的程序,对未来某项工作或事件事先进行系统的、全面的构思、谋划,制订和选择合理可行的执行方案,这是一种创造性的社会活动。

中国策划思想发展的走向是由"谋"、"断"一体化向"谋"与"断"科学分离、先"谋"后"断"式发展。进入决策科学化的现代社会,"谋"成为专门的策划职能,"断"成为专门的决策职能。策划为决策进行创意和设计,决策对策划进行选择和决断。二者共向未来,目标相同,相互制约、贯彻于社会管理的全过程。

二、策划的特征

策划具有以下几个特征:

（一）策划应是创新的

概念创新和理念创新是策划的本质特征,资源整合在一起,能不能产生新的绩效、有没有创新,这是策划的关键。没有创新的资源整合过程,就说不上是策划,策划追求创新,是策划与计划的根本区别,通过资源整合创新就是策划的精髓。

（二）策划应是有资源的

这种资源可能是物质资源,也可能是关系资源或是政府资源,因此这就决定了策划的发生过程是要使用资源的,没有资源就完全是想象、空想,这是策划的物质基础。

（三）策划应具有整合性

策划的资源必须是能够使用的,能够整合在一块的,如果没有整合性,也就没有使用性,不能使用的资源整合在一起,本身就是不可能的,也是一种空想、想象,这是策划的条件。

（四）策划必须达到一定预期的目标

做任何事情都有一定目的性,策划就应该有目的性,俗话说:"无事不谋",要做事,就应该有方向、有目标,策划不仅是人的行为过程,也是资源配置的行为过程,因此,达到一定预期目标,是策划的目的。一个人、一个企业、一个国家在做一件事情时,都是有目的性的,目的性在一定程度的量化过程,就成为目标。因此,达到预期目标是策划的目的。

三、策划书的写作

策划书是由策划者根据策划的结果撰写,是为策划活动提供策略指导和具体实施计划的一种应用性文书。

对于整个策划活动，策划书是运作策略和计划的唯一依据。策划书的撰写标志着策划运作的结束。

（一）策划书编制的原则

为了提高策划书撰写的准确性与科学性，应首先把握其编制的几个主要原则：

1. 逻辑思维原则

策划的目的在于解决工作中的问题，按照逻辑性思维的构思来编制策划书。首先是设定情况，交代策划背景，分析当前工作情况或产品市场现状，再把策划中心目的全盘托出；其次进行具体策划内容详细阐述；三是明确提出解决问题的对策。

2. 简洁朴实原则

要注意突出重点，抓住所要解决的核心问题，深入分析，提出可行性的相应对策，针对性要强，具有实际操作指导意义。

3. 可操作原则

编制的策划书是要用于指导营销活动，其指导性涉及活动中的每个人的工作及各环节关系的处理，因此其可操作性非常重要。不能操作的方案创意再好也无任何价值。如果不易于操作也必然是耗资大、管理复杂、效率低。

4. 创意新颖原则

要求策划的"点子"（创意）新、内容新、表现手法也要新，给人以全新的感受。新颖的创意是策划书的核心内容。

（二）策划书的基本内容

策划书的格式，依据活动内容或商品的不同要求，在策划的内容与编制格式上也有变化。但是，从策划活动一般规律来看，其中有些要素是共同的。

策划书的一般基本内容及编制格式包括封面、目录、正文、大型附件、封底。

1. 封面

策划书的封面可提供以下信息：

① 策划书的名称。
② 被策划的客户。
③ 策划机构或策划人的名称。
④ 策划完成日期及本策划适用时间段。

（三）正文

1. 策划目的

要对本策划所要达到的目标、宗旨树立明确的观点，作为执行本策划的动力或强调其执行的意义所在，以要求全员统一思想、协调行动、共同努力保证策划高质量地完成。

2. 分析当前的环境状况

对于策划所涉及的活动内容或产品市场状况、竞争状况以及宏观环境要有一个清醒的认识。它是为相应的活动或营销策略采取正确的手段提供依据的。"知己知彼方能百战不殆"，因此这一部分需要策划者对环境和市场比较了解。如做一个市场营销策划，这部分主要分析：① 当前市场状况及市场前景分析；② 对产品市场影响因素进行分析。

3. 分析市场机会与问题

如果是营销方案,是对市场机会的把握和策略的运用,因此分析市场机会,就成了营销策划的关键。只要找准了市场机会,策划就成功了一半。

4. 策划具体行动方案

包括活动宗旨、策略方法、营销渠道、宣传手段。

5. 策划方案各项费用预算

这一部分记载的是整个策划方案推进过程中的费用投入,包括总费用、阶段费用、项目费用等,其原则是以较少投入获得最优效果。

[例文]

2005年客户联谊会策划方案

一、活动的目的

1. 由于在2003年度的市场运作中取得了辉煌的成就,公司可借此机会真诚答谢所有合作伙伴、回报社会;同时,采用联谊会形式,可以树立公司企业形象,宣传企业经营优势,构建一个畅通的客户关系沟通渠道,营造宽松、良好的交流氛围。

2. 基于社会传统思维习惯的现状,每年岁末阶段,各个企业都争相举办形式多样的春节联欢活动,但是主题和形式上皆大同小异,只有具有创新意义、雅俗共赏的联谊会才能给人留下深刻的印象,继而对主办单位(企业)产生美好印象并自发进行企业口碑宣传。

3. 公司的合作伙伴以及列席联谊会的人员,在商业背景环境下,可以用功成名就和风云人物来形容。普通意义的观摩其他企业的非专业歌舞晚会,有可能出现事倍功半的结局。采用突出他们心理优越优势,并借以发挥的互动式联谊活动会让他们感觉意义深远,最终达到联谊目的。

二、活动方式

1. 活动目的:塑造企业社会形象,巩固客户关系,增强内部员工凝聚力

2. 活动主题:××公司2004年合作伙伴联谊及慈善晚会

3. 活动时间:2004年1月15日 15:00～18:00

4. 活动地点:外商俱乐部二楼中型会议厅

5. 参加人员:公司领导、合作伙伴负责人、特邀嘉宾、企业员工总计100人

三、活动内容

1. 开场阶段(30分钟)

董事长(总经理)致辞并介绍公司业务及业务开展情况。

业务负责人介绍双方合作情况。

主要客户介绍合作情况。

2. 表演阶段(120分钟)

主持人——当地电视台(电台)首席主持人。

节目表演:外聘杂技、魔术、小品、相声8个,歌舞4个(公司内部组织2个)。

以来宾圆桌小组为评选单位,对每个节目进行评分。

奖品设置:最佳表演节目2个,最佳评委团队1个。

3. 拍卖阶段(30分钟)

前场铺垫:《爱的奉献》主题音乐、道具物品整理。

拍卖介绍：目的是捐赠希望工程的慈善义举；标的由公司免费提供，竞拍者出钱得物；竞胜者现场获得"荣誉捐赠证书"；新闻媒体相关报道。

拍卖活动：介绍拍卖规则、展开拍卖活动、预期成交额 15 000～20 000 元。

民政部门代表致答谢词。

4. 晚宴阶段

公司领导致辞祝福。

宴会开席，发放纪念品。

活动结束。

四、前期准备

1. 内部组织

文字类：公司简介，主持、拍卖解说词，新闻发布稿。

物品类：标志、号牌、请柬，零食；奖品、纪念品。

人员类：节目表演人员、辅助服务人员、组织协调人员。

2. 外部联系

活动场所：时间，地点，费用，音响灯光设备，会场布置，物料、人员准备。

节目准备：主持人，文艺表演人员的来源、条件、费用协调。

拍卖准备：拍卖师选择，"希望工程"项目的活动实施协商谈判。

新闻媒体：与当地有影响力的两家报纸记者联系。

五、费用预算

1. 物品费用（计 21 500 元）

基础费用：简介、请柬、标牌、横幅制作 600 元；交通费 300 元。

礼品费用：纪念品 100×100 元＝10 000 元；奖品 3×200 元＝600 元。

拍卖标的：艺术品 5×1 000 元＝5 000 元，日常用品 10×500 元＝5 000 元。

茶水零食：寻求赞助商和宾馆提供 0 元。

2. 人员费用（计 8 500 元）

演出人员：10 个节目×500 元＝5 000 元，主持人 1 000 元，拍卖师 500 元。

新闻媒体：记者 2 名×500 元＝1 000 元。

希望工程：前期协调费用 1 000 元。

3. 晚餐费用（10 000 元）

圆桌 10×1 000 元＝10 000 元。

4. 费用合计 40 000 元。

六、关键控制

1. "希望工程"拍卖项目的严肃性与细节实施把握。

2. 表演节目的质量水平和主持人、拍卖人的艺术技巧。

3. 新闻媒体的新闻价值以及内容报道的侧重点控制。

4. 出席嘉宾的节目互动参与性与现场气氛烘托调控。

二、营销策划书

市场营销随着市场经济的发展不断扩展、延伸，在营销发展的新思路、新趋势中出现了策划营销。它是在一般市场营销基础上的一门更高层次的艺术,其实际操作性更强。随着市场竞争日益激烈,好的营销策划更成为企业创名牌、迎战市场的决胜利器。策划书是营销策划的反映。在此谈一谈营销策划书的编制问题。如何撰写营销策划书呢?

(一)营销策划书编制的原则

为了提高策划书撰写的准确性与科学性,应首先把握其编制的几个主要原则。

1. 逻辑思维原则

策划的目的在于解决企业营销中的问题,按照逻辑性思维的构思来编制策划书。首先是设定情况,交代策划背景,分析产品市场现状,再把策划中心目的全盘托出;其次对具体策划内容详细阐述;三是明确提出解决问题的对策。

2. 简洁朴实原则

要注意突出重点,抓住企业营销中所要解决的核心问题,深入分析,提出可行性的相应对策,针对性强,具有实际操作指导意义。

3. 可操作原则

编制的策划书要用于指导营销活动,其指导性涉及营销活动中每个人的工作及各环节关系的处理,因此其可操作性非常重要。不能操作的方案创意再好也无任何价值。不易于操作也必然要耗费大量人、财、物,管理复杂,效率降低。

4. 创意新颖原则

要求策划的"点子"(创意)新、内容新、表现手法也要新,给人以全新的感受。新颖的创意是策划书的核心内容。

(二)营销策划书的基本内容

策划书按理没有一成不变的格式,它依据产品或营销活动的不同要求,在策划的内容与编制格式上也有变化。但是,从营销策划活动的一般规律来看,其中有些要素是共同的。因此,我们可以共同探讨营销策划书的一些基本内容及编制格式。

1. 封面

策划书的封面可提供以下信息:① 策划书的名称;② 被策划的客户;③ 策划机构或策划人的名称;④ 策划完成日期及本策划适用时间段。因为营销策划具有一定时间性,不同时间段中市场的状况不同,营销执行效果也不一样。

2. 正文

(1)策划目的。要对本营销策划所要达到的目标、宗旨树立明确的观点,作为执行本策划的动力或强调其执行的意义所在,以此要求全员统一思想,协调行动,共同努力保证策划高质量地完成。

企业营销上存在的问题纷繁多样,但概而言之,无非以下 6 个方面:

① 企业开张伊始,尚无一套系统营销方略,因而需要根据市场特点策划出一套行销计划。

② 企业发展壮大,原有的营销方案已不适应新的形势,因而需要重新设计新的营销方案。

③ 企业改革经营方向,需要相应的调整行销策略。

④ 企业原营销方案严重失误,不能再作为企业的行销计划。

⑤ 市场行情发生变化,原经销方案已不适应变化后的市场。

⑥ 企业在总的营销方案下,需要在不同的时段,根据市场的特征和行情变化,设计新的阶段性方案。

如《长城计算机市场营销企划书》文案中,对企划书的目的说明得非常具体。首先强调"9000B 的市场营销不仅仅是公司的一个普通产品的市场营销",然后说明 9000B 营销成败对公司长远利益、近期利益对长城系列的影响的重要性,要求公司各级领导及各部门达成共识,完成好任务,这一部分使得整个方案的目标方向非常明确、突出。

(2) 分析当前的营销环境状况。对同类产品市场状况、竞争状况及宏观环境要有一个清醒的认识,它是为制定相应的营销策略,采取正确的营销手段提供依据的。"知己知彼方能百战不殆",因此这一部分需要策划者对市场比较了解,这部分主要分析:

① 当前市场状况及市场前景分析
- 产品的市场性、现实市场及潜在市场状况。
- 市场成长状况,产品目前处于市场生命周期的哪一阶段上。对于不同市场阶段上的产品公司营销侧重点如何,相应营销策略效果怎样,需求变化对产品市场的影响。
- 消费者的接受性,这一内容需要策划者凭借已掌握的资料分析产品市场发展前景。

台湾某品牌的漱口水《"德恩耐"行销与广告策划案》中策划者对德恩耐进入市场风险的分析,对产品市场的判断颇为精彩。如对产品市场成长性分析中指出:
- 以同类产品"李施德林"的良好业绩说明"德"进入市场风险小。
- 另一同类产品"速可净"上市被普遍接受说明"李施德林"有缺陷。
- 漱口水属家庭成员使用品,市场大。
- 生活水平提高,中、上阶层增多,显示其将来市场成长。

② 对产品市场影响因素进行分析

主要是对影响产品的不可控因素进行分析,如宏观环境、政治环境、居民经济条件,如消费者收入水平、消费结构的变化、消费心理等。对一些受科技发展影响较大的产品,如计算机、家用电器等产品的营销策划中还需要考虑技术发展趋势方向的影响。

(3) 市场机会与问题分析。营销方案,是对市场机会的把握和策略的运用,因此分析市场机会,就成了营销策划的关键。只要找准了市场机会,策划就成功了一半。

① 针对产品目前营销现状进行问题分析

一般营销中存在的具体问题,表现为多方面:
- 企业知名度不高、形象不佳,影响产品销售。
- 产品质量不过关,功能不全,被消费者冷落。
- 产品包装太差,提不起消费者的购买兴趣。
- 产品价格定位不当。
- 销售渠道不畅,或渠道选择有误,使销售受阻。
- 促销方式不对,消费者不了解企业产品。
- 服务质量太差,令消费者不满。
- 售后保证缺乏,消费者购后顾虑多等都可能是营销中存在的问题。

② 针对产品特点分析优、劣势

从问题中找劣势予以克服,从优势中找机会,发掘其市场潜力。分析各目标市场或消费群特点进行市场细分,对不同的消费需求尽量予以满足,抓住主要消费群作为营销重点,找出与竞争对手的差距,把握利用好市场机会。

(4) 营销目标。营销目标是在前面目的任务基础上公司所要实现的具体目标,即营销策划方案执行期间,经济效益目标达到:总销售量为×××万件,预计毛利×××万元,市场占有率实现××。

(5) 营销战略(具体行销方案)

① 营销宗旨。一般企业可以注重这样几方面:

● 以强有力的广告宣传攻势顺利拓展市场,为产品准确定位,突出产品特色,采取差异化营销策略。

● 以产品主要消费群体为产品的营销重点。

● 建立起点广面宽的销售渠道,不断拓宽销售区域等。

② 产品策略。通过前面产品市场机会与问题分析,提出合理的产品策略建议,形成有效的4P组合,达到最佳效果。

● 产品定位。产品市场定位的关键主要在顾客心目中寻找一个空位,使产品迅速启动市场。

● 产品质量功能方案。产品质量就是产品的市场生命。企业对产品应有完善的质量保证体系。

● 产品品牌。要形成一定的知名度、美誉度,树立消费者心目中的知名品牌,必须有强烈的创牌意识。

● 产品包装。包装作为产品给消费者的第一印象,需要能迎合消费者使其满意的包装策略。

● 产品服务。策划中要注意产品服务方式、服务质量的改善和提高。

③ 价格策略。这里只强调几个普遍性原则:

● 拉大批零差价,调动批发商、中间商的积极性。

● 给予适当数量的折扣,鼓励多购。

● 以成本为基础,以同类产品价格为参考,使产品价格更具竞争力。若企业以产品价格为营销优势的则更应注重价格策略的制定。

④ 销售渠道。产品目前销售渠道状况如何,对销售渠道的拓展有何计划,采取一些实惠政策鼓励中间商、代理商的销售积极性或制定适当的奖励政策。

⑤ 广告宣传

A 原则

● 服从公司整体营销宣传策略,树立产品形象,同时注重树立公司形象。

● 长期化。广告宣传商品个性不宜变来变去,变多了,消费者会不认识商品,反而使老主顾也觉得陌生。所以,在一定时段上应推出一致的广告宣传。

● 广泛化。在选择广告宣传媒体多样式化的同时,应注重抓宣传效果好的方式。

● 不定期地配合阶段性的促销活动,掌握适当时机,及时、灵活地进行,如重大节假日、公司有纪念意义的活动等。

B 实施步骤

● 策划期内前期推出产品形象广告。

● 销后适时推出诚征代理商广告。

● 节假日、重大活动前推出促销广告。
● 把握时机进行公关活动,接触消费者。
● 积极利用新闻媒介,善于利用新闻事件提高企业产品知名度。
● 具体行动方案。根据策划期内各时间段特点,推出各项具体的行动方案。行动方案要细致、周密,操作性强又不乏灵活性。还要考虑费用支出,一切量力而行,尽量以较低费用取得良好效果为原则。尤其应该注意季节性产品淡、旺季营销侧重点,抓住旺季营销优势。

（6）策划方案各项费用预算。这一部分记载的是整个营销方案推进过程中的费用投入,包括营销过程中的总费用、阶段费用、项目费用等,其原则是以较少的投入获得最优效果。费用预算方法在此不再详谈,企业可凭借经验,具体分析制定。

（7）方案调整。这一部分是作为策划方案的补充部分。在方案执行中都可能出现与现实情况不相适应的地方,因此方案贯彻必须随时根据市场的反馈及时对方案进行调整。

营销策划书的编制一般由以上几项内容构成。企业产品不同、营销目标不同则所侧重的各项内容在编制上也可有详略取舍。

[例文]

市场营销策划书大纲　营养保健品(口服液)

1. 执行概要和要领

采用"×××口服液"作为商标和品名,厂名为"AAA食品厂";每疗程定价为300元(产品的成本毛利率为200%);采用地毯式轰炸的全方位促销手段;"×××口服液"将于2004年10月1日前投放市场,目标市场为武汉市。

2. 目前营销状况

（1）市场状况：保健品市场发展快,规模大,但竞争激烈,起伏大;"广告开路"是营养保健品营销的重要特点;市场价格普遍偏高,流通企业利润较大;最近两年保健品市场出现了较大的滑坡。

（2）产品状况：各类营养保健品有几百种,有进补养生类、人体平衡类、清除垃圾类、菌群平衡类等等。销路稍好的品种每盒价格在30~40元,零售价与出厂价的差额一般在30%;包装多采用玻璃瓶或PVC。

（3）竞争状况：竞争激烈,起伏大,经常出现"各领风骚两三年"的情况。

（4）分销状况：销售渠道主要是商店、药店(在医院,只有获得药证字号者才能进入)。

（5）宏观环境状况：消费者收入水平提高,工作压力较大,对保健品有较大需求。

3. SWOT和问题分析

优势：本集团有雄厚的经济实力;有较强的技术实力;集团最高领导高度重视并确定了极为优惠的政策。

劣势：该产品为"食字号"保健品,只能在商店、药店销售而不能进入医院;生产许可证至今尚未办好;集团传统产品为禽兽药品。

机会：保健品市场发展快,市场容量大,对南昌地区熟悉。

威胁：保健品市场竞争激烈,起伏大。

综上所述,应当首先抓紧办好生产许可证,利用本集团的资金技术优势,在自己熟悉的南昌地区采取全方位的促销和分销手段,确定区别于传统产品的商标/品名/厂名,以最强的竞争力迅速占领尽可能多的本地市场份额。突出纯天然绿色食品的特色,占领尽可能多的"食字号"市场份额。

4. 目标

财务目标：(略)

营销目标：成本毛利率达到200％。

5. 营销战略

目标市场：武汉市。

定位："食字号"纯天然绿色保健品。

产品线："×××口服液"(后期再生产"yy胶囊","zz含片")。

价格：略高于竞争品牌(其中部分用于希望工程)。

分销：商店,药店。

销售队伍：成立"×××武汉销售中心"(9月10日前运转)。

服务：设立用户跟踪卡。

广告：电台、电视、报纸、广告牌等。

促销：千人大赠送。

R&D：开发新品。

市场调研：知己知彼,百战不殆。

6. 行动方案

8月,办理好生产许可证,并开始前期广告运作,产品试生产,千人大赠送。

9月10日前,成立"×××武汉销售中心"。

9月,开始地毯式轰炸的全方位促销手段,"千人大赠送"用户反馈报告公布,批量生产。

10月1日,产品投放市场,同时举办"希望工程"公益活动。

7. 预计的损益表(略)

8. 控制

首先必须办理好生产许可证。

第九章　契约类文书的写作

第一节　契约类文书概述

一、契约类文书的概念和作用

契约类文书，是指经济活动中双方或者多方当事人，经过谈判而形成的，规定相互权利义务关系或者表达其他谈判成果的书面材料。所谓"相互权利义务关系"，意即当事人任意一方在享受约定权利的同时，必须承担约定的相应义务。反之亦然。所谓"其他谈判成果"，是指就相互权利义务关系作出明确规定以外的谈判成果，例如双方或者多方各自就权利义务关系所持的态度，双方或者多方各自就权利义务关系达成的初步一致意见等。

契约类文书的作用之一，就是以法律所认可的形式，保证经济活动中当事人之间相互合作的顺利实现，从而保证生产经营活动的顺利开展和目标的最终实现。随着市场机制的日趋成熟，经济活动中当事人之间相互协作、社会化大生产已经成为必需，其具体表现之一，就是社会生产越来越走向专门化。彼此之间，既激烈竞争，又分工合作。对经济活动中的当事人来说，契约是相互合作的保证。

契约类文书还是保证市场正当竞争、维护社会经济秩序的需要。为了杜绝市场竞争中封锁、欺诈、垄断等不正当行为，需要通过法律的、经济的、行政的手段进行必要的监督管理、调控指导。契约类文书从根本上来说，就是以法律认可的书面形式明确不同当事人之间的权利义务关系，使得国家的法律和行政调控与管理有据可依，正当的市场竞争、正常的社会经济秩序才能得以有效地维护。

二、契约类文书的分类

契约类文书的种类较多。本章所讲到的契约类文书主要是经济活动中最常用到的以下几种：

（一）经济合同

经济合同是契约类文书中最为重要的一种。它对订立合同的各方当事人都具有法律的约束力。其主要包括《中华人民共和国合同法》规定的十五种合同。

（二）协议书

协议书是一种为实现一定目的、明确当事人相互权利义务关系的契约类文书。它和合同在使用阶段、使用领域等方面都有比较明显的不同。

（三）意向书

意向书是当事人在商务谈判结束后签署的意愿性声明。其内容可以看做是下一阶段进一步谈判的基础，对当事人各方并无法律约束力。

第二节 经济合同

一、经济合同的概念与作用

（一）经济合同的概念

《中华人民共和国经济合同法》第二条指出："经济合同是法人之间为实现一定经济目的，明确相互权利义务关系的协议。"它是由平等主体的法人、其他经济组织、个体工商户、农村承包经营户之间，为了实现各自的目的，按照法律规定，在平等互利、协商一致的原则下，明确各自的权利和义务而共同订立并遵守的具有经济关系的契约。所谓法人，是指具有民事权利能力和行为能力，依法独立享受民事权利和承担民事义务的组织。法人是社会组织在法律上的人格化。法人组织可分为企业法人和机关、事业单位以及社会团体法人。其他经济组织、个体工商户、农村承包经营户也都是具有民事权利能力和行为能力的经济实体。所谓相互权利义务关系，是指当事人双方或多方按合同规定相互享有权利，又相互承担义务，是按等价交换的原则建立权利义务对等的合同关系。

经济合同与一般民事合同的区别至少有三点：一是经济合同的当事人是法人，而非任意的自然人。二是他们订立合同的目的是为了"实现一定经济目的"，体现为商品交换经营活动性质的关系。三是除即时清结者外，应当采用书面形式。当事人协商同意的有关修改合同的文字材料，也是合同的组成部分。

（二）经济合同的作用

1. 有利于商品经济活动走上法治轨道

社会主义市场经济，既是商品经济，也是法制经济。订立经济合同，正是以法律形式运用各种经济杠杆，把国有、集体、个体各种经济成分的生产经营活动纳入市场需求的有序发展中。

2. 有利于加强和改善企业的经营管理

在经济活动中，任何企业和个人都要通过加强和改善经营管理追求经济效益，追求利益最大化。经济合同的签订，就能够保证经济活动按照原来已经考虑和设想好的途径进行，从法律上保障企业的经济利益，保证企业经营管理活动的顺利进行。

3. 有利于促进生产经营的专业化

产、供、销既专业分工又有机地连接起来，按时、按质、按量完成各自的任务，分工合作，效益倍增。签订经济合同，是高度发达的商品经济时代组织专业化生产经营、组织协作关系的有效方式。

4. 有利于商品经济活动中的诚信建设

社会主义市场经济，既是商品经济，也是诚信经济。经济合同是在平等互利的基础上，靠着各方的诚信，以法律承认的形式固定下来的。同时，它还要依靠各方的诚信，在经济活动中信守合同。

二、经济合同的种类与特点

（一）经济合同的种类

按照不同的角度，合同可以分为许许多多不同的种类。分类的角度大致有：按合同内容分,按合同性质分,按合同有效期分,按合同结构形式分。《中华人民共和国合同法》按照如下顺序,列出了15种合同。

1. 买卖合同

"买卖合同是出卖人转移标的物的所有权于买受人,买受人支付价款的合同。"买卖合同除了要写明双方当事人共同约定的一般内容外,还可以包括包装方式、检验标准和方法、结算方式、合同使用的文字及其效力等条款。

2. 供用电、水、气、热力合同

"供用电合同是供电人向用电人供电,用电人支付电费的合同。"

供用电合同的内容包括供电的方式、质量、时间、用电容量、地址、性质,计量方式,电价、电费的结算方式,供用电设施的维护责任等条款。

供用水、气、热力的合同,尽管标的不同,但合同的订立要求基本相同,可以互为参考。

3. 赠与合同

"赠与合同是赠与人将自己的财产无偿给予受赠人,受赠人表示接受赠与的合同。"

赠与合同是一种单向行为的合同,即合同生效后,赠与方有负责把赠与物交给受赠方的义务,受赠方有领取受赠物的权利。

4. 借款合同

"借款合同是借款人向贷款人借款,到期返还借款并支付利息的合同。"

借款合同适用于商业银行及其他非银行金融机构向借款人发放贷款和自然人之间进行的民间借贷。借款合同的内容包括借款种类、币种、用途、数额、利率、期限和还款方式等条款。

自然人之间的借款利率要符合国家有关限制利率的规定,否则约定的利率不受法律保护。

5. 租赁合同

"租赁合同是出租人将租赁物交付承租人使用、收益,承租人交付租金的合同。"

租赁合同的内容包括租赁物的名称、数量、用途、租赁期限、租金及其支付期限和方式、租赁物维修等条款。

6. 融资租赁合同

"融资租赁合同是出租人根据承租人对出卖人、租赁物的选择,向出卖人购买租赁物,提供给承租人使用,承租人支付租金的合同。"

融资租赁合同的内容包括租赁物名称、数量、规格、技术性能、检验方法、租赁期限、租金构成及其支付期限和方式、币种、租赁期限届满租赁物的归属等条款。

融资租赁合同既融资又融物,既可以使承租人财力不足时得到所需设备,又可以使出租人充分利用资金开展经营业务,获取利益。

7. 承揽合同

"承揽合同是承揽人按照定做人的要求完成工作,交付工作成果,定做人给付报酬的合同。"

承揽包括加工、定作、修理、复制、测试、检验等工作。

8. 建设工程合同

"建设工程合同是承包人进行工程建设,发包人支付价款的合同。"

建设工程合同包括工程勘察、设计、施工合同。

9. 运输合同

"运输合同是承运人将旅客或者货物从起运地点运输到约定地点，旅客、托运人支付票款或者运输费用的合同。"

根据运输对象的不同，运输合同包括客运合同和货运合同两种。

10. 技术合同

"技术合同是当事人就技术开发、转让、咨询或者服务订立的确立相互之间权利和义务的合同。"

技术合同包括技术开发合同（含委托开发合同、合作开发合同）、技术转让合同（含专利权转让合同、专利申请权转让合同、技术秘密转让合同、专利实施许可转让合同）、技术咨询合同和技术服务合同。

技术合同的内容由当事人约定，一般包括如下条款：项目名称；标的的内容、范围和要求；履行的计划、进度、期限、地点、地域和方式；技术情报和资料的保密；风险责任的承担；技术成果的归属和收益的分成办法；验收的标准和方法；价款、报酬或者使用及其支付方式；违约金或者损失赔偿的计算方法；解决争议的方法；名称和术语的解释。按照当事人的约定，与履行合同有关的技术背景资料、可行性论证和技术评价报告、项目任务书和计划书、技术标准、技术规范、原始设计和工艺文件以及其他技术文档，可以作为合同的组成部分。

11. 保管合同

"保管合同是保管人保管寄存人交付的保管物，并返还该物的合同。"

12. 仓储合同

"仓储合同是保管人储存存货人交付的仓储物，存货人交付仓储费的合同。"

13. 委托合同

"委托合同是委托人和受托人约定，由受托人处理委托人事务的合同。"

委托合同的标的是处理事务的行为，如代办运输、代管财务、律师代理等。委托合同适用范围比较广泛。

14. 行纪合同

"行纪合同是行纪人以自己的名义为委托人从事贸易活动，委托人支付报酬的合同。"

行纪合同与委托合同看似相同，都是为委托人代办事务，但权限是不同的。行纪合同是以自己的名义为委托人从事贸易活动，自由度较大；而委托合同是以委托人的名义，在委托人授权范围内从事活动，自由度相对较小。

15. 居间合同

"居间合同是居间人向委托人报告订立合同的机会或者提供订立合同的媒介服务，委托人支付报酬的合同。"

居间合同又称为中介合同。居间人就是中介人。

另外，还有《合同法》中没有列出的出版合同、房屋装修合同、旅游组团合同等。

劳务合同也是常用到的合同。它是劳动者与用人单位确立劳务关系，明确双方权利与义务的合同。内容大体包括劳务性质、劳务地点、劳务时间、劳务纪律、劳务报酬以及养老保险、医疗保险、税金交纳、休假、探亲待遇等事项。

(二)经济合同的特点

1. 经济合同的当事人具有确定性

经济合同的当事人是平等主体的法人、其他经济组织、个体工商户、农村承包经营户,他们都能够独立地进行经济活动,享有权利,承担义务。

2. 经济合同是当事人意思表示的一致

只有当事人之间经过充分协商,各自内在的意思和外在表示都一致后,才能产生相互的合同关系。订立合同时,任何一方当事人都不得将自己的意志强加给他方当事人。

3. 经济合同一旦依法订立,就具有法律约束力

当事人必须按照合同约定,正确地行使权力,履行义务。否则,将被视为违法行为,当事人必须承担由此引起的法律责任。

4. 经济合同中,当事人的权利和义务是相互的,订立合同的当事人彼此间法律地位是平等的,因而决定了权利和义务也是相互的。一方当事人取得权利,是以承担义务为条件的;他方当事人承担义务,也应该享受相应的权利。

三、经济合同的写作格式

(一)经济合同的体式

经济合同的体式有条文式、表格式、条文表格结合式三种。

1. 条文式

以文字说明为主,将合同的内容逐条写出。适合于比较复杂或者缺少惯例的合同关系的确立。

2. 表格式

表格式合同,是当事人各方把协商同意的内容逐项填入预先印制的表格中即可。适合于一方同意另一方的条件而达成的合同。

3. 条文表格结合式

将合同涉及的标的、数量、金额等内容以表格形式列出,其余内容用条文形式列出,这种合同既有条文式合同细致全面的优点,又有表格式合同醒目方便的长处。

(二)经济合同的结构

经济合同一般包括标题、正文、生效标志与签订日期等部分。

1. 标题

一般由合同的事由加"合同"二字组成,如"租赁合同"。有的标题直接写明订立合同的双方单位和合同的项目,如"南京市电信局与飞达科技服务有限公司关于大客户项目管理系统软件开发合同"。财产保险合同标题常在事由后加"保险单"或"投保单"字样,如"企业财产保险单"。运输合同的标题常在事由后加"运单"、"计划表"等字样,如"南京市汽车运输公司货物运单"、"南京市汽车运输公司五月份货运计划表"。

标题下方注明合同编号。

2. 正文

(1)当事人:名称首次出现时应写全称,其后用括号注明代称,如甲方(供方、卖方)、乙方(需方、买方)。

(2)前言:写明当事人签订合同的目的、依据等,篇幅简短。如"为了……(目的),依据……(法律法规名称),经甲、乙双方协商一致,签订本合同,共同遵守。"

(3) 条款:条款是合同的主体部分,见下文"经济合同的条款"。

(4) 附则:写明合同的有效期限、份数、保存者、附件。通常还写上合同的补充办法,如"本合同未尽事宜,经双方商定后可以补充。补充的条文与本合同具有同等效力"等。附件可注明所附的表格、图纸、实样的名称和件数。双方当事人的地址以及各种联系办法、开户银行名称、账号等也一并写上。

3. 生效标志

(1) 双方法定代表人或委托代理人签名。

(2) 双方当事人加盖印章。

(3) 根据国家规定必须经过鉴证或公证、双方约定进行鉴证或公证的合同,应由鉴证机关或公证机关加盖印章。

(4) 最后,写明签订合同的日期。

(三) 经济合同的条款

1. 《合同法》规定的条款

《合同法》第十二条规定:"合同的内容由当事人约定,一般包括以下条款:(一) 当事人的名称或者姓名和住所;(二) 标的;(三) 数量;(四) 质量;(五) 价款或者报酬;(六) 履行期限、地点和方式;(七) 违约责任;(八) 解决争议的方法。"现简要说明如下:

(1) 标的是指合同当事人权利和义务共同指向的对象。如货物、劳务、工程项目、科研成果等。没有标的,就不成其为合同;标的不明确,合同就无法执行。

(2) 数量是指标的的计量。合同中必须明确规定标的数量、计量单位和计量方法。

(3) 质量是指标的的特征和品质,是标的的内在品质与外观形态的综合表现,由标的的品种、规格、型号、性能、成分、包装等体现。

(4) 价款或者报酬是取得标的的一方当事人向对方支付的以货币数量来表示的金额,简称价金。

(5) 履行期限、地点和方式。

履行期限,是指合同履行的时间界限,即合同具有法律效力的期限;

履行地点和方式,通常由双方当事人的约定而定。

(6) 违约责任是依法对不按合同规定履行义务的制裁措施。法律法规没有具体规定的,则由双方当事人协商确定具体的违约责任条款。

(7) 解决争议的方法为友好协商解决,或者向经济合同仲裁委员会申请仲裁。

2. 当事人一方要求必须规定的条款

指订立合同时,一方当事人为了满足自身的特殊要求而提出的特殊条款。经双方协商达成一致,常以"其他约定事项"这样的约定条款出现。

四、经济合同的写作要求

(一) 准备要充分

订立合同之前,首先要了解国家的有关法律、法令、政策、规定,以保证不至于订立了法律上无效的合同。其次,展开市场调查和可行性研究,以确定该不该订立合同以及与谁订立更好。

此外，还要对对方进行资格审查和信用审查，以防止上当受骗。

（二）条款要具体

合同条款越具体、明确、周密，就越有利于合同的履行。合同中应该有的项目都应该列上，不能缺漏，不能含混不清。否则，履行过程中就可能发生争执，甚至最终难以执行。

（三）用词要准确

合同的文字表达要准确、简洁，要精心琢磨，字斟句酌，把可能出现的偏差、争议，都要考虑到，以防止合同履行时出现文字理解上的歧义现象。甚至连标点符号都要仔细推敲，马虎不得。

这方面的教训不可谓不多。

（四）文面要整洁

合同一旦成文就不得随意涂改，如有修改必要，需征得对方同意，并在修改处加盖双方印章。如要添加条款，应该作为合同附件备案。未经对方同意并加盖印章，擅自涂改过的合同是无效的，不受法律保护。

[例文]

买卖合同

甲方：××市××柴油机厂

乙方：××市××汽车厂

经双方充分协商，特签订本合同，以资共同信守。

一、品名、规格、数量、金额、交货日期。

商标品名型号规格单位数量单价(元)金额(万元)

分期交(提)货数量

一季二季三季四季

东风柴油机 6135Q 台 500

总计金额(大写)陆佰贰拾伍万元整

二、质量标准：按部颁质量标准。

三、产品原材料来源：由供方解决。

四、产品验收方法：由需方按质量标准验收。

五、产品包装要求：用木箱包装。

六、交(提)货方法、地点及运费：由供方托运到需方厂，运费由需方负责。

七、货款结算方法：通过工商银行托收。

八、经济责任：按《合同法》规定的原则执行。如供方因产品规格、质量不符合合同规定，供方负责包修、包换、包退，并承担因此支付的费用；因产品数量短少，不符合合同规定，供方应偿付需方以不能交货的货款总值5%的罚金；因包装不符合要求造成的货物损失，应由供方负责赔偿；因交货日期不符合合同规定，比照人民银行延期付款的规定，多延期一天，按延期交货部分货款总值3‰，偿付需方延期交货的罚金。如需中途退货，由需方偿付退货部分货款总值5%的罚金；需方未按合同规定日期付款，比照人民银行延期付款规定偿付供方罚金。

九、供需双方由于人力不可抗拒和确非企业本身造成的原因而不能履行合同时，经双方协商和合同鉴证机关查实证明,可免于承担经济责任。

十、本合同自签订(或鉴证)日起生效,任何一方不得擅自修改或终止。需要修改或终止时,应经双方协商同意,签具修订撤销合同的协议书,并报合同双方业务主管部门和鉴证机关备案。

十一、本合同正本两份,供需双方各执一份;副本四份,送供需双方业务主管部门、鉴证机关、工商银行各一份。

十二、本合同有效期到××××年×月×日截止。

甲方:××市××柴油机厂	乙方:××市××汽车厂
负责人:×××	负责人:×××
代表人:×××	代表人:×××
电话:××××	电话:××××
账号:××××	账号:××××
地址:×××××	地址:×××××

第三节 协议书

一、协议书的概念

所谓协议书,就是把协商一致取得的意见以书面的形式表现出来。协议书是由双方或双方以上的多方当事人为了共同实现一定的目的,明确相互之间的权利、义务关系而制定的契约性文书。协议书的双方或双方以上的多方当事人,可以是国家机关、社会团体,也可以是企事业单位,还可以是公民个人。

协议书与合同有很多相似之处,它的写法、作用和合同基本相似,所以往往有人将它们混为一谈。其实,合同与协议书之间存在着许多明显的差别,在实际使用时,要把两者区别开来。

(1)协议书的使用范围更广。合同是双方或多方之间为实现一定经济目的而订立的,主要用于调整生产经营领域的水平交换关系,如购销、基建、借贷、储运等在《合同法》中列名的合同为主。协议书可以使用在合同范围以外的所有其他领域。相比之下,协议书的使用范围更具有开放性和延伸性。

(2)协议书的订约主体没有统一的限制。合同的订约主体是平等民事主体的法人、其他经济组织、个体工商业者、农村承包经营者,有较为严格的限制,协议书没有这样的限制。协议书的签约主体可以是各种性质的单位之间签订,也可以是单位和个人、个人和个人之间签订,还可以是单位内部的上下级之间、单位和单位内职工之间签订。

(3)协议书的规范程度比合同低。合同的内容相对比较单一,使用情况不像协议书那样复杂,所涉及的又完全是双方切身利益,所以国家有可能也有必要加以规范,以建立健全完善的秩序。国家颁布的有关合同法律,政府机关颁布的有关合同的各种规章,组成了一个完整的法律法规体系。

(4)协议书的时效比较灵活。合同的时效即有效期一般比较固定,相对来说,协议书的时间长短变化比较大。比如赔偿协议书在赔偿完毕后即结束其有效期,而如子女收养、领养协议书国家之间的条约等有时则是永久性的。

（5）协议书指的是双方或双方以上的多方当事人之间就重大的原则问题达成的书面协议，而合同则是指当事人之间明确各自的权利义务而订立的共同遵守的条文。协议书的条款往往原则性较强，而合同中的规定则更为详细、具体。

（6）在复杂的经济合作的过程中，协议书签订在前，合同签订在后，协议书是签订合同的依据。

（7）协议书需经公证部门公证之后才能取得法律效力，而合同无须公证，本身即具备法律效力。如果同一宗买卖，既订立了协议书，又订立了合同，而协议书条款与合同条款相互抵触时，以合同为准。

二、协议书的分类

较为常见的协议书有以下八种。

（一）联营协议书

联营协议书即联合经营协议书，是指两个或两个以上的经济组织、个体工商业者、农村承包经营者，共同出资、共同生产经营、共享所得利益、共担风险而达成的明确相互权利义务关系及生产经营活动原则的书面协议。

根据各方利害的紧密程度和组织结构的不同，联营协议书可以分为法人型联营协议书、合伙型联营协议书、协作型联营协议书。

法人型联营协议书又称紧密型联营协议书，是指联营各方以财产、技术、劳务等出资而达成的共同经营，组成新的具有法人资格的经济实体的书面协议。其法律特征是：参加联营的方式是出资；联营各方共同经营；联营的组织形式是法人；法人型联营，法人的权利受到联营各方意志的约束。

合伙型联营协议书又称半紧密型联营协议书，是指联营各方各自以资金、厂房或技术、设计能力等为股份共同进行生产经营，共同承担联营所产生的风险责任并分享联营所得的利益的书面协议。其法律特征是：合伙型经济联合组织不是法人，也没有形成独立核算的经济实体；合伙型联营组织对外承担无限连带责任；经营业务受到联营成员经营范围的限制。

协作型联营协议书又称松散型联营协议书，是以某个或某几个大中型企业或科研机构为骨干，以某个优质产品为龙头，联合若干企事业单位，在各自独立经营的基础上确立相互权利义务关系的松散的联合经营的书面协议。其法律特征是：联营各方既不组成新的经济实体，也不共同出资，只是在联营各方之间有协议所确定的权利义务关系；联营各方各自独立经营，经济上独立核算，财产责任互不连带。

（二）经销协议书

经销协议书是一个企业为另一个企业销售产品而订立的明确相互权利义务关系的书面协议。如批发商为工矿企业销售产品、零售商店为工矿企业或批发商销售产品时约定一定的条件，以书面形式确认下来，即为经销协议书。

（三）国际贸易代理协议书

国际贸易代理协议书是出口企业与国外代理商之间就双方的共同目标、双方的权利义务关系、双方的业务关系等进行协商后达成的书面协议。

（四）委托协议书

委托协议书是指当事人双方约定一方为他方处理事务的书面协议。委托的一方称为委托方，为他方处理事务的一方为受托方。当事人约定委托事项为一项或数项事务的称特别委托协议书，当事人约定委托事项为一切事务的称概括委托协议书。如关于不动产处理或设定抵押，争议的和解或提交仲裁，行使赠与或股东、董事的表决权等事项的委托，必须签订委托协议书。

（五）仲裁协议书

仲裁协议书是指当事人双方在争议发生前或争议发生后达成的将争议提交某一仲裁委员会仲裁的书面协议。《合同法》第一百二十八条规定："当事人可以通过和解或者调解解决合同争议。当事人不愿和解、调解或者调解、和解不成的，可以根据仲裁协议向仲裁机构申请仲裁。当事人没有代理仲裁协议或者仲裁协议无效的，可以向人民法院起诉。"仲裁协议是仲裁机构审理案件的法律依据。任何仲裁机构都不受理无仲裁协议书的案件。

（六）和解、调解协议书

当双方发生经济纠纷或其他民事纠纷时，双方可以自行协商解决。双方协商解决纠纷达成和解的，应制作和解协议书。和解协议书如果符合法律法规的规定，没有损害国家和社会公共利益，双方平等自愿，则具有法律效力。

当双方发生经济纠纷或其他民事纠纷，当事人通过协商不能解决时，根据当事人的申请，双方可在第三方的主持下，通过协商一致，自愿达成解决纠纷的调解协议书。

（七）变更或解除合同或原有协议书的协议书

这种协议书是双方经协商一致，变更或解除原有合同或协议书所确立的权利义务关系的书面协议。变更合同的部分条款或解除整份合同时应使用协议书的形式。同理，双方或多方变更原有协议书的部分条款或解除整份协议书时也使用协议书的形式。

（八）补充协议书

合同或协议书签订时对其中某一特殊而又具有一定独立性的问题需要单独列出，或签订后发现条款有遗漏需要加以补充，或执行到一定时期出现了新的情况需要在原有基础上增加新内容，双方或多方经协商一致，可订立补充协议书。补充协议书一经订立，即具有与原合同或协议书相同的法律效力。

除了上面所提及的协议书外，在具体的社会生活中还有各种各样的协议书，如赡养协议书、收养协议书等。另外，国家、政府之间订立的协议，较多使用"条约"、"协定"、"议定书"等名称。

三、协议书的特点

（一）合法性

协议书的规范程度虽然比合同低，但是其内容、形式、程序也必须遵守国家的法律，符合国家的政策，这样才能得到认可和保护。如果违反了国家的政策法规，并由此给社会公共利益造成了一定的损害，当事人必须承担一定的法律责任。

（二）约束性

协议书订立后，一旦经过公证部门的公证，就具备了法律约束力。当事人都必须履行协议书中的规定，信守协议书中的条款。由于故意或疏忽大意而造成的违约行为，都必须承担相应的法律责任。

（三）平等性

协议书必须贯彻平等互利、协商一致、等价有偿的原则。平等协商、自愿互利是签订协议的前提和基础，订立协议的双方或双方以上的多方当事人在各方面也许存在着差别，甚至可能是上下级关系，但在签订协议时，彼此的地位是完全平等的，应该充分尊重对方，任何一方不得以自己的意志强加于对方，任何单位和个人也不得从中干预。协议书的平等性还同时体现在双方或多方的权利和义务是对等的，当事人都必须平等信守协议。

四、协议书的写作格式

协议书一般由标题、正文、生效标志与订立日期等部分构成。

（一）标题

标题一般由事由和文种两部分组成，即在"协议书"这一文种名称前明确其内容范围，如《图书出版协议书》。有时也可以只写明文种，即只写上"协议书"三个字就可以了。

（二）正文

（1）当事人一般写在标题之下，写明订立协议的双方或多方当事人的单位名称或个人姓名，要写全称，并注明一方是甲方，一方是乙方，以便在正文中称呼。

（2）前言主要交代订立协议的原因、依据、目的，紧接着以程式化的"现将有关事宜分列如下"、"达成如下协议"等语言引出主体部分。例如："为了提高市场占有率，扩大市场份额，经过友好协商，在平等互利的原则下，甲乙双方就追加投资扩大生产规模一事，达成如下协议。"

（3）协议条款是协议书的主体部分。通常以条款分列的形式，就协议牵涉的有关事宜作出全面而又明确的说明，尤其要着力写好协议书中双方的权利和义务。至于具体应写明哪些条款，要视协议书的性质和双方或多方当事人协商的结果而定。

（三）生效标志与订立日期

写明订立协议的各方当事人的单位全称或个人姓名，并加盖公章。必要时还得写上鉴证者或公证单位的名称、意见、日期，并加盖公章。

最后，写明订立协议的时间，要具体到年、月、日。

[例文]

国际互联网战略伙伴合作协议书

甲方：北京金建英才科技发展有限公司

乙方：南京新天地公司

甲乙双方本着平等互利、优势互补的原则，就结成长期、全面的 INTERNET 战略伙伴关系，实现资源共享、共同发展，并为以后在其他项目上的合作建立一个坚实的基础，经友好协商达成以下共识：

1. 权利与义务

（1）甲乙双方皆承认对方为自己的战略合作伙伴，并在彼此互联网站的显著位置标识合作方的旗帜徽标链接或文字链接。

（2）甲乙双方授权合作方在其互联网站上转载对方网站上的某些信息，该信息将由双方协商同意后方可引用(具体合作项目另签协议)。

(3)甲乙双方在彼此互联网站中转载引用合作方的信息时须注明"该信息由×××(合作方网站)提供"字样,并建立链接。

(4)甲乙双方必须尊重合作方网站信息的版权及所有权,未经合作方同意,另一方不得采编其站点上的任何信息,且不得在其网站以外媒体发布来自合作对方站点的信息,否则构成侵权。被侵害方有权单方面终止合作并视情节选择要求对方承担损害赔偿的方式。

2. 相互宣传

(1)甲乙双方应在彼此站点追踪报道合作方的市场推广计划及相关营销活动。

(2)在甲乙双方都认可的适当时间内,双方在彼此站点上开设专栏,撰写并宣传与合作对方商业行为有关的话题(具体合作项目另签协议)。

(3)甲乙双方在有关专题的研讨会及各自行业的各种展览会上,互相帮助、共同宣传,共同推进双方的品牌。

(4)双方还可就其他深度合作方式进行进一步探讨。

3. 其他

(1)甲乙双方的合作方式没有排他性,双方在合作的同时,都可以和其他相应的合作伙伴进行合作。

(2)本协议有效期为×年,自××××年×月×日起到××××年×月×日为本协议商定合作方案的执行期限。

(3)甲乙任何一方如提前终止协议,需提前一个月通知另一方;如一方擅自终止协议,另一方将保留对违约方追究违约责任的权利。

(4)本协议一式两份,双方各执一份,具有同等法律效力。

(5)本协议为合作框架协议,合作项目中具体事宜需在正式合同中进一步予以明确。框架协议与正式合作合同构成不可分割的整体,作为甲乙双方合作的法律文件。

(6)本协议期满时,双方应优先考虑与对方续约合作。

(7)双方的合作关系是互利互惠的,所有内容与服务提供均为免费。

甲方:北京金建英才科技发展有限公司　　乙方:南京新天地公司

代表签字:　　　　　　　　　　　　　　　代表签字:

××××年×月×日　　　　　　　　　　××××年×月×日

第四节　意向书

一、意向书的概念

意向书是当事人双方或多方之间,在对某项事务正式达成协议、签订合同之前,表明基本态度的书面材料。它是一种表达意图和目的的文书,是协作各方通过初步谈判,就合作事宜表达初步设想的协约文书。意向书多用于经济技术的合作领域,可以在企业之间使用,也可以在地区和地区之间、国家和国家之间使用,它为进一步正式签订协议奠定了基础,是协议书和合同的先导。

意向书的使用大多和某一经济合作项目如联合经营、技术开发与转让、中外合资经营等合作有关。当合作各方通过谈判磋商，对有关问题达成了原则性的初步一致的意见，就可以用意向书的形式把谈判磋商的初步成果确认下来。

二、意向书的特点

意向书与协议书及合同有所不同，它不具备法律效力，只具有对立约各方信誉的约束力。一般说来，意向书有下面几个特点：

（一）协商性

意向书是共同协商的产物，也是今后协商的基础。在双方签署之后，仍然允许协商修改；其内容也往往和谈判协商的最后结果有出入，有时甚至可以提供几种方案，供今后谈判协商选择。

（二）一致性

意向书虽然只是某一阶段而不是最后阶段的成果，但其内容应是协商双方一致同意的，能表达双方的共同意愿。具备了一致性，意向书才能成为双方认可的今后谈判的基础。

（三）临时性

意向书只是表达当事人双方或多方谈判的初步成果，为今后谈判作先导。一旦谈判深入，并且最终确定了合作双方或多方的权利义务关系，协议书或合同就会取而代之。

（四）灵活性

意向书不像协议、合同那样，一经签约就不能随意更改。意向书比较灵活，在协商过程中，当事人各方均可以按各自的意图和目的提出意见，在正式签订协议、合同之前，可以随时变更或者补充，最终达成协议。

（五）简略性

意向书不像合同那样是当事人之间为明确各自的权利义务而订立的共同遵守的详细、具体的条文，甚至不像协议书那样往往要求条款的原则性较强，它只是协作各方通过初步谈判，就合作事宜表达初步设想的契约文书，所以意向书的文本往往比较简略。

三、意向书的作用

意向书虽然不具备法律效力，但它具有如下三个方面的作用：

（1）意向书体现了到签署意向书之前为止这一阶段的谈判成果，对合作项目进一步的实质性谈判起促进作用，为谈判最终签订协议书或合同做准备。

（2）意向书是企业编制项目建议书上报有关部门批准立项和对项目进行可行性研究的基础，它同时还被作为项目建议书和可行性研究报告的附件。

（3）在当事人双方或多方彼此之间并不非常了解而需做进一步调查时，往往会出现当事人一方对合作时效或者其他问题尚未进行充分的调查研究或调查研究后尚未取得一致意见的情况，在中断谈判再做研究之前先就达成共识的问题签署意向书，既能够保持谈判的延续性，又能保证审慎决策、科学决策。如过急签订协议书或合同，将来可能无法履行，导致利益受损。

四、意向书的写作格式

意向书一般包括标题、正文、落款三个部分。

（一）标题

在文种"意向书"前面写明协作的内容，如《合资兴建××生产线意向书》；在协作内容前写明协作各方名称，如《中法合资扩建南京如意娱乐城意向书》；也可以直书"意向书"三字。

（二）正文

正文包括引言和主体两部分。

1. 引言

写明签订意向书的缘由、目的、依据。在引言部分，还要交代清楚签订意向书各方的名称，并在名称后加括号注明"简称甲方"、"简称乙方"等，以便行文简洁方便。也可以在引言部分说明双方谈判磋商的大致情况，如谈判磋商的时间、地点、议题以及考察经过等，篇幅相对较长。意向书引言部分的表述比合同、协议书相对灵活。

2. 主体

以条款形式表述合作各方达成的具体意向，可以参照协议书或者合同的主体部分。如中法合资扩建南京如意娱乐城，需就合资项目整体规划、合营期限、货币结算名称、投资金额及规模、双方责任分担、利润分配及亏损分担等问题，标明各方达成的意向。一般来说，主体部分还应写明未尽事宜的解决方式，即还有哪些问题需要进一步洽谈，洽谈日程的大致安排，预计达成协议最终需要的时间等。在主体部分最后应写明意向书的文本数量及保存者。中法合资扩建南京如意娱乐城系中外合资项目，还应交代清楚意向书所使用文字的语种。

意向书主体部分的写作应注意语言相对比较平和。意向书内容不像合同、协议书那样带有鲜明的规定性和强制性，而是具有相互协商的性质。因此，行文中多用商量的语气，一般不要随便使用"必须"、"应该"、"否则"等词语。同时，因为意向书不具备按约履行的法律约束力，所以，在主体部分里不写违反约定应该承担什么责任的条款，也不规定意向书的有效期限。

（三）落款

落款包括签订意向书各方当事人的法定名称、谈判代表人的签字、签署意向书的日期等内容。

[例文]

意 向 书

中国纺织品进出口公司（以下简称甲方）与法国××服装公司（以下简称乙方）经过友好协商，双方本着平等互利的原则，进行补偿贸易。现已达成初步意向，内容如下：

一、为了扩大中国丝绸服装贸易，乙方要求甲方提供稳定生产的服装工厂，为乙方生产中国丝绸服装，甲方同意在××县××乡新建一家服装工厂，生产乙方所需的以真丝为面料，不绣花的女装衬衫、男式睡衣、女式睡袍等。产量暂定为年产30万～35万件。为了确保质量，乙方希望该厂从一开始就注意质量和生产能力的逐步提高。甲方同意乙方的意见，并同意在工厂筹建结束时作具体安排。

二、乙方向甲方提供价值约××万美元的制作丝绸服装的专用设备和附属设备。

三、甲乙双方的贸易和乙方的来料加工业务，其价格、规格、交货期等均应逐项签订合同。

四、甲方根据乙方提供之服装设计原图及施工工艺要求进行加工生产，保证质量。

五、乙方应派员来××市××县××乡服装工厂进行技术辅导及质量监督。乙方人员来××市所需一切费用概由乙方自行负担。

六、未尽事宜,在签订正式合同或协议书时再予以补充。

甲方	乙方
中国纺织品进出口公司	法国××服装公司
代表:××	代表:××
××××年×月×日	××××年×月×日

第十章 规章类文书的写作

第一节 规章类文书概述

一、规章类文书的适用范围

规章类文书是人们在一定范围内作为共同的行为准则和工作依据,具有法规性和约束力的文书。规章类文书通常包括各机关、单位、群众团体依照一定的法律制定的条例、规定、办法、章程、细则、制度、公约等。其应用非常广泛,上至国家机关,下至基层科室班组乃至社会各方面都要制定相应的规章制度,以保证工作、生产、学习等活动有序进行。

二、规章类文书的特点

（一）内容的规范性

规范类文书是为了规范特定范围、特定方面的工作、活动、行为而制定的,它是办事的准则、活动的依据、行为的规范,它对做好工作、建立正常的秩序和良好的人际关系等有重要保证作用。

（二）执行的强制性

规章一经确定并公布实施,有关人员就必须遵守,不能有特殊例外者,不能任意解释或变通。如违反或不执行,就将受到相应的组织纪律处分。

（三）制发的程序性

规章类文书从草拟、确定到公布实施,应按一定的程序进行。它的发布,对不同级别的机关有不同的要求。一般来说,全国性的法律经全国人民代表大会或全国人大常委会通过后,由国家主席以令的形式发布;全国性行政法规由国务院总理签署发布令,且由新华社发稿,《国务院公报》、《人民日报》全文刊登。地方性法规经省级人民政府常务会议讨论通过后,由省长签发提请省人民代表大会及其常委会审议批准。经省级人大及其常委会通过的地方性法规,以公告的形式发布。地方政府的规章草案经省级人民政府常务会议审议通过后,由省长签署,人民政府发布令发布。企事业单位的规章由行政负责人签署,在本单位内公布。

三、规章类文书的分类

规章类文书可分为两大类:

（一）法规类规章

法规类规章主要由国家行政机关制定颁布,具有法律规定性和行政约束力。主要有条例、规定、办法等。

(二) 规约类规章

规约类的规章是社会团体、企事业单位针对本身权益所制定的规章,对其所属成员有行政、组织和道德约束力。主要有章程、守则、公约等。

四、规章类文书的结构

规章一般由标题和正文构成。

(一) 标题

规章的标题与公文相似,主要方法有两种。

(1) 完全式。由发文单位、事由、文种组成。如《中华人民共和国船舶登记条例》、《全民所有制转轨经营条例》。

(2) 省略式。由事由、文种组成。如《城市绿化条例》、《企业职工伤亡报告处理规定》。如果规章的内容还不很成熟,有待于施行一个时期后加以完善,可在标题后标明"试行"、"暂行"等字样,并加上括号。标题下一般应标明发布日期和发布单位名称。

(二) 正文

规章的正文结构一般有两种形式。

(1) 章条式。即将规章的内容分为若干章,每一章又分为若干条。第一章是总则,中间的各章是分则,最后一章叫附则。总则一般阐述规章的目的依据、适用范围、遵循原则、有关定义等。分则即规章的实体内容,主要说明规章调整的权利和义务,以及法律责任。一般从第二章起逐条分叙。附则是对文件本身的说明,主要说明本规章的适用对象、生效日期、解释权限及其他未尽事宜。

(2) 条款式。这种文书只分条目不分章节,适用于内容比较简单的规章。一般开头说明缘由、目的、要求等,主体部分分条列出规章的具体内容。其第一条相当于总则,其最后一条相当于附则。

第二节 条例的写作

一、条例的适用范围

条例是由党政领导机关制定和发布的系统规范某一方面工作、活动、行为等的法规性公文。

1996年5月3日,中共中央办公厅发布的《中国共产党机关公文处理条例》,将"条例"列为正式的党的机关公文文种,规定"条例用于党的中央组织制定规范党组织的工作、活动和党的行为的规章制度"。由此可以明确:作为党的系统,只有党的中央组织才能制定和发布条例;作为国家行政系统,适用于全国范围的条例,只有国务院或国务院批准的主管部门才可以制定和发布;适用于局部地区的地方性条例,由本级人民代表大会和它的常务委员会制定,并报上一级人民代表大会常务委员会批准后施行。除此之外,所有职能部门和地方各级政府、各种机构和团体,都不能自行制定和发布条例,而只能使用"规定"、"办法"、"规则"等文种。条例在党的机关系统,可以作为正式公文行文;在行政系统,不能单独行文,只能以"令"、"决定"或"通知"的形式发布,和它们同时行文。

二、条例的分类

根据制定、发布条例的机关的不同,条例可分为三类:

(一)党的中央机关制定的条例

适用于规范全党的工作、活动和党员行为,如《中国共产党纪律处分条例》、《中国共产党机关公文处理条例》。

(二)国家行政机关制定的条例

适用于规范全国性的某一方面的行政工作,如《国防交通条例》、《基本农田保护条例》等。

(三)地方权力机关制定的条例

适用于规范地方某一方面的工作,如《北京市外地来京务工经商人员管理条例》、《南京市粉煤灰综合利用管理条例》。

三、条例的结构

条例多为某些事项的职权、方式等方面的规定,多数容量比较大,所以大都采用"分章列条款"的写法。第一章为总则,中间的若干章节为分则,最后一章为附则;章中设条,章断条连。

[例文]

江苏省城市房屋拆迁管理条例
2002 年 10 月 24 日

第一章　总则

第一条　为了加强城市房屋拆迁管理,维护拆迁当事人的合法权益,保障建设项目顺利进行,根据国务院《城市房屋拆迁管理条例》,结合本省实际,制定本条例。

第二条　在本省行政区域城市规划区内国有土地上实施房屋拆迁,并需要对被拆迁人补偿、安置的,应当遵守国务院《城市房屋拆迁管理条例》和本条例。

第三条　省人民政府建设行政主管部门对本省行政区域内的城市房屋拆迁工作实施监督管理。

第二章　拆迁程序

第四条　城市房屋拆迁应当遵循下列程序。(略)

实施房屋拆迁施工的时间,应当自拆迁公告公布之日起不少于三十日。对华侨和其他居住在国(境)外的人员,拆迁人应当书面告知实施房屋拆迁的时间,拆迁时间应当相应延长。

第五条　拆迁人在申领房屋拆迁许可证时向房屋拆迁管理部门提交的拆迁计划和拆迁方案,应当包括下列内容。(略)

房屋拆迁管理部门在发放房屋拆迁许可证时,应当附有详细的拆迁范围图。

第六条　拆迁补偿安置资金应当足额存入办理专项存款业务的金融机构,全部用于拆迁补偿安置,不得挪作他用。拆迁补偿安置资金不足的,房屋拆迁管理部门不予发放房屋拆迁许可证。房屋拆迁管理部门应当加强对拆迁补偿安置资金的监督。

第七条　被拆迁房屋有下列情形之一的,由拆迁人提出补偿安置方案,报房屋拆迁管理

部门审核同意并向公证机关办理证据保全后,方可实施拆迁:

1. 产权不明或者产权有纠纷的;
2. 产权人下落不明的。

被拆迁房屋系房产管理部门代管的,拆迁补偿安置协议必须经公证机关公证,并办理证据保全。

第八条　房屋拆除应当由具备保证安全条件,具有建筑施工企业资质证书的企业承担,并编制拆除方案,施工企业负责人对安全负责。

第三章　拆迁补偿与安置

第九条　拆迁人应当依照国务院《城市房屋拆迁管理条例》和本条例规定对被拆迁人给予补偿。

拆迁补偿的方式可以实行货币补偿,也可以实行产权调换,被拆迁人有权选择补偿方式,但下列情形除外:

1. 拆迁非公益事业房屋的附属物,不作产权调换,由拆迁人给予货币补偿;
2. 拆迁租赁房屋,被拆迁人与房屋承租人对解除租赁关系达不成协议的,拆迁人应当对被拆迁人实行房屋产权调换。

第十条　货币补偿的金额,根据被拆迁房屋的区位、用途、建筑面积等因素,以房地产市场评估价确定。对被拆迁房屋进行房地产市场价评估,应当遵守本条例第四章的规定。(略)

第十一条　拆迁房产管理部门代管的房屋,实行产权调换的,安置房仍由房产管理部门代管;实行货币补偿的,货币补偿金额由代管人专户存入银行。

第十二条　拆迁军事设施、教堂、寺庙、文物古迹等设施以及用于公益事业的非生产经营性房屋及其附属设施的,拆迁人应当依照有关法律、法规的规定办理。拆迁中、小学校舍或者幼儿园应当征得教育行政主管部门认可,并按照规划要求建设新校舍、幼儿园。房屋拆迁管理部门应当会同教育行政主管部门对在校学生入学作出妥善安排。

第十三条　因拆迁非住宅房屋造成停产、停业的,由拆迁人给予补偿。具体办法由设区的市人民政府制定。

第十四条　被拆迁人仅有一处住房且获得的货币补偿金额低于拆迁补偿最低标准的,拆迁人应当按照拆迁补偿最低标准对被拆迁人予以补偿。拆迁补偿最低标准由设区的市人民政府参照国家住宅设计规范规定的最小户型面积的当地经济适用房价值等因素确定。

被拆迁人按照前款规定获得货币补偿后仍无力解决住房的,由设区的市、县(市)人民政府对该被拆迁人以提供成套城镇廉租住房或者租售经济适用房等形式予以妥善安置。

第四章　拆迁评估

第十五条　对被拆迁房屋进行房地产市场价评估,应当由具有省级以上建设行政主管部门核发的三级以上房地产评估资质的房地产评估机构(以下简称评估机构)进行。

设区的市房产管理部门应当每年向社会公布评估机构名录,供拆迁人、被拆迁人选择。

第十六条　房地产市场价评估应当遵循公开、公平、公正的原则。

第十七条　在同一拆迁项目评估中,评估机构不得与房屋拆迁管理部门、拆迁人和被拆迁人有利害关系。评估机构不得串通一方当事人,损害另一方当事人的利益。

第十八条　拆迁评估应当综合考虑与被拆迁房屋相关的下列因素。(略)

第十九条　对被拆迁房屋进行房地产市场价评估的机构由拆迁人和被拆迁人共同选定;拆迁人和被拆迁人不能达成一致的,由房屋拆迁管理部门在符合条件的评估机构中抽签确定,房屋拆迁管理部门应当在抽签前三日在拆迁地点公告抽签的时间和地点。

评估机构按照前款规定对被拆迁房屋进行房地产市场价评估的费用,由拆迁人承担。

第二十条　拆迁人或者被拆迁人对评估结果有异议的,可以在评估结果送达之日起五个工作日内要求评估机构作出解释、说明。评估机构应当在五个工作日内作出书面解释、说明。经解释、说明仍有异议的,持有异议的拆迁人或者被拆迁人可以委托符合本条例第十五条规定的其他评估机构重新评估。

重新评估结果与原评估结果在允许误差范围之内的,原评估结果有效,重新评估费用由委托人承担。重新评估结果与原评估结果超出允许误差范围的,由房屋拆迁管理部门在专家库中抽签选定有关专家进行鉴定。鉴定采用原评估结果的,重新评估和鉴定的费用由重新评估的委托人和重新评估的机构共同承担;鉴定采用重新评估结果的,重新评估和鉴定的费用由委托人的相对人和原评估机构共同承担。

前款所称的允许误差范围,由设区的市人民政府规定。

第二十一条　拆迁人应当在评估结束后五日内在拆迁地点公布评估结果。

第五章　法律责任

……

第二十八条　本条例自2003年1月1日起施行。1990年12月19日江苏省第七届人民代表大会常务委员会第十八次会议通过,1996年12月13日江苏省第八届人民代表大会常务委员会第二十五次会议修订的《江苏省城市房屋拆迁管理条例》同时废止。

内容简单的条例,其正文也可用"条项式"的写法。《中华人民共和国国库券条例》,就采用了这种方式。

无论采用什么格式,有条有例,条前例后,以条为主、正反相成是条例写作上的特点。条是作正面的规定,即写明应该怎么做,或不应该怎么做;例是从反面说明违反规定的处置办法与程序。

四、条例的写作要求

(1) 符合政策法律。党内的条例应以党章为依据,立法和行政机关制定的条例应以宪法和法律为依据,不能出现违背或矛盾的现象。

(2) 要严谨,条理要清晰,表述要具体、明确、周密,切忌抽象笼统、含糊不清或自相矛盾。

第三节　规定的写作

一、规定的适用范围

规定是各级党政机关、社会团体、企事业单位规范某方面工作的法规性公文。

规定在性质上和条例一样,属于规范工作、活动、行为等的规章性文书。但条例规范的范围大,制定和发布条例的机构级别高;而规定的范围较小,能够制定和发布规定的机构的级别可高可低,可以是中央一级的党政领导机关,也可以是各级职能部门和社会团体、企事业单位。从使用范围来说,规定比条例广,很多局部的、具体的工作,都可以用"规定"来规范;而条例规范的工作一般带有全局性,不涉及过于细小的工作。

规定,在党的系统,可以单独行文;在行政系统,要以"令"、"决定"、"通知"的形式发布,和它们同时行文;在党政公文系统以外,可以由领导机构单独发布。

二、规定的类型

规定可分为以下三类:

（一）党内规定

由党的中央机关制定,适用于对党内某一方面的工作作出的规定。如《关于保护检举、控告人的规定》、《关于党政机关县（处）级以上领导干部收入申报的规定》。

（二）法规性规定

指行政机关及其部门所制定的具有法规性质的规定。如《国务院关于在香港特别行政区同时升挂使用国旗区旗的规定》、《深圳经济特区私营企业暂行规定》。

（三）一般性规定

机关团体对某些工作作出的具体规定,不属法规性质,但在一定范围内有规范作用。

三、规定的写法

规定的写法与条例近似,由标题和正文构成。

正文格式大致有三种:

（一）三则式

即由总则、分则、附则三部分构成。

（二）条目式

即正文不设章,只设条,分条列述。

（三）公文式

这种写法和一般公文的写法相似,开头说明制定规定的目的、依据,然后用"先就有关规定如下"之类的词语过渡,引入下文。主体部分分成若干层,用层次序数"一、二、三"等排列,有的在每层下面又设小层次。

[例文]

南京市流动人口计划生育管理规定

(1993年9月17日市政府令第22号发布,1997年6月25日市政府令第139号修订发布)

第一条　为了加强流动人口计划生育管理,有效地控制人口增长,根据国家《流动人口计划生育管理办法》、《江苏省计划生育条例》和省、市有关规定,结合本市实际情况,特制定本规定。

第二条　本规定适用于符合下列条件的有生育能力的中国公民:

1. 外地户籍居住在本市的;
2. 本市户籍居住在外地的;

3. 本市户籍居住在本市,但不居住户籍所在地的。

第三条 各级人民政府统一领导本辖区流动人口计划生育工作,指导、协调有关部门对流动人口计划生育工作进行综合治理,并将流动人口计划生育管理纳入人口与计划生育目标责任制。

第四条 市、县(区)计划生育委员会是同级人民政府的流动人口计划生育主管部门,负责本规定的具体实施。

第五条 流动人口的计划生育由户籍地和现居住地人民政府共同管理。

有下列情况之一的,以户籍地管理为主:

1. 本县和本区内的流动人口;
2. 本市区与区之间的流动人口;
3. 本市流向外省、市的流动人口。

有下列情况之一的,以现居住地管理为主:

1. 本市县与县之间、县与区之间的流动人口;
2. 外省、市流入本市的流动人口;
3. 本市农村之间婚嫁以及外省、市婚嫁到本市农村的人口。

第六条 流动人口户籍地乡(镇)人民政府、街道办事处的职责。(略)

第七条 流动人口现居住地乡(镇)人民政府、街道办事处的职责。(略)

第八条 各有关部门要配合计划生育行政管理部门共同做好流动人口的计划生育管理工作。(略)

公安、工商行政管理、劳动、交通以及其他有关部门在审批、换发暂住证、营业执照、务工许可证、营运证等证件时,要查验《南京市流入人口计划生育审验证明》,无证明的不予办理,并将审批结果通报计划生育行政管理部门。

建设部门在审批外来建筑施工队伍时,要查验施工队伍负责人与户籍地乡(镇)人民政府、街道办事处签订的计划生育责任书。无责任书的,不得进入南京地区施工。

卫生部门应当督促卫生医疗单位查验外来待产孕妇的生育证明。无生育证明的,医疗单位要及时通报所在地县(区)计划生育行政管理部门或乡(镇)人民政府、街道办事处。

第九条 用工单位负责管理招用的流动人口的计划生育。

农贸、招商、文化等各类市场管理委员会应当负责做好固定摊点经营者的计划生育管理工作。

……

第十六条 用工单位的流动人口出现计划外生育的,当年不得评为先进,有关领导应承担相应的行政责任。

第十七条 对伪造、出卖或者骗取计划生育证明的,由计划生育主管部门处以1 000元以下的罚款;构成犯罪的,依法追究刑事责任。

第十八条 当事人对行政处罚不服的,可以依照《江苏省计划生育条例》有关规定申请复议,提起诉讼。

当事人逾期不申请复议,不起诉又不履行行政处罚决定的,作出处罚决定的机关可以申请人民法院强制执行。

第十九条 本规定由市计划生育委员会负责解释。

第二十条　本规定自发布之日起施行。

第四节　办法的写作

一、办法的使用范围

办法是对某项工作所作的比较具体的规定,是对某项工作或活动制定出的具体规范性要求和措施。它常常是一项法规实施的具体化。办法可以用"命令"或"通知"的形式发布,也可以直接下达。

二、办法的主要特点

(一)规定性

即制定办法的机关单位,对某些工作制定出规范性标准,作为人们的行动准则,要求有关方面遵照执行。

(二)具体性

办法对人们的行为进行规范,是具体的、完整的,而不是抽象的。其具体性体现在政策界限清楚,技术性问题要求明确,数据确凿,毫不含混,便于执行。

三、办法的写作

办法一般由标题和正文构成。

(一)标题

标题一般有两种写法:一是由发文机关、事由、文种名称组成。如《中华人民共和国国家科委国际科技合作奖授予办法》。二是由事由、文种组成。如《评定授予人民警察警衔实施办法》。如果是短期的或是临时的,还要在"办法"之前加"暂行"、"试行",有的还要加"实施"二字。

(二)正文

正文构成有三种形式。

(1)公文式:由前言、主体和结尾三部分构成。前言要说明制定的依据、目的、意义和作用等。主体写具体的措施、办法。这部分内容要从主到次,从直接方面到间接方面排列,一般分条列款行文。结尾要写要求。有的办法无结束语。

(2)三则式:分为总则、分则、附则三部分。

(3)条目式。

[例文]

北京市民办高等学校收退费管理办法(试行)
二〇〇二年十月二十八日

为了进一步规范我市民办高等学校(以下简称"学校")的收、退费工作,维护学校及学生的合法利益,根据国务院《社会力量办学条例》及其实施意见,结合本市情况,制定本办法。

一、学校须按照教育行政部门和其他有关部门核准的收费项目和收费标准进行收费,并使用市有关部门统一印制的专用票据。该票据作学校收费和退费的凭证和依据。

二、学校举办学习期限在一年以内（不含一年）的，可按学习期限收取学费、杂费（含住宿费，以下同）；举办学习期限在一年以上的，应按学期或学年收取学费、杂费。学校不得跨学年度提前收费。

三、学生入学后因故要求退学退费的，须向学校提出书面申请，阐明理由，出具有关退学退费材料和凭证。

四、学校办理退费，按以下标准执行：

1. 因学校刊登、散发虚假广告（简章）或其他违反教育法律、法规的行为或校方造成的其他原因，学生要求退学退费的，学校须退还学生所缴纳的全部费用。

2. 学校开学前或学生出具武装部门的应征入伍通知书提出退学退费申请的，学校扣除报名费后，应退还学生所缴纳的其余学费、杂费（扣除一次性用品费用后，以下同）。

3. 学校开学后，学生出具国家各级各类承认学历的院校的正式录取通知书或因重大疾病、意外伤亡、家庭特殊困难等正当理由提出退学退费申请的，学校按学生的实际学习时间扣除相应的学费、杂费及报名费后应退还学生所缴纳的其余学费、杂费。

4. 一般情况下，学校开学（扣除军训时间，以下同）7天以内，学生提出退学退费申请的，学校扣除学生本学期学费、杂费的10％及报名费后，应退还学生所缴纳的其余学费、杂费；学校开学8～15天，学生提出退学退费申请的，学校扣除学生本学期学费、杂费的30％及报名费后，应退还学生所缴纳的其余学费、杂费；学校开学16～30天，学生提出退学退费申请的，学校扣除学生本学期学费、杂费的50％及报名费后，应退还学生所缴纳的其余学费、杂费；学校开学30天以后，一般不再办理本学期退费手续。

5. 学生在校期间因触犯国家法律、法规等原因被学校作开除学籍处分的，学费一般不予退还。

五、各学校根据本办法，可制定本校的具体收、退费办法，在招生简章中或在招生咨询时向学生（或家长）公示，并严格执行。

六、学校的收、退费工作均纳入学校财务统一管理，包括学校的系（院）、办、教学点等内设机构。学校办理学生退费须开具正式凭据。

七、本办法适用于本市社会力量（非国家财政性资金）举办的各类民办高等学校。其他高等教育机构举办的高等教育自学考试社会助学班及各类培训班参照执行。

八、本办法自公布之日起执行，原市教育行政部门颁布的与本办法不符的收、退费有关规定，以本办法为准。

综合练习

一、命题写作

1. 写一篇学习计划（考研计划、自考计划、专升本计划）。
2. 写一篇班级工作计划。
3. 写一篇关于学习的经验总结。
4. 写一篇班级、团支部工作总结。

二、材料写作

××厂为了调动职工的积极性，保证完成和超额完成生产任务，决定在全厂推行××岗位责任制先进经验。要求开好三个会（动员会、经验交流会、总结表彰会），搞好试点工作，组织职工讨论，充分发扬民主，各方面配合，从7月份开始，利用一个半月至两个月的时间完成这项任务。请根据以上情况，为此厂拟定一份工作计划。

三、修改

1. ××县国民经济和社会发展五年计划
2. 一九九九年至二○○○年工农业余教育事业规划草案
3. ××大学二○○八年招生工作规划
4. ××公司关于第一季度销售计划

四、把以下这篇会议记录改写为会议简报

××××矿区行政办公会议记录

时间：××××年××月×日

地点：矿区办公楼会议室

主持人：程光全主任

参加人：矿区副主任刘克先、劳资科科长赵列、财务科科长刘洪军、安全科科长熊彬、人事科科长范树森、办公室主任张平均

（一）会议议题

1. 二季度奖金发放办法。
2. 自然减员招工方案。
3. 有关人员的调动问题。
4. 对违反劳动纪律人员的处理。

（二）会议决定事项

1. 矿区二季度奖金按照××总公司××××年×月制定的《奖金发放办法》（试行草案）第六条、第七条办理。
2. 这次自然减员招工，招收××××年以前参加工作的职工子女，并实行文化统考、择优录取的办法（详细规定由劳资科负责制定）。
3. 同意刘祥同志因父母身边无人照顾调往××容器厂工作。
4. 同意陈新同志与硫铁矿吴才明对调，解决陈新同志夫妻长期两地分居问题。
5. 对矿工盛乔无故旷工三天的行为，责成劳资科在全矿区给予通报批评，并扣发旷工日工资及当月奖金。

×××矿区办公室
××××年×月×日

五、阅读下面的调查报告提纲，分析有什么不妥之处

××市××区医疗卫生保健点的现状调查

（一）前言

1. 调查的目的：为进一步规划××区医疗卫生保健点的发展做好基础调研工作。
2. 调查的对象及时间地点。

（二）正文

1. 医疗卫生保健点的全区布局及存在的问题。
2. 全区人口对医疗卫生保健的需求。
3. 医疗专职工作人员的现状。
4. 今后发展的几点设想。

（三）该文的标题

A. 没有任何错误，可以不改动。
B. 应当在"××市"后加"关于"两个字，在后面加文种"报告"。
C. 有歧义，应明确主持调查单位的单位，即是"市"还是"区"。
D. 明确制发单位，在发文单位后加"关于"。

（四）全文的提纲

A. 没有任何错误，可以不改动。
B. 前言缺少概况介绍。
C. 正文逻辑顺序有问题。
D. 正文中2、3的位置应互换。

六、运用你学习的计划写作知识，分析下面这个计划存在的主要问题

××建设银行××支行第四季度工作计划

今年的工作十分繁忙，尤其是第四季度的工作，如何把本季度工作搞好，作下列计划：

1. 抽出时间认真学习十六大报告及相关文件。
2. 深入下面各单位了解完成工作量的情况和资金支用情况，为审查好年终决算打下基础。
3. 了解建设单位明年的计划安排和完成情况，以便做好明年信贷工作计划。
4. 认真地与建设单位对清基建计划，避免超计划支出。

2002年9月

七、分析下面文章属什么文体，有何特点和不足

彩电价格战期待品牌战略

（该文为节选，文章前面的部分主要列举了彩电价格大战的情况，指出"价格大战的实质：中国彩电企业还没有取得最有力的竞争优势"；"价格大战的后果：中国彩电企业品牌形象和行业品牌形象双重受损"。本文选择的是该文的最后一部分："价格大战的出路：中国

彩电企业必须尽快导入科学的品牌策略"。)

  中国彩电企业必须尽早导入科学的品牌策略。细心的人士肯定已经注意到一个基本事实,国际彩电强势品牌始终没有在这场彩电价格大战中扮演积极的角色,到后期被迫参战,也是出于维护自身品牌形象方面的积极的策略性考虑,因为在大多数品牌都已大幅度降价的背景下,如果个别品牌坚持相对高价政策,不管是出于什么原因,都会给消费者留下追求暴利的不良影响。所以国际彩电强势品牌的被迫参战,可以认定为是一种在不利的市场环境中的积极的应对策略。另外,我们还必须清醒地看到,虽然国际强势品牌在后期被迫卷入了价格大战,但它们的价格仍然明显高于国内品牌,因而相比而言,它们也必然还有较大的利润空间。如果考虑这次价格大战后所有参战品牌的境遇,我们不难预测,国际彩电强势品牌将不会遭遇进退两难的尴尬境遇,因为它们可以依靠技术手段,在推出新机型、新功能的基础上,加上卓越的整合营销传播,通过品牌物质属性和精神属性的重新塑造,顺利地恢复理想的价格水平。

  而对多数中国彩电品牌来说,运用品牌策略收拾价格大战后的市场残局还有相当的困难,因为与国际彩电强势品牌相比,中国彩电企业在品牌策略方面的差距太大了。在技术方面,中国彩电品牌和其他大部分行业一样,主要精力集中于引进。然而,一方面,中国企业没有足够的支持能力引进最先进的技术;另一方面,出于竞争的考虑,外国企业也不可能把最先进的技术转让给中国企业。因此,中国彩电品牌至今也没有在国际范围内掌握最先进的彩电核心技术,更没有形成最先进的彩电核心技术的自我开发能力。虽然最近不断出现国内彩电企业推出基于新技术的新产品的报道,但实际效果如何,还要看这些产品投放市场后的表现。此前很多国内彩电企业曾经玩过诸如"数字"一类的技术概念,而实际上是自欺欺人。在整合营销传播方面,虽然中国彩电品牌几乎无一例外地打起了这面大旗,但从严格意义上说,中国彩电企业几乎还没有哪一家已经真正在科学、系统、规范的意义上运用整合营销传播。这一方面是因为作为目前国际企业竞争最锐利的武器——品牌策略,本身具有非同一般的复杂性;另一方面,很多中国彩电企业急功近利,过于浮躁,而且叶公好龙,要么不虚心学习整合营销传播的精髓,要么片面追求品牌的专卖店,要么只顾企业的近期效益。因此,很多企业不仅没有培育出真正的强势品牌,而且有些做法还造成了对品牌的极大伤害。这次完全丧失理性的价格大战,就是这些误区所导致的一个必然结果。

  面对这种严峻的挑战,中国彩电企业除了在技术等方面追求领先以外,还必须争夺品牌策略这个现代国际企业竞争的战略制高点,与外国企业进行水平对等的竞争,此外没有别的出路。这一方面要求中国彩电企业在技术创新方面真正做到自力更生,力避一味地引进;另一方面,中国彩电企业必须在强化品牌策略学习的基础上,真正树立科学的品牌理念,掌握系统规范的品牌实际操作方法,迅速从真正意义上取得竞争的绝对优势。必须指出,中国加入WTO在即,世界经济一体化的进程正在加快,留给中国彩电企业的有限机遇已经显得异常宝贵,中国彩电企业必须有足够的历史紧迫感,卧薪尝胆,励精图治,强化学习,规范实践。宝贵的历史机遇很少重现,也很难重现!

八、按以下要求写作

  1. 下面是某电脑公司销售新上市的 SUM 牌纯平 17 吋显示器报价表和部分顾客询问材料,请根据这些材料写一份短期市场预测报告。

(1) 顾客调查询问材料：2000年1月至3月这3个月中，新上市的 SUM 牌纯平 17 吋显示器销售情况良好，根据向各销售点直接询问，汇总情况如下：

① 30%的顾客认为纯平显示器效果好，适合显示游戏画面或看 VCD，但价格还是贵，如果便宜 20%就可购买。

② 30%的顾客认为 SUM 牌纯平 17 吋显示器价格与同类产品相比，质量好而价格相对便宜 8%，对于平均价格为 4 000 元的纯平 17 吋显示器来说，便宜了 320 元，所以愿意购买。

③ 30%的顾客认为 SUM 牌纯平 17 吋显示器在价格相对便宜的情况下，其功能在刷新频率范围上比其他品牌宽，所以愿意购买。

④ 10%的顾客认为 SUM 牌纯平 17 吋显示器虽然不错，但与其他同品牌的 SUM 牌超平 17 吋显示器相比，价格高出 20%，还是贵了些，限于条件，所以购买超平显示器。

(2) 有关销售情况统计表：

时间	SUM17 吋纯平		SUM17 吋超平		APP17 吋超平		APP17 吋纯平	
	单价(元)	销售(台)	单价(元)	销售(台)	单价(元)	销售(台)	单价(元)	销售(台)
1月	3 680	120	2 944	200	3 100	149	4 000	80
2月	3 680	140	2 944	180	3 100	130	4 000	75
3月	3 680	146	2 944	160	3 100	116	4 000	61

(3) 4月份接到通知，17 吋纯平显示器价格下调 15%，17 吋超平显示器价格下调 20%，17 吋超平显示器价格下调 18%，APP17 吋纯平显示器价格下调 20%。

2. 某集团总公司拟引进一条流水生产线，该公司对此生产线的型号、规格、性能、主要技术参数已备有书面材料（略），请你代该集团总公司拟写一份面向国内外具有此项目生产供应能力的厂商的招标书。其中，某集团总公司的地址、电话、电传、联系人开户银行、账号，以及发售标书、投标地点、投标日期、开标日期及地点等可自行拟定（要求：格式正确，内容完整，文字标点规范）。

九、分析下列合同结构，并说明其写作是否符合要求

购销合同

立合同者：××市肉类联合加工厂（以下简称甲方）
　　　　　××市食品公司（以下简称乙方）

为繁荣市场，保证食用油供应，经双方协商，签订本合同，以资共同遵守。

一、由甲方向乙方订购食用油贰佰吨，按每吨叁仟伍佰元计算，甲方付给乙方货款共柒拾万元。

二、乙方于 2002 年 4～5 月份分 4 次在××火车站向甲方交付完所订购的食用油。

三、付款办法采取银行托收承付。甲方在验收第一批货物后 5 日内先付款 50%，在验收全部货物后的 5 日内付清余下货款。

四、采用铁桶包装，铁桶回空，运杂费由乙方担负。货物发运后的铁路运费及卸车费由甲方负担。

五、质量标准。以食用油规格水分不超过 1%为合格，不符合质量标准的甲方拒收。

六、双方按规定日期交付货物或货款，逾期不履行合同者，违约方按每天 1%的尾款或

货物折价付对方违约金。

七、本合同1式4份,双方各执正副本各1份保存备查。

××市肉类联合加工厂　　　　　　××市食品公司

代表人：×××　　　　　　　　　　代表人：×××

地址　　　　　　　　　　　　　　　地址

电话号码　　　　　　　　　　　　　电话号码

电报挂号　　　　　　　　　　　　　电报挂号

开户银行账号　　　　　　　　　　　开户银行账号

二〇〇二年×月×日　　　　　　　　二〇〇二年×月×日

十、下面是某合同正文部分，请你谈谈该合同内容格式的不当之处，并就所提供材料，重拟一份合同

建筑工程合同

××县××机械厂(以下简称甲方)与××省××县建筑公司(以下简称乙方)经双方商定签订合同如下：

(1) 工程内容：甲方原有厂房(均系平房)4 000平方米，现扩建8 400平方米，其中拆除2 000平方米。新厂房要求四层钢筋水泥结构(详见图纸)。

(2) 工程进度：首度工程3 600平方米要求在2001年10月底完成，其余2 800平方米在2002年10月底前全部完成。

(3) 建筑费用：全部建筑工程费用1 400万元(详见清单)，所有建筑材料均由乙方负责采办。订阅合同后甲方先付给乙方工程费用80万元，余款在厂房建成验收后10天内全部付清。

(4) 经济责任：厂方如不能按期付款，每超过一天应赔偿给建筑公司工程费千分之一的赔偿金；建筑公司如不能按期完成施工任务，每超过一天，厂方可在工程费用中扣除千分之一作为赔偿。

(5) 施工期间的人身安全由双方共同负责。

附件：(略)

十一、根据下面的材料写一份合同

华盛茶叶公司法人代表王志勇和红叶茶场法人代表蔡德熙于1998年3月10日签订了一份茶叶购销合同，具体货物是红叶特级绿茶，数量为1 000千克，每千克价格为64元，1998年6月20日之前由茶场直接运往公司，运费由茶场负责。检验合格后，公司于收货10天之内通过银行托付货款。茶叶必须用大塑料纸袋内装，外用纸箱或麻包袋装，包装费仍由茶场负责。茶场地址为××省常清县城北区，开户银行是常清县农业银行，银行账号：0354，电话：2746883，茶叶公司地址为海口市××路××号，开户银行为海口市工商银行，账号：667805，电话：××××××。合同签订后，如不履行，在正常情况下拒不交货或拒付货款都须处以货款20%的罚金；迟交货或迟付款，则每天罚万分之三的滞纳金；数量不足，按不足部分的货款计赔，即按这部分货款的20%赔付。质量不合格，则重新酌价。如遇特殊情况，需提前20天通知对方，并赔偿损失费10%。本合同由常清县工商行政管理所鉴证。

第三编 职场文书写作

第十一章 职场文书写作概述

第一节 职场文书写作的性质和作用

一、职场文书的性质

社会的发展对于求职者和在职者都有着不同的求职要求及职业标准,特别是在当今就业和从业的职场竞争都很激烈的情况下,了解和学习职场文书的写作就显得十分必要了。

职场文书的内容比较广泛,但本书所涉及的职场文书只包括求职和职场常用文书,特别针对大学生求职和职场需要。因此,职场文书是指谋求职位时所需的必要书面材料,以及个人在职业中继续求得职业发展的必要文书。

二、职场文书写作的作用

职场文书对于个人求职或职场的升迁有一定的评判价值。职场文书还能够对求职或职场中的个人能力起到重要的评价作用。职场文书写作是个人才华和形象的书面表达,是职业生涯中的必备技能。

第二节 职场文书写作的特征与类别

一、职场文书写作的特征

（一）自荐性

职场文书是为了谋求职位而进行的个体写作。写作时必须根据用人单位的需求,向用人单位推荐自己。把自己最有能力、最突出的地方写出来,使用人单位在"众里寻他"中发现自己。而任职时所写的文书也要尽量展现个人的职场经验和贡献。

（二）针对性

职场文书写作的针对性比较强,特别是求职类文书往往要针对应聘单位所需要的条件介绍自己的情况,要实事求是,正确定位,而任何夸大其词、答非所问的写作都是不可取的。在职的职场文书写作更要求真务实。

（三）目的性

职场文书写作的目的就是为了求职或职务的升迁,所以写作的目的性很强。在写作中观点要鲜明,表达要准确,语言要简练。

二、职场文书写作的类别

本书从职业谋求和职业升迁的角度分析,将职场文书的类别分为求职类文书和职场(任职)类文书两大类。不做更多切分,是为了使不同体式的应用文在总体上能纳入这两大类,而能够显现职场文书的写作目的。这其中包括求得新职业的申论写作和求得职称发展的学术论文写作。

第十二章　求职类文书

第一节　求职信的写作

一、求职信的含义和作用

求职信，又叫自荐书、应聘书或自荐信，是写作者向用人单位介绍自己的情况以谋求某一职业的一种专用书信。

二、求职信的特点

（一）针对性

求职信最大的特点是"求"，写求职信的宗旨和目的就是为了找到一份理想的工作。因此写作时要紧紧围绕招聘单位的要求、自身的条件和与招聘要求相契合处等几个方面来组织材料，重点展示自己适合此职位的长处和才能，切记随意发挥。

（二）恰当得体

写求职信一定要注意在充分展示自我的同时，要做到自信而不自傲，谦逊而不逢迎，语言要得体。正确评价自己，不抬高、吹嘘，也不自贬、自贱。

三、求职信的格式和写法

因为求职信是一种书信文体，所以和书信的书写格式一致。一般由标题、称谓、正文、结束语、落款、附件等几部分组成。

（一）标题

求职信的标题通常只有文种名称，即在首行正中写上"求职信"、"自荐信"或"自荐书"。

（二）称谓

在标题下一行顶格书写求职单位的名称，要用全称或规范化的简称。如果写给单位领导，则应用尊称或敬称。称谓后用冒号。

（三）正文

正文是求职信的核心部分。另起一行空两格写，一般包括以下内容：求职的缘由、求职的目标、求职的条件、求职的愿望等。主要针对用人单位的招聘信息来具体介绍自己，重点介绍自己前往求职的优越条件，例如自己的专业特长、业务技能、外语水平、计算机水平以及其他潜在的能力和优点，使用人单位意识到你是他们招聘的最佳人选。求职信的结尾要表明期盼用人单位给予答复的愿望；例如"我恳切希望贵单位能给我一个作贡献的机会，并热忱地期待您的答复"、"如能有幸到贵单位工作，我会尽心尽力，不断学习，为公司的发展竭尽绵力"、"请予以考虑"等等。

(四) 结束语

另起一行空两格写"此致""祝"等,然后换行顶格写"敬礼""工作顺利"等字样。

(五) 落款

在结语下面偏右处写上求职者的姓名和成文日期。

(六) 附件

附件是求职信不可忽视的一个重要的部分。一般包括个人简历、学历证书复印件、获奖证书复印件等。此外,还要注明求职者的通讯地址、邮编、电话号码等信息,以便用人单位及时联系。

四、求职信写作注意事项

(一) 要实事求是

求职信的写作必须从实际出发,实事求是,对求职人的情况叙述要客观真实,不能言过其实。

(二) 要突出重点

求职信的写作目的是让用人单位相信自己的才干和能力,能胜任所求的职位。在写作过程中要重点展示自己的专长和技能,以便用人单位决定是否录用。

(三) 要简洁美观

求职信的文字要简洁,篇幅不宜太长,打印要清楚、美观。

(四) 要注意行文的语气

行文的语气要不卑不亢,切忌语言生硬,用命令的语气表达。

[例文]

求 职 信

尊敬的领导:

  您好!

  首先感谢您在百忙之中阅读我的求职信,为一位满腔热情的大学生开启一扇希望之窗,给我提供一个迈向成功的机会。

  我是南京××大学××学院××专业的一名学生,将于 2011 年 6 月毕业。我带着十分的真诚,怀着执著的希望来参加贵单位××岗位的招聘,希望我的到来能给您带来惊喜,给我带来希望。

  大学期间,我认真学习专业知识,担任学生会生活干事,具有较强的组织能力与团队合作能力。诚实做人、忠实做事是我的人生准则,"天道酬勤"是我的信念,"自强不息"是我的追求。四年来,我利用业余时间和寒暑假在学校兼职打工,积累了一定的工作经验,同时我熟悉各种办公软件的操作,能熟练使用电脑。

  我不期望有丰厚的物质待遇,只希望用我的智慧、热忱和努力来实现我的社会价值和人生价值。追求永无止境,奋斗永不停止。我要在新的起点书写新的纪录,创造新的成绩。我的自信,来自我的能力、您的鼓励;我的希望寄托在您的慧眼。如果您把信任和希望给我,那么我的自信、我的能力、我的执著将是您最满意的答案。

  千里马因伯乐而驰骋,我需要您的赏识与认可,如果您能给我一个机会,我会更加严格要求自己,以全新的面貌迎接辉煌的明天。
　　静候您的佳音!
　　此致
敬礼!

求职者:××
二〇一〇年十二月一日

　　通讯地址:××××××××
　　邮编:××××××
　　手机:×××××××
　　附件:
　　1. 简历表
　　2. 大学成绩表
　　3. 获奖证书(复印件)
　　4. 其他能力证书

第二节　简历的写作

一、简历的性质和作用

　　简历,是对个人学历、经历、特长、爱好及其他有关情况所作的简明扼要的书面介绍。简历是个人形象,包括资历与能力的书面表述,对于求职者而言,是必不可少的一种应用文。
　　简历的作用有如下几点:可根据招聘信息,单独寄出或与求职信配套寄出,应聘自己感兴趣的职位;可以争取更多录用机会;能为介绍自己提供基本素材,又能供面试者详细阅读。总之,在人才竞争激烈的时代,简历具有其他方式不可替代的功能与作用。作为一种自我宣传与自我推销的媒介,其功用也日益为人们所重视。

二、简历的格式和写法

　　简历可以是表格的形式,也可以是其他形式。个人简历一般应包括以下几个方面的内容:
　　(1) 个人基本信息,如姓名、性别、出生年月、家庭地址、政治面貌、婚姻状况,身体状况,兴趣、爱好、性格等;
　　(2) 与学业有关内容,如就读学校、所学专业、学位、外语及计算机掌握程度等;
　　(3) 本人主要经历,如入学以来的简单经历,主要是担任社会工作或加入党团等方面的情况;
　　(4) 所获荣誉,如三好学生、优秀团员、优秀学生干部、专项奖学金等;
　　(5) 本人特长,如计算机、外语、驾驶、文艺体育等。

三、简历写作注意事项

　　写简历时要注意以下几个问题:

(1) 首先要突出过去的成绩。过去的成绩是你能力的最有力的证据,会有说服力。
(2) 简历上的内容必须用事实说话。
(3) 简历要突出重点,不要写对申请职位无用的东西。
(4) 不要有明显字词句错误,不宜写得太长。

[例文]

个人简历

姓名		性别		
学历		政治面貌		
专业		籍贯		照片
英语水平		身高		
计算机水平		出生年月		
		培养方式		
联系电话				
通信地址				
E-mail				
求职意向				
个人能力				
主修课程				
主要实践				
自我评价				

第三节 招聘启事的写作

一、招聘启事的概念

招聘启事是用人单位面向社会公开招聘有关人员时使用的一种应用文书。招聘启事撰写的质量,会影响招聘的效果和招聘单位的形象。它以张贴、散发或通过报刊、电视、广播等媒体进行广泛传播。启事必因事而写,不同于"启示",写成"启示"就错了,应该注意。

二、招聘启事的格式和写法

招聘启事一般由标题、正文、结束语、落款等几部分组成。

(一)标题

招聘启事的标题可以简单地由事由和文种名称构成。如"招聘启事"或"招工启事",有的写作"招贤榜"。

(二)正文

另起一行空两格写正文内容。招聘启事的正文较为具体,一般而言,需着重交代以下一些事项:

1. 招聘方的情况

包括招聘方的业务、工作范围及地理位置等。

2. 对招聘对象的具体要求

包括应聘人员的工作性质、业务类型,以及年龄、性别、文化程度、工作经历、技术特长等。

3. 应聘人员受聘后的待遇

该项内容一般要写明月薪或年薪数额,写明执行标准工休情况,是否解决住房,是否安排家属等。

4. 其他情况

应聘者须交验的证件和应办理的手续及应聘的手续以及应聘的具体时间、联系的地点、联系人、电话号码等。

(三)结束语

最后常用"特此启事"、"此启"等结束语。(也可不写)

(四)落款

落款要求在正文右下角署上发表启事的单位名称和启事的发文时间。要署全名,如果是单位,最好盖上公章。有的招聘启事还要留下联系方式。

三、招聘启事写作注意事项

(1)招聘启事要遵循实事求是的原则,对所招聘的各项内容,均应如实写出,既不可夸大也不缩小。

(2)招聘启事的各项内容,可标项分条列出,使之醒目。也可用不同的字体列出以求区别。

(3)招聘启事的语言要简练得体、要庄重严肃又礼貌热情。

[例文]

南京××学院招聘启事

南京××学院位于仙林大学城,是一所国有公办性质的以培养中高级技能人才为特色的职业院校、江苏省重点××学院。现根据学院发展需要,面向社会诚聘一体化骨干教师及优秀青年教师。

一、招聘教师岗位及人数：
1. 机电设备维修：骨干教师1名；优秀青年教师1名；
2. 汽车制造与维修：骨干教师1名；优秀青年教师1名；
3. 数控技术：骨干教师1名；优秀青年教师1名；
4. 电气自动化：骨干教师1名；优秀青年教师1名；
5. 计算机应用：骨干教师1名；优秀青年教师1名。

二、应聘条件：
1. 具有相关专业本科及以上学历；
2. 骨干教师要求具有高级职称、技师及以上技能等级、10年以上教学经验；
3. 优秀青年教师要求具有中级职称、技师及以上技能等级、3～5年以上教学经验；
4. 参加市级以上学科、技能竞赛获奖者优先考虑。

三、待遇标准：
1. 骨干教师工资、津贴待遇参照在编教师标准执行；
2. 优秀青年教师工资按校内聘用制标准执行，津贴参照在编教师标准执行；
3. 缴纳社保、公积金和住房补贴。

应聘者请于2011年4月20日前将个人简历、近期彩照、身份和学历证明、职称和技能证书、业绩材料复印件邮寄至我院，并于信封上注明应聘岗位。

地址：南京市仙林大学城学海路××号南京××学院组织人事处

邮编：210033　　咨询电话：85796635　　85796634

练 习 题

2011年3月20日，《扬子晚报》刊载一则招聘信息：苏果超市招聘大专以上学历的人员三名，其中办公室主任1名，收银员2名，秘书2名。请你以一名大学毕业生的名义撰写简历和不超过800字的求职信各一份；以苏果超市人力资源部的名义写一份招聘启事。

第十三章　职场(任职)类文书

第一节　述职报告的写作

一、述职报告的含义和作用

(一)述职报告的含义

所谓述职报告,就是述职人向考核或评审部门和上级领导或人民群众如实陈述自己在一定时期内履行职责的情况的书面报告。述职报告回答的是述职者是否称职的问题。述职报告必须依据国家的大政方针和自己的职责范围,对照检查自己在一定时期内履行职责的情况,重点是工作中取得的成绩、经验教训。

(二)述职报告的作用

述职报告在各级机关、企事业单位人事管理中有着很大的作用。

1. 有利于上级考核和使用干部

通过述职报告,组织人事部门可以全面了解所使用干部和工作人员履行职责的情况,从而发现他们的长处和不足。这不仅为合理选拔、调配干部提供了依据,而且有利于干部考察、选拔工作制度化、合理化和规范化。

2. 有利于群众的监督

领导者定期向本单位的群众报告履行职责的情况,有利于增加干部工作的透明度,有利于群众进行监督和评议。

3. 有利于干部自身素质的提高

写作或宣读述职报告的过程,是述职者进行自我提高、自我检查的过程。通过对照自己的岗位职责进行回顾、反思、总结经验和教训,可以不断改进工作,提高自身的素质。

二、述职报告的特点

述职报告不同于总结或思想汇报,它的特点归纳起来有以下几点:

(一)注重实绩

述职报告是述职者在全面总结任期内履行职责的基础上,重点写真切的实绩,即在任期内做了哪些工作,有哪些突出的成绩,实事求是地作出自我评价。因此,述职报告必须把工作实绩、经验教训、建议及实质性内容表述清楚,切忌空谈。实绩是述职报告必写、重点写的,考核是根据实绩决定晋升与否或划分等级。

(二)限定内容

述职报告的内容必须紧紧围绕岗位职责和目标来写,工作成绩、存在问题、今后打算等必须限定在述职人特定时期的职责范围内。

（三）行文严肃

述职报告是为考核而写的,考核是一项庄重、严肃的工作。这就决定了述职报告的写作态度要严肃认真,内容要真实无误,陈述要具体简明,语言要平实质朴,评价要准确恰当,不允许以偏概全、"合理想象",报喜不报忧,也不允许贪他人之功为己有。

（四）自我鉴定

述职人在述职报告中讲述履行职责的情况时,要对自己工作中的表现,对成绩和问题进行总结评价,实际上是对自身工作能力、水平和效果作自我鉴定。

（五）限定时间

述职报告的时间也有严格的规定：述职的内容必须是任期内的；述职者必须在考核期内写出书面报告。

三、述职报告的格式和写法

述职报告一般由标题、称谓、正文、署名和日期五部分组成。

（一）标题

述职报告的标题常用的有四种：一是年度＋正文,如《2010年度述职报告》；；二是只写文种,如《述职报告》；三是任职期限＋担任职务＋文种,如《××××年××月到××××年××月担任××职务的述职报告》；四是概括全文主旨,并用副标题加以补充说明,如《思想政治工作要结合经济工作一起抓——××公司党委书记×××的述职报告》。

（二）称谓

称谓是报告者对听取述职报告的对象的称呼。称谓要根据会议性质及听众对象而定,如"各位领导、同志们",或"组织部"、"人事处"等。

（三）正文

一般包括开头、主体和结尾。

1. 开头

开头又叫引言,用平直、精练的文字概述述职者的身份、岗位职责、工作目标、总体评价等。常以"现将任职期间的情况报告如下"等过渡到下文。

2. 主体

对开头内容的展开,是述职报告的核心部分。应详细、明确、具体地介绍自己在任职期间的岗位职责的履行情况及工作目标的实现情况、主要政绩,决策能力发挥的作用和效果,做了哪些开拓性的工作,基本的经验体会以及存在的主要问题、教训,今后工作的设想、建议等。

3. 结尾

表明自己的意愿和态度,请求审议、批评和帮助,常见的结束语有"以上述职,请予审查"、"述职完毕,请批评指正"等。由于述职报告要面向本单位全体人员口头表达,结尾还有"谢谢大家"之类的话。

4. 署名与日期

在正文右下方署上述职者的姓名、单位名称和述职日期。

四、述职报告写作注意事项

（一）内容要具体真实，述职要全面

述职报告作为自述性的文体，是本人对自己水平能力的综合评价，内容必须真实，否则会影响述职人的公众形象。在述职报告中，述职者应将自己负责的工作全面系统地进行叙述，不能顾此失彼，也不能只叙成绩，不叙问题。只有全面地叙述，才能使组织和群众了解述职者的工作情况，对述职者作出全面公正的评价。

（二）针对岗位职责，突出重点

撰写述职报告，必须按照一定的标准对自己的工作进行评价，这个标准就是所在岗位的职责。因此，在写述职报告时，要突出重点，突出岗位职责所要求的能力和业绩，不应面面俱到。

（三）注重群体的作用

述职者在叙述成绩时，不能单方面强调主观因素，过分强调自己的能力；讲到存在的问题时，不能一味地归为客观原因。要处理好集体与个人的关系，客观地对待自己，报告一定要正确、客观，绝不能文过饰非，甚至贪他人之功为己有，忽视集体的作用。

[例文]

2009年度述职报告

××××大学党委书记×××

中共××省教育工作委员会：

××××年××月××日省委任命我担任××××大学党委书记。我从以前的副职走上正职的领导岗位，由行政工作转向党务工作，职务和地位发生了变化，表明自己肩头的责任重大，要求更高了。两年来，我在新的岗位上，本着对党的事业负责的精神，尽职尽责，努力工作，较好地完成了组织交给的任务，并在实践中经受了锻炼，增长了知识，政治素质和业务能力都有一定程度的提高。现将两年来履行工作职责的情况汇报如下。

一、班子的思想政治建设，坚持办学的社会主义方向。……（略）

二、加强党的组织建设，调整充实中层领导班子。……（略）

三、认真抓好教职工的思想政治工作，在全校上下形成团结奋进的良好氛围。……（略）

四、搞好制度建设，使党务思想政治工作制度化、规范化。（略）

五、注重自身学习，努力提高思想政治素质和业务水平。（略）

在两年的任期内，虽然自己在党委书记的岗位上做了一些工作，取得了一定的成绩，但是还存在不足，主要表现在：

第一，对在新形势下如何搞好党的建设，提高党员尤其是党员领导干部的素质，如何加强和改进思想政治工作等问题研究不够。对在教师和干部中开展职业道德教育抓得不够有力，因而少数教师和干部职工中出现了党性不强、组织纪律松弛等问题。

第二，遇事不够冷静，工作有急躁情绪。对个别教师干部的某些思想认识问题的处理，有时方法简单，还没有耐心细致地做工作，对部分基层单位工作中存在的困难，未能及时下去调查了解，给予解决。

第三,对基层党支部的建设抓得不够扎实,研究干部职工的思想状况的工作做得比较差,在具有高级职称的青年教师中发展党员的工作效果不明显。

以上是我的述职报告,如有不对之处,恳请组织批评指正。在今后的工作中,我一定认真总结经验,发扬成绩,弥补不足,把工作做得更好。

××××年××月××日

这是领导者个人的述职报告,以自己所做工作与实绩为主。语言谦和、恰当,有个性,切实具体,无空话、套话。

第二节 公示的写作

一、公示的概念和特点

所谓公示,它就是党政机关、企事业单位、社会团体等事先预告群众周知,用以征询意见、改善工作的一种应用文文体。公示是目前用于组织对外公开宣布需要让公众知晓的事情的告知性文体。它与公告在行文上有相似之处,但在性质上却有根本区别。公告具有较强的政策性、法规性,是国家向国内外宣布重大事件的行政公文。公示是知照性的文种,常用于一般组织公开宣布或告知某些事宜。

公示具有以下几个特点:

(一) 公开性

公开性是指公示所写的内容、承载的信息,都是要向一定范围内或特定范围内的人员公开。

(二) 周知性

周知性是指公示写作的目的,是为了让关注其内容与信息的人们了解是怎么回事,从而参与其事。

(三) 科学性

科学性是指公示的时间要科学合理,不但要反映公示的过程,更要反映出公示的结果,反映出群众的意愿。公示是事先的公示,不是事后的公示。公示的内容是初步的决定而非最终的决定。

(四) 民主性

民主性是指公示的过程与结果,都是公开、公平、公正的,都是有群众参与和监督,并为人们所认可。

二、公示的格式和写法

公示一般包括标题、正文和落款。

(一) 标题

一般格式为"事由+文种"或只写"公示"二字,即"公示"或"关于×××的公示"。

(二) 正文

开头为公示的缘由,接着写公示事项,结尾提出希望或有关要求,说明联系方式、公示的起始及截止日期(以工作日计),意见反馈单位地址及联系方式。

（三）落款

发布公示的单位名称（加盖公章）及发布时间。

[例文]

干部任前公示

全校各单位：

经校党委常委会研究决定：周××同志拟任××学院院长；王××、徐××同志拟任××学院副院长。现将这三名同志的基本情况公示如下：

周××，男，汉族，湖北武汉人，1965年12月生，本科学历、硕士学位，教授，博士生导师，2001年6月加入中国共产党，1986年7月参加工作，现任××××学院副院长；

王××，男，汉族，湖南长沙人，1963年10月生，研究生学历、博士学位，教授，博士生导师，1987年5月加入中国共产党，1987年5月参加工作，现任××××学院院长助理；

徐××，男，汉族，湖北武汉人，1964年5月生，研究生学历、硕士学位，副教授，硕士生导师，1984年4月加入中国共产党，1987年6月参加工作，现任××××学院院长助理。

广大干部群众对上述三名同志的任职如有异议，请在7月2日（周日）之前，以口头或书面形式向校党委组织部、校纪委办公室反映。反映情况要实事求是，具体真实，署真实姓名，以便调查核实。

公示期间，校党委组织部设立专用电话、公示信箱、公示电子邮箱。专用电话为89754230（校党委组织部办公室），875888801（校纪委办公室）。公示信箱设在南三楼门口。公示电子邮箱为1234@mail.abcd.edu.cn。

特此公告。

中共××大学委员会组织部
二〇一一年三月二十六日

第三节 倡议书的写作

一、倡议书的概念和作用

倡议书是个人或集体提出建议并公开发起，希望共同完成某项任务或开展某项公益活动所运用的一种专用书信。

倡议书的目的是通过倡议书鼓动宣传，能够广泛发动群众，调动公众团结互助，群策群力，共同奋斗。同时，倡议书还是传达贯彻上级组织和有关领导指示精神的一种有效途径。

二、倡议书的特点

倡议书的特点具体来讲具有以下几个方面：

（一）群众性

倡议书不是对某个人、某一集体或某一单位而言的，它往往面向广大群众，或对一个部门的所有人发出，或对一个地区的所有人发出，甚至向全国发出。所以其对象广泛的群众性是倡议书的根本特征。

（二）不确定性

倡议书是要求广大群众响应的,然而其对象范围往往是不定的。它即便是在文中明确了自己的具体对象,但实际上有关人员可以表示响应,也可以不表示响应,它本身不具有很强的约束力。而与此无关的别的群众团体却可以有所响应。

（三）公开性

倡议书就是一种广而告之的书信。它就是要让广大的人民群众知道了解,从而激起更多的人响应,以期在最大的范围内引起共鸣。

三、倡议书的选题

倡议书具有公开性,因此在写倡议书时要注意选题,选择有意义的、适合当前形势的话题内容。一般应选择:

（一）思想性和号召性的话题

倡议书一般是组织或集体发起,围绕当前众人所关心的事件或组织所提倡的一种活动发出倡议,有一定的号召性、鼓动性,能引起众人的关注,如果倡议书的内容不是人们所关心的,没有一定的思想性,就很难达到群体响应的效果。

（二）先进性和可行性的话题

倡议书的内容应是于国于民有利的,所提的条件应当具有先进性,但倡议书所提到的内容又是可以做到的好事,应当具有可行性。

四、倡议书的格式与写法

倡议书一般由标题、称呼、正文和落款组成。

（一）标题

在正文上方标明"倡议书"三字,也可在"倡议书"三字前概括倡议的内容。如"绿化荒山、植树造林的倡议书","讲究卫生、抗击非典的倡议书"等。

（二）称呼

根据被倡议对象的不同选用不同的称谓。也可以不另起行写倡议对象,而在正文中指明。

（三）正文

开头空两格,先总述倡议的根据、原因、目的和意义;主体部分写倡议内容,可分条列出具体内容,也可以整篇幅写。结尾表明决心和希望。

（四）落款

写发出倡议的单位或个人的姓名,下面签署日期。

[例文]

创建文明城市倡议书

尊敬的市民朋友们:

文明城市是城市物质文明、政治文明、精神文明三个文明建设综合性最高荣誉称号。开展创建文明城市活动,对于提高××城市文明程度和市民素质,塑造××城市形象,促进经济社会协调发展,具有重大的推动作用。从一九九九年至今,我市已连续十一次荣获文明城

市荣誉称号,今年为了掀起新一轮创建省级文明城市的高潮,力争我市第十二次蝉联省级文明城市,我们向全体市民发出如下倡议:

一、行动起来,全民争创文明城市。××市是我们的家园,创建文明城市,营造美好家园,是每个市民义不容辞的责任和义务,全体市民要以主人翁姿态积极投身创建文明行业、文明社区、文明单位等活动,以自己的实际行动为我市第十二次创建文明城市多作贡献。

二、从我做起,争当文明××人。要认真实施《公民道德建设实施纲要》,自觉践行"公民道德基本规范20字"和"八荣八耻"的社会主义荣辱观。遵守市民守则和文明公约,从我做起,从点滴小事做起,从现在做起,革除陋习,倡导文明,养成良好的生活习惯、文明习惯,自觉做到"四管十二不四请"。即管住自己手,不破坏公共设施,不乱贴乱画,不乱扔东西,请自觉将废弃物投放到垃圾箱内;管住自己的嘴,不讲粗话脏话,不在公共场所吸烟,不随地吐痰,请自带纸巾;管住自己的脚,不践踏草坪,不闯红灯,不乱穿马路,请自觉走斑马线;管住自己的形象,不在公共场所大声喧哗,不乱停放车辆,不乱拥乱挤,请自觉排队。

三、弘扬正气,树立文明新风。要大力弘扬"开放融合、求实创新、团结奋进、拼搏争先"的××精神,共同维护××市良好形象。××涌动文明潮,社会和谐万事兴。文明城市呼唤文明市民,文明市民创造文明城市。让我们迅速行动起来,发扬××人崇尚文明的高尚情操,用我们的辛勤劳动和智慧,为创建文明城市构建和谐××而努力奋斗。

××精神文明建设指导委员会
二〇一一年四月二十六日

第四节 演讲稿的写作

一、演讲稿的概念和作用

演讲稿也叫演讲词,它是在比较隆重的仪式上和某些公众场合发表的讲话文稿。演讲稿是进行演讲的依据,它可以用来交流思想、感情,表达主张、看法,也可以用来介绍自己的学习、工作情况和经验等,它可以把演讲者的观点、主张与思想感情传达给听众以及读者,使他们信服并在思想感情上产生共鸣,演讲稿具有宣传、鼓动和教育作用。

二、演讲稿的特点

(一)内容的针对性

演讲是一种社会活动,是用于公众场合的宣传形式。它为了以思想、感情、事例和理论来打动听众,必须要有现实的针对性。

首先,它的内容是听众所关心的问题,评论和论辩要有雄辩的逻辑力量,要能为听众所接受并心悦诚服。其次,演讲稿写作时要根据不同场合和不同对象,为听众设计不同的演讲内容。

(二)表达的口语性

演讲的本质在于"讲",而不在于"演",它以"讲"为主、以"演"为辅。由于演讲要求口头表达,拟稿时必须以易讲为前提。

（三）鼓动性。

演讲是一门艺术。好的演讲自有一种激发听众情绪、赢得好感的鼓动性。要做到这一点，首先要依靠演讲稿思想内容丰富、见解深刻，发人深思，语言表达要形象、生动，富有感染力。

三、演讲稿的格式和写法

演讲稿的结构包括标题、称呼语、开头、主体、结尾五个部分。

（一）标题

演讲稿的标题是演讲内容和主旨的概括，一个新颖、生动、恰当而富有吸引力的题目，不仅能在演讲前给人急欲一听的强烈愿望，而且在演讲结束之后，同其内容一样，给人留下永久的记忆。演讲稿的标题有很多种。有的巧设比喻，如《扬起生命的风帆》；有的直接点明观点，如《生活中不能缺少诚信》；有的以反问形式入题，如《这不是21世纪的精神吗》。

（二）称呼语

称呼语是演讲开始时对听众问候的方式，如"尊敬的各位评委、老师，亲爱的同学们：大家晚上好！"

（三）开头

演讲的开头，也叫开场白。它在演讲稿的结构中处于显要的地位，具有特殊的作用。演讲稿的开头，通常有以下几种：

1. 开门见山

这种开头是一开讲，就进入正题，直接提示演讲的中心。运用这种方法，必须先明确把握演讲的中心，把要向听众揭示的论点摆出来，使听众一听就知道讲的中心是什么，注意力马上集中起来。

2. 说明情况

对发生的事情、人物对象作出必要的介绍和说明，为进一步向听众提示论题作了铺垫。这种开头可以迅速缩短与听众的距离，使听众急于了解下文。

3. 提出问题

这种方法是根据听众的特点和演讲的内容，提出一些激发听众思考的问题，以引起听众的注意。

（四）主体

演讲稿的主体部分是演讲的核心部分，也是演讲稿的高潮所在。在行文的过程中，要处理好层次、结构和衔接等几个问题。

1. 要摆事实，讲道理，层次清晰展开论述

演讲者可在演讲中反复设问，并根据设问来阐述自己的观点，就能在结构上环环相扣，层层深入。此外，演讲稿用过渡句，或用"首先"、"其次"、"然后"等语词来区别层次，也是使层次清晰的有效方法。论述中运用事例要典型，才能有说服力。

2. 感情真挚，结构安排张弛有致，跌宕起伏

因为演讲具有鼓动性，所以演讲稿要有充沛的激情，而且感情要真挚。因此演讲稿结构的节奏既要鲜明，又要适度。平铺直叙，使听众紧张疲劳，而内容频繁变换，也会造成听众注意力涣散。所以，插入的内容应该为实现演讲意图服务，注意节奏的频率才能抓住听众的

心理。

3. 边叙事边议论,行文变化,富有波澜

把说理和抒情结合起来。既有冷静的分析,又有热情的鼓动。有起有伏,有张有弛,有强调,有反复,有比较,有照应,才能构成演讲稿的起伏节奏。

（五）结尾

演讲稿的结尾是演讲内容的自然结尾,是演讲稿的有机组成部分。结尾给听众的印象,往往将代表整个演讲给听众的印象。言简意赅、余音绕梁的结尾能够使听众精神振奋,并促使听众不断思考和回味。

四、演讲稿写作注意事项

（一）要了解听众

撰写演讲稿时要了解听众的性格、年龄、受教育程度等,分析他们的观点、态度、希望和要求。掌握这些以后,就可以决定采取什么方式来吸引听众,说服听众,取得好的效果。

（二）要有一个集中鲜明的主题。

一篇演讲稿只能有一个中心,全篇内容都必须紧紧围绕着这个中心去铺陈,这样才能使听众得到深刻的印象。

（三）动之以情,晓之以理

好的演讲稿,应该既有热情的鼓动,又有冷静的分析,要把抒情和说理有机地结合起来,做到动之以情,晓之以理。

（四）语言准确生动、通俗易懂

演讲是一个听觉的过程,语言要准确生动,不能讲假话、大话、空话,也不能讲过于抽象的话。要多用比喻,多用口语化的语言,深入浅出,把抽象的道理形象化,让听众听得明白。

[例文]

为青春领跑

尊敬的各位领导、评委老师,亲爱的朋友们:

下午好!

为了今天的演讲,为了"为青春领跑"这个题目,我特意穿了条红色的短裙,因为这样显得年轻、充满活力,好为青春领跑。其实,我心里想的和嘴上说的还是不完全一样的。我觉得,只要我是一名老师,不管我是高是矮,是老是少,都应该做学生思想的导航者,精神的风向标,青春的领跑人!

当然,有今天这个认识是有原因的。读高中的时候,我在一所不错的学校就读。那里有业务最好的老师,但高中三年,我过得特别郁闷。因为在老师眼里,只有分数,没有学生;感觉老师是那样的高不可攀,远不可即。那时,我就想,如果将来我能做老师,我一定不能那样。

后来,我真的做老师了。从走上工作岗位的第一天开始,我就下定决心做一名好老师,可什么样的老师才是好老师呢？十七年的耕耘求索,我终于悟出了我要的答案:那就是以师德为标杆,以知识和才情为两翼,和学生一起,为青春领跑的人才是好老师。我愿意做这样的人,我愿意为孩子们的青春领跑。

要为青春领跑，首先就得成为学生思想的导航者。这是我十七来一刻也不敢松懈的弦。我和学生的思想碰撞常在讨论中进行，我们讨论"为谁读书"、讨论"天下兴亡，谁的责任"这样的大问题；也讨论"擦黑板，到底是谁的功课"这样的小问题……然而，多元化的时代，孩子们崇尚解构，漠视权威，要彰显个性，要成为他们思想的导航者，还真不容易。他们说："都二十一世纪了，老师你要向我们学才对！对酒当歌，人生几何，以快乐为原则，过把瘾就死。我们才不要什么思想的高度，人生的风度呢！"还有学生问我："老师，你要我们爱国，可国家在哪里？我找不着，你抓来给我看看。"我说："国家是个很抽象的概念，她在我心中。我抓不出来，但我可以打个比方告诉你，比如，我是老师，我的国家就是我面前的学生，就是你们。今天，我把课上好了就是爱国。"……这样的引导，让孩子们明白了，读书不只是为了光宗耀祖，不只是为了找一份好工作，而是在实现自我价值的同时，为他人谋福利，为国家作贡献，为人类创未来；让他们明白了"天下兴亡"的下一句不是"匹夫有责"而是"我的责任"。

回想这十七年来，我跟学生说得最多的也就是"这是我的责任"。我跟他们说"班里秩序不好，我有责任；学校风气不好，我有责任；国家不强盛，我有责任。如果我们每个人都能这样想，哪有不优秀的班级？哪有不团结的集体？哪有不兴盛的国家？"不把责任推出去，而是揽过来，这，就是我对学生思想引导的核心，道德教育的方向。

为青春领跑，还要做学生精神的风向标。曾看过一篇文章，说的是一位厚宽仁慈的妇女，她千辛万苦为一个小孩治好了腿病，可是这孩子最后却进了监狱，判了死刑。这位善良的妇女悔恨地说："我太急于让他能跑了，而忘了告诉他奔跑的方向。"是啊，奔跑的方面比能跑更重要。

前几天我过了四十岁的生日，在盘点我人生的收获时，让我欣喜不已的，不是发表的几十篇教书育人论文，不是整箱的获奖证书，也不是被提名为全省高校优秀心理辅导老师、全省首届大学生思想政治工作十佳候选人、青年骨干教师访问学者等等，而是学生在短信、在博客、在信件中对我的认同、鼓励和赞许；是和学生结下的一段段深厚的友谊。

这些让我有了"春蚕到死丝方尽，蜡炬成灰泪始干"的心甘情愿；也让我有了"三尺讲台万丈空，桃花源里自耕农"的知足与窃喜；更让我有了"桃李报我山河丽，我付桃李一生情"的豪情满怀。

朋友们，我不是诗人，不能用漂亮的诗句来讴歌我的职业；我不是学者，不能用深邃的思想来思考我的价值；我不是歌手，不能用动听的歌喉来咏唱我的岗位。但作为一个热爱教书的人，我有的，是最真诚的期盼："如果我的生命有一百次，而且每一次都可以自由地选择职业，那么，我将一百次选择教书。"因为，我爱教书，我爱学生，我愿意和孩子们一起，为青春领跑！

谢谢大家！

第五节 申论的写作

一、申论的定义

申论，取自孔子的"申而论之"，即申述、申辩、论述、论证之意。它既有别于古代科举考试中要求就给定题目论证某项政策或对策，撰写论文的策论形式，也有别于以往公务员考试中的作文形式。但申论考试的内容、方法及其要达到的测评功能,实际涵盖了策论和作文这两种考试形式的基本方面。

国家公务员申论考试"主要侧重考查应试者对给定资料的阅读理解能力、分析归纳能力、提出和解决问题能力以及文字表达能力。"考试形式既严格又灵活,要求考生摒弃套话、闲话,要求分析、论证和解决问题透彻、全面、清晰,同时又保证考生能充分发挥自己的潜力,施展自己的真才实学。

二、申论考试的性质

申论考试,是具有模拟公务员日常工作性质的能力测试。但在规定时间内进行考试,无论如何不可能与日常工作等同。在考场上,不可能从召开调查会开始着手调查研究,也不可能把大量原始信息一股脑儿摆在考生面前令其筛选。所以申论考试所面对的背景材料,是经过初步加工的"半成品"。但也仅仅是"半成品"——头绪往往并不很清楚,前后的顺序也未必很有条理,究竟反映了哪些问题也并不分明——还有待考生阅读材料时完成进一步的"梳理"。虽然这种材料已不是纯的"毛坯",但进一步的梳理、进一步加工的工作,与公务员日常工作仍然是近似的。

申论考试所提供的,一般都是社会性较强的背景材料,对政治、经济、法律、文化问题均有所涉及;申论考试的试题,一般也都是现实性问题。因为公务员对社会生活的方方面面都应当关心,应当有所认识、有所思考,对社会热点或大众传媒关注的焦点也应有所了解,否则很难有较高的思想水平和较强的分析问题、解决问题的能力。

申论考试,要求考生具有比较丰富的常识,但不会对某种专业知识特别倾斜。由于考生来自各个方面,所学专业很不相同,所以申论考试中让考生处理加工的材料必须具有普遍性、非专业性。比如[试卷a],粗看所给材料,可能以为学法律专业的考生会占便宜,其实××新村居民状告印刷总公司的事并不是从法律角度所能解决的问题。比如[试卷b],看似医药卫生问题,其实问题的解答与医药卫生专业知识水平高低并无关系。申论考试的试题,对学哪个专业的考生都是公平的。

申论考试所给的材料,可能涉及面很广,但试题具有较强的针对性、合理性,也就是说,问题的解决一定是具有可行性的。比如[试卷a]的问题,可以通过城市建设合理规划获得根本性解决,当然必要的补偿也应有所考虑。又如[试卷b]的PPA(药物)问题,是当时社会热点之一,但完全可以通过舆论的正确引导来化解百姓的不安心理,申论考试不会引导考生漫无边际地遐想,不管问题多么复杂,涉及面多广,人们的见解多么莫衷一是,都是可以解决也能够解决的。这样的命题思路,是由公务员考试性质决定的。

三、申论考试的特点

首先,申论考试的背景材料具有普遍性。公务员录用考试比较注重对应试者实际能力的考查,而且内容并不局限于某一方面,对政治、经济、法律、文化等均有涉及。申论作为国家公务员考试的一种形式,又刚刚开始实践,考试试题一般较为规范,不会出现偏差。这主要表现在试题的表述明确,涉及的内容和观点都不偏颇,没有争议,每个考生应该都能有论而发。对于一些难以定论的问题,尤其是争论激烈的前沿问题,一般是不会考的。这样,考生在准备时就不必面面俱到,涉及过多。

其次,申论的题目有很强的针对性。虽然申论考试题目的背景资料涉及面广,内容复杂,但是重点突出。针对性和可行性是申论考试中两个基本要求,认识和抓住了这两点,才算真正领会了申论考试的精髓,找准了答题的突破口,从而能够高屋建瓴、鞭辟入里地建构思路和完成论证。因此,考生应认真仔细地阅读给定资料,不要匆忙提笔作答和写作,在把握资料本质内容的基础上,抓住重点,条分缕析,使回答和论证更富有表现力和说服力。否则,只能是四处出击,尽管洋洋洒洒,长篇论道,但却不得要领,事倍功半。

四、申论的考试内容

申论考试的试卷有比较规范的结构:总体上分三大部分。首先提出"注意事项",给答卷提出重要的指导性建议;其次给定一组资料;然后提出"申论要求",要求应试者在弄清给定资料的基础上完成若干题目。

给定资料的长度一般为1 500字左右。但根据考试对象和所给时间的不同,资料长度会有变化。比如在处级、司局级公务员竞争上岗的考试中,资料可能增加到2 000字、3 000字或更长、更复杂。

"申论要求"涉及三个方面:

对给定材料的理解、分析、整理、归纳、概括、综合;

对主要问题提出见解,提出对策,提出具有可行性的解决方案;

对见解、方案的论证。

这三方面的要求,在试卷中,都是通过三个题目来体现的。但题目数量允许有灵活性,可以是三个题,也可以是两个或四个题。题目的样式也不会一成不变,也许要求概述事件,也许要求概括主要问题,也许会在不同层面上对解决什么问题或怎样解决问题提出不同要求。但不管题目数量、题目样式有什么变化,"申论要求"一定涉及上述三个方面。

五、申论文的结构

(一)标题

申论考试要求考生须自拟标题并展开论述。标题拟定方法很多,主要有三种:

1. 直陈论点式

直陈论点式也叫论题式标题。作者直接用论点句或论题的概括句做标题。

2. 学术论文式

一般用"论"、"说"、"谈"、"试论"、"浅析"等词语连接文章的论点句或论题的概括句。

3. 正副标题式

第一行为正题,一般用论点句或论题的概括句,或有能够揭示文章主题的词或词组构成。第二行为副题,揭示本文的论题。

当然也可以运用一些话题引出论题来作为标题,也有称为"由头";还有运用修辞方式带有幽默或其他风格的标题,如《跑"部""钱"进能发展经济么?》

(二)正文

1. 递进式结构

是按照事理的层递关系(原因—过程—结果,主要—次要—附属,表面—深层—本质)层层摆放材料,在逻辑上呈现纵向的深入关系。

2. 总分式结构

就是总说与分说相结合,可以"总说—分说",也可以"分说—总说",还可以"总说—分说—总说"。

3. 对比式结构

充分利用作者手中的材料内容之间存在的鲜明对比性(如先进—落后;科学—迷信;民主—专制;成功—失败),使上下层次间构成横向对比关系。

六、申论考试的解题环节和方法

申论考试的全部过程,可以归纳为阅读资料、概括主题、提出对策、进行论证四个主要的环节。

阅读理解给定资料是申论考试最基础的环节。这个环节虽然不能用文字直接在答卷上反映出来,却是完成其他三个环节的前提条件,而且在时序上位在首要,不容滞后。申论考试的时间应该说是比较充足的,考生应该也完全有必要拿出一定的时间(一般需要40分钟左右)来仔细阅读给定资料,以求真正理解和掌握资料的叙述思路和内容实质。只有读懂读通全部给定资料,才能把握资料所反映的事件的性质,也才能准确地概括出给定资料所反映的主要问题,完成第二环节的要求。切不可匆匆忙忙浏览一遍,不求其解。

概括主题是一个重要的承上启下的环节,一方面它是对前面阅读资料环节的一个小结,另一方面,又使提出的对策或可行性方案以及论证过程更具有针对性,是其据以立论和展开的基础。若是主题概括不准确或是不够全面,下面的程序也就很难进行了。

提出对策是申论考试的关键环节,重点考查考生的思维开阔程度、探索创新意识、应变和解决问题的能力。它给考生提供了充分发挥的自由空间,考生可以根据各自的知识、阅历,对同一问题各抒己见,见仁见智。需要注意的是,在这一环节中必须结合给定资料所涉及的范围和条件,才可能提出切实可行的对策和方案。

进行论证是申论考试的最后一个环节,在一定意义上,它才算是申论的真正开始。它要求应试者充分利用给定资料,切中主要问题,全面阐明、论证自己对给定资料所反映的主要问题的基本看法以及解决问题的方案。前面的三个环节尽管非常重要,不可或缺,不能有任何懈怠,但总的来说,还都只是积极有益的铺垫,此处的论证过程则需要浓墨重彩,淋漓尽致地书写。这不仅因为它的字数要求多,分值高于其他部分,更重要的是,论证才是申论考试的核心,能全面考查和衡量一个人的分析归纳能力、提出和解决问题的能力以及逻辑说理能力。

论证部分的写作应该在深入思考、运筹帷幄的基础上进行,最好事先列一个扼要的提纲,做到胸有成竹,行文流畅,并要注意论题鲜明、重点突出、线索清晰、详略得当这些写作的基本要求和规范。

[例文]

一、注意事项

1. 申论考试是对应考者阅读理解能力、综合分析能力、提出和解决问题能力、文字表达能力的测试。

2. 参考时限:阅读资料40分钟,作答110分钟。

3. 仔细阅读给定资料,按照后面提出的"作答要求"作答。

二、给定资料

我国拥有地球上90%的稀土铁矿,包括世界上最好的永磁材料——钕铁硼。然而,当中国的钕铁硼在国际市场上市时,却遭到了当头棒喝,不但不允许出售,还告我们侵犯了日本和美国公司的专利权。原来,中国科学家和日、美科学家都各自独立研制出了钕铁硼。从技术方面讲中国毫不逊色,但我们没有申请专利,而外国人已捷足先登。最后,我们不得不忍痛花了400万美元"冤枉钱"购买了日、美的专利许可,以换取在市场上的销售权。

这是一个发人深省的专利案例。

自1985年我国专利法实施以来,国家专利局累计受理的发明专利申请为28万多件,其中国内申请占46%,国外申请占54%。在国内申请中,企业申请占17%左右;而国外申请中,企业申请比例高达93%。通过简单的换算可以发现,15年来外国企业申请量是国内企业申请量的6.4倍。在目前近5万件中国授权的发明专利中,国外公司占了60%。我国企业向国外申请的专利更属凤毛麟角,十几年来累计只有两千多项,而日本索尼、日立等公司一年在国外就申请了四五千件。

应该强调的是,目前在我国的发明专利申请中,外国申请不仅在数量上占有优势,质量上也占优势,在有些高技术领域甚至占据了垄断地位。如光学记录领域占95%,无线传输占93%、信息存储93%、移动通讯91%、电视系统90%、电子通信技术85%、核物理及核工程83%、有机化学79%等等。上述领域中,有些具有开创性质的核心技术专利申请,其保护范围是相当大的,以至于其他后续开发者很难避开它的保护范围。

中国石油化工集团公司总经理李毅中在看完"中国专利成就展"后,这样表达自己受到的"震撼":"我原来以为外国公司占领的只是今天的中国市场,没想到他们把未来中国的许多技术发展空间也给封锁了。"

作为世界贸易的重要组成部分,专利已成为国际竞争中重要的游戏规则。拥有专利及专利申请,就等于拥有了进攻市场的"利矛";而当自身权益受到侵犯时,专利法的周全保护程序又好比是坚实的"盾牌"。攻可为"矛",守可为"盾",这是专利的最大特点。

统计显示,世界上销售额最高的公司,恰恰也是专利拥有量最多的。杜邦公司有3.1万件专利,柯达拥有2.7万件,西门子拥有2万件,松下电器每年申请专利高达1万多件,日立公司目前有效的专利达7万件。专利成了跨国公司驰骋国际市场最重要的资本,他们通过大量申请专利,将高技术领域的新技术一个个地圈进自己的壁垒。其他企业除非具有一定的技术实力跨过这一技术层次,从更高、更新的层次去寻找和开拓技术上的"新大陆",否则就只能在他们所困的技术领地之间,在相对狭小的空间内进行自己的技术创新。不仅如此,不少跨国公司还采用了许多进攻性手段,对其他具有竞争力的优秀企业进行牵制。他们对付中国公司的常用方法有三种:一是专利外围战,二是告你的专利无效,三是买断你的技术,他可能给你100万元,但市场可能是1亿元。而我国,每年取得的"国家级重大科技成果"有3万多项,除极小部分申请专利和采取技术秘密方式保护外,大部分没有取得专利保护,这些成果正在通过发表论文、成果鉴定、学术讨论等形式公之于众,慷慨地让全世界共享。

还有一些成果虽然在国内申请了专利,却没有在国外申请。而专利是有地域性的,如果一项发明只在中国申请专利,那么它在别的国家则不受法律保护,可以无偿使用。

在我国,"为科研而科研"导致重复研究和创新程度不高,科研"奖励"更成为专利申请的羁绊。国家知识产权局某司长认为,长期以来,我国在计划经济体制下形成一套成果鉴定办法,使得科研工作者往往更看重相关的学术评价和管理机关的认可,或者这样那样的"奖励",而忽视了专利的巨大经济价值和强大的知识保护能力。

据调查,"863"计划,多数项目执行者和课题负责人在课题立项之前基本上没有进行过专利文献检索。据原国家科委高技术研究发展中心所做的相关调查,"863"计划的部分科技成果根本就不具备申请专利所必需的"新颖性、创造性和实用性"。对"863"计划成果技术创新程度的调查表明,"863"计划的课题执行者认为有4.61%的项目属于"跟踪国际先进水平、基本无创新",有关专家认为这一数字为2.08%;而"我国独创、国外无此技术"的,课题执行者认为占项目的5.01%,有关专家则投了"零"票。

加入WTO后,中国专利保护首先面临的压力,就是大量增加的国外专利申请将压缩我国技术创新的空间。一是1992年专利法修改,将原来不给予专利保护的食品、饮料、调味品、药品和化学物质给予了专利保护,外国公司为了使其现实的或潜在的出口这些产品享受专利保护而大量申请专利。并且随着关税壁垒的消除和出口中国产品的增加,专利的申请量也将大幅度增加。二是1994年我国加入《专利合作条约》(PCF)后,专利申请量年年有大幅度增长。简化申请人向多个国家申请专利的手续是PCT的宗旨,它可以明显降低专利申请人在多个国家获得专利的成本及时间,减少在各国申请时的手续,有助于尽快给出口贸易提供专利保护。中国降低关税、开放市场,无疑也将进一步刺激他们在中国的专利申请。

其次,发达国家极力扩大专利权保护范围,势将拉大我国与发达国家的知识差距。世界银行1998年底发表的一份报告指出:"日益强化的国际知识产权保护立法面临着扩大发达国家与发展中国家之间知识差距的危险,过分的知识产权保护反而会影响对技术的进一步改进。"该报告还认为:"许多工业国家的公司正在取得知识产权的优势地位,其知识产权往往覆盖了基本的研究手段和市场化产品,给新的公司和研究者进入新的全球工业领域造成困难。"

另外,潜在的最大危险是:随着中国加入WTO,专利法的保护程度肯定要与国际接轨,其中最重要的一条就是,对专利侵权的惩罚力度要与世界一致。外国人有个战略,要打就打得你倾家荡产,现在它不打你,是时机不成熟。比如美国宝丽来公司状告柯达公司侵犯其瞬时照相机和胶卷的专利权,官司长达14年,最后宝丽来获得了9亿美元的赔偿,创下了侵犯专利赔偿的世界纪录。

我国近年来频频发生的涉外专利纠纷,如葛兰素公司状告山东齐鲁制药厂、微软状告北京亚科等,表明这个"埋伏"已经露出了冰山一角。

三、申论要求

1. 用不超过150字的篇幅,概括出上述资料的主要内容。(20分)

2. 用不超过350字的篇幅针对资料所反映的问题,提出解决方案或应对措施,该方案或措施要有可行性。(30分)

3. 请你围绕资料所反映的主题,自拟标题进行论述。字数不少于1 000字。(50分)

第六节 学术论文的写作

一、学术论文的含义和作用

学术论文又叫论文,是专门针对某个学术问题进行深入探讨和研究后写出来的阐述研究成果、发表自己的学术见解的理论性文章。

撰写学术论文的目的在于总结科研成果,开展学术交流,积累科学知识和考核业务水平等。大学生撰写论文是学校授予学位和课程考核学习水平所必需的。

二、学术论文的分类

从不同的角度,按不同的标准,可对学术论文进行不同的分类。比较常见的分类方法有以下几种:

一是依照学科门类的不同,将学术论文划分为人文社会科学论文和自然科学论文。凡是研究社会意识形态的各个方面,比如文学、历史学、哲学、社会学、法学、经济学、伦理学、语言学等学科内容的,都可称为人文社会科学论文;凡是研究自然界各种现象和技术的科学,比如生物学、化学、物理学、计算机科学、建筑学等学科内容的,都可称为自然科学论文。

二是按照论文的直接写作目的的不同,将学术论文分为交流论文、学位论文、课程论文等。交流论文是指在学术刊物上登载或在学术会议上宣读以及通过其他渠道发表的学术论文;所谓学位论文,是指"表明作者从事科学研究取得创造性的结果或有了新的见解,并以此为内容撰写而成、作为提出申请授予相应的学位时评审用的学术论文。"(中华人民共和国标准《科学技术报告、学位论文和学术论文的编写格式》)学位论文主要包括学士论文、硕士论文和博士论文,对不同级别的论文,从内容到篇幅都有着不同的要求。

三、学术论文的特点

(一)科学性

科学性是学术论文的灵魂和生命。学术论文的科学性主要体现在:立论上,要求作者不带个人偏见,不主观臆断,必须正确反映客观事物,并从中得出正确结论;论据上,要求作者经过周密的观察、调查、实验、论证,以最充分、最确凿、最有力的论据作为立论的依据;论证上,要求作者经过周密的思考,作出严谨而富有逻辑效果的论证。

(二)理论性

学术论文要求运用科学的原理和方法,运用概念、判断、分析、归纳和推理等思辨的方法对某一专业领域中的问题进行抽象的论述,进行逻辑严密的论证,上升到理论高度,探讨其理论价值,揭示其本质规律。

(三)创新性

创新性是学术论文的重要特点。学术论文要求作者有自己的见解,要有独创性,不能人云亦云,学术论文的目的就是交流学术新成就,发表新设想、新理论,探索新方法。实际上,只要在现有的研究成果基础上,增加一些新的东西,提供一些新的资料,或者丰富了原有的论点,有自己的见解,能够从不同角度、不同方面对学术作出贡献,都是创新。

四、学术论文的选题

（一）选题遵循的原则

选题并确定研究的课题，是学术论文写作的第一个步骤，也是非常关键的步骤。选题决定论文的价值，也关系到论文的成败。选题要与客观需要相结合，也要与研究状况相适应。撰写学术论文，必须重视选题。课题的选择必须有一个标准和依据。学术论文的选题应遵循以下几个原则：

1. 要讲究学术价值

只有选择有较高学术价值的论题去研究，才可能写出质量较高的学术论文。这就要求勤于思考、善于研究，经常注意掌握本专业研究的历史和现状，弄清哪些问题解决了，哪些问题尚未解决，其中的焦点与症结何在，还有哪些领域有待开发，哪些课题具有研究前景等等。要着眼于实际，以满足社会需要为出发点，能最大限度地实现理论的社会价值。在此基础上，通过分析研究就可以找到具有创造性和有较高学术价值的选题。

2. 要量力而行

写作者应根据自己的专业基础、研究能力、写作水平、时间限制，量力而行地选择便于开展的课题。

3. 选题难易大小适中

选题的难度大小要适中，难度太高、内容过于复杂的重大课题写作时往往会力所不及。选题太小，涉及面过窄，不易于发挥。选题过大，内容过宽，由于学力不够，资料不足，无法深入。所以，难易程度大小适中的论文选题，至关重要。在选择课题时应选择有能力完成的课题、有兴趣完成的课题和有条件完成的课题。选题要考虑学科建设和学科发展的需要，选择那些有利于学科的自身完善的课题。要求了解本学科、本专业的研究历史和研究动态。

（二）课题的类型

1. 开创性研究课题

开创性研究课题，指别人没有研究过的课题。

2. 发展性研究课题

发展性研究课题，指需要进一步继续研究的课题。发展性研究主要有以下几种：一是深化、补充已有的观点；二是批驳、修正已有的观点；三是赋予已有理论以新的意义。

五、学术论文的材料

（一）要重视资料的收集

资料是研究工作的起点，也是论文写作的基石。撰写学术论文，一定要重视资料的收集积累。

一般应收集以下几方面的资料：

1. 静态资料

就是从书籍、文献、报纸、杂志以及其他文字记载中收集的材料。它既有理论资料，又有事实资料。静态资料一般是第二手资料。

2. 动态资料

就是通过观察体验、调查研究，实验试验等手段收集到的材料。这种动态资料是未经沉积的生动活泼的事实和理论论据,是第一手资料。

3. 发展性资料

就是在思考分析研究静态、动态资料的基础上,通过联想推理、判断和生发,而得到的一种更高层次的资料,它是产生新创见的基础。

(二)选择材料时遵循的原则

1. 要选取确实的材料

即真实、准确的材料,与客观实际相符合的材料。只有从准确的材料出发,才能得出正确的结论,使读者信服并接受文章的观点。

2. 要选取有力的材料

即具有说服力和表现力的材料,也就是典型材料。因为典型材料能够反映事物的本质,能够充分说明问题。

3. 要选取富有新意的材料

一篇高质量的论文,不仅要有新颖的观点,还应尽量使用给读者以新鲜感的材料。可以将新的事实或新的成果用作材料,也可将未被发现或未引起普遍注意的事物用作材料,也可使旧的材料产生新意。

六、学术论文的结构

学术论文的总体结构由绪论、本论和结论三部分组成。

(一)绪论

即学术论文的开头,是学术论文主体的开始部分,通常涉及的内容包括:选题或研究的缘由、目的、意义、范围;前人在相关领域内所做的工作及知识空白;研究的理论基础、研究设想、论证方法或实验方法;预期结果及其在相关领域内的价值和意义等。撰写引言(或绪论)应注意的事项有:内容选择应与正文部分有必然联系,不能雷同于摘要或写成摘要的注释;要开门见山,精练扼要,力避冗长、繁琐;进行文献评论时,不要过多地复述文献资料的内容;也不必赘述一般教材中已有的知识。

(二)本论

即学术论文的核心部分,要详细严密地论证自己的研究成果,紧紧围绕着中心论点,从各个方面,各个角度建立若干分论点,用以证明中心论点的正确性。

本论部分的结构方式可用纵式结构、横式结构和纵横式结构。

论文正文的基本结构一般有三种类型:一是纵式结构,指正文的各层次之间以逻辑递进的模式,层层深入,逐步推进的论证中心论点,前一个层次的论证结果,往往是下一个层次论证的基础。二是横式结构,指依据事物构成与发展的多侧面和多因素的特点,将中心论点分为若干分论点并分别进行论证,各分论点之间不分主次,逻辑上呈横向的并列关系。通过论证分论点的成立,支持中心论点,各分论点和中心论点之间是部分和整体的关系。三是纵横式结构,指纵式结构和横式结构的综合使用,或总体为横式结构而各层次内部为纵式结构;或总体为纵式结构而各层次内部为横式结构。纵横式结构常用于内容较复杂,篇幅较长的论文。

(三)结论

结论是学术论文最终的、总体的结论,通常情况下是以材料为基础,经过逻辑分析而得到的有别于他人的学术见解。如果不能导出应有的结论,可以没有结论而进行必要的讨论;可以对研究问题提出探讨性意见;也可以对研究问题中尚待解决的疑问提出研究的设想;还可以对实验方法及设备提出改进意见等。撰写结论的基本要求是:准确、完整、明确、精练。

七、学术论文的写作注意事项

学术论文作为一种应用文体,它的内容与形式都有着严格的要求:

(一) 实事求是

一是观点的确立要实事求是。二是研究涉及的材料与方法要实事求是。

(二) 独立创新

能否写出一篇高水平的学术论文,主要看作者在论文中能否提出有价值的学术见解。学术论文撰写者不能照搬已有的结论,必须勇于突破,发扬敢于怀疑、探求真理的大无畏精神,经过创造性思维和刻苦探求而获得独到见解,然后写出自己有真知灼见的论文。

(三) 理论联系实际

论文所反映的科学研究成果大多是从对具体问题的研究分析中得来的,但往往不是仅停留在经验层面上,而是要使认识上升到理论的高度;同时,论文形成的具有理论形态的观点见解,都可能影响人们对客观世界的认识,对实践产生指导作用,促进生产力的进步或生产关系的改进。理论联系实际的原则从本质上揭示了论文写作的目的和意义。

(四) 格式规范

《科学技术报告、学位论文和学术论文的编写格式》(GB 7713—87)是学术论文的撰写规范与要求的国家标准,对学术论文标题、摘要、关键词、注释、参考文献的格式提出了规范的要求。

1. 标题

标题是论文的总标题,是论文的眼睛,也是文章总体内容的体现。学术论文的标题,大体有两种基本类型:一是揭示课题的标题,这类标题所反映的只是论文所要证明的问题,不涉及作者的观点,一般以"论……"、"……论"、"……分析"、"……研究"等形式出现。另一种是揭示论点的标题,直接反映作者对问题的看法,直接对文章的观点进行概括。论文标题应确切、具体、醒目。

2. 摘要

摘要又称概要、内容提要。它是以提供文献内容梗概为目的,不加评论和补充解释,简明、确切地记述文献重要内容的短文。其基本要素包括研究目的、方法、结果和结论。具体地讲就是研究工作的主要对象和范围,采用的手段和方法,得出的结果和重要的结论,有时也包括具有情报价值的其他重要信息。摘要应具有独立性和明了性,并且拥有与文献同等量的主要信息,即不阅读全文,就能获得必要的信息。摘要的主要功能有:让读者尽快了解论文的主要内容,以补充题名的不足;为科技情报文献检索数据库的建设和维护提供方便。

作为对论文内容的高度概括,"中文摘要一般不超过 200~300 字;外文摘要不超过 250 个实词。"在写作摘要时要注意:

(1) 摘要中应排除本学科领域已成为常识的内容;切忌把应在引言中出现的内容写入摘要;一般也不要对论文内容作注释和评论(尤其是自我评价)。

(2) 不得简单重复题名中已有的信息。比如一篇文章的题名是《常规热压高密度干法纤维板内部温度的变化》，摘要的开头就不要再写："为了……对常规热压高密度干法纤维板内部温度的变化进行了研究"。

（3）结构严谨，表达简明，语义确切。摘要先写什么，后写什么，要按逻辑顺序来安排。句子之间要上下连贯，互相呼应。摘要慎用长句，句型应力求简单。每句话要表意明白，无空泛、笼统、含混之词，但摘要毕竟是一篇完整的短文，电报式的写法亦不足取。摘要不分段。

（4）用第三人称。建议采用"对……进行了研究"、"报告了……现状"、"进行了……调查"等记述方法标明一次文献的性质和文献主题，不必使用"本文"、"作者"等作为主语。

（5）要使用规范化的名词术语，不用非公知公用的符号和术语。新术语或尚无合适汉文术语的，可用原文或译出后加括号注明原文。

（6）除了实在无法变通以外，一般不用数学公式和化学结构式，不出现插图、表格。

（7）不用引文，除非该文献证实或否定了他人已出版的著作。

3. 关键词

关键词，也称主题词，另起一行，排在摘要的下面，正文之前。关键词是应文献索引和检索之需，从论文中选取的用以表示全文主题内容的词或词组。关键词常从论文的题名、文中标题及正文核心内容中选择或概括提炼，一般选取 3~8 个为宜。关键词的选取应认真研究分析论文的主题内容，参考《汉语主题词表》也十分必要。

4. 注释

注释是对论文某一特定内容的解释。它可以解释读者难以理解的概念、人物、事件等，也可表明作者引用了他人文章中的一段话、一个观点或一个句子。注释既可随文夹注，也可用脚注或尾注。如果是对引文的注释，一般要注明：阿拉伯数字序号、主要责任者、篇名、报刊或出版单位、发表或出版时间、期数或版次、页码等。

5. 参考文献

参考文献是指作者在撰写学术论文过程中参考或引用的主要文献资料。为指明引用资料的出处，便于检索，参考文献应依次列出。参考文献的内容一般应：书名或篇名、作者、出版物有关信息(出版社、出版时间、出版地)。遵照国际标准，要在被引文献的题名后面加注文献类型标识符，如 M(专著)、C(论文集)、N(报纸)、J(期刊)、D(学位论文)、R(报告)、S(标准)、P(专利)等。

[例文]

论朱天文小说中被边缘化的女性

摘要：台湾女作家朱天文的小说，大都将笔墨集中在社会变迁中女性与男性的关系上，通过描写普通人的现实生活来向人们展示在传统文化与外来文化的冲击下的人的内心世界，勾勒出一幅幅被边缘化的台湾女性的命运与生活图画。她以这种特殊的书写姿态表现 20 世纪末的颓废与无奈，对主流文化进行颠覆和解构。

关键词：朱天文；边缘化；女性

朱天文，1956 年 8 月出生于台湾高雄凤山，原籍山东临沂临朐，毕业于台湾淡江大学英语系，出生于文学世家，父亲朱西宁和妹妹朱天心、朱天衣都是著名作家，母亲刘慕沙是日文翻译家。朱天文读大学期间曾开办《三三集刊》、三三书坊，是台湾新电影的著名编剧。她的代表作主要有:《荒人手记》、《世纪末的华丽》、《炎夏之都》、《花忆前身》、《小毕的故事》、《恋恋风尘》、《传说》、《最想念的季节》等,其中长篇小说《荒人手记》1994年获得第一届台湾时报文学百万小说首奖。朱天文从16岁开始就在台湾文坛上扮演了重要的角色:她与妹妹朱天心是"眷村文学"的主要代表作家,参加了台湾的新电影运动,是最忠实的"张爱玲迷"等。随着近几年胡兰成的代表作在大陆的出版,朱天文为其著作的代序,她作为一位私淑张爱玲的台湾女作家和台湾新电影的著名编剧,越来越受到台湾与大陆研究者及读者的关注。朱天文以一位女作家的身份,用独特的笔触将一股强烈的颓废色彩灌注到作品所描绘的那些似乎真实而浪漫的女性形象中,使作品的内在精神得到了进一步的充实。在传统父权制象征秩序中,妇女作为"第二性"、"多余的肋骨"或"他者"的身份长期处于从属地位,位于主流文化的边缘地带,往往被物化为商品,被男人占有。以男性为主体的文化观念,超稳定的男性中心社会结构和超稳定的传统文化观念,压抑着女性的发展,使她们处处屈服于男性。这在台湾很多小说中都有体现,如李昂的《杀夫》中的林市受到的虐待、朱天心的《袋鼠族物语》中代表女性形象的母袋鼠的遭遇与处境等。但随着女性自我意识的觉醒,女性对男性的反抗与不满日见明显。自1980年代以来,台湾很多女作家借家庭婚姻题材来探讨性别意识,如施淑青、萧飒、苏伟贞、袁琼琼、廖辉英等,她们描写了遭父权欺压下的女性的疯狂、自虐与觉醒,表现了对父权的颠覆。颠覆逐渐成为当代台湾女性小说表现自我与自立的一种策略。

练习题

1. 请以××大学团委书记的名义,写一份不少于1 000字的述职报告。
2. 就本学期所学课程中的一门,写一篇格式规范的学术论文。
3. 选一项有意义的公益活动,写一份倡议书。
4. 写一篇命题演讲稿,要求字数不少于800字。从以下题目中任选一个题目:
《朋友》、《你好,青奥会!》、《我爱南京》、《我的家乡》

第四编

礼仪文书写作

第四篇　北欧の文学

第十四章 礼仪文书概述

礼仪是人际交往和社会活动中调整和沟通人与人之间的关系的一种重要形式,也是道德素养的一种外在表现。对于一个具体组织来说,礼仪也是组织与其他组织、社会公众进行接触、联系、沟通的重要手段。是塑造组织形象必不可少的社会交际工具。公关礼仪文书正是帮助个人或组织实现人际交往沟通的手段。

第一节 礼仪文书的性质、作用和应用范围

一、礼仪文书的性质

礼仪,是社交礼节和仪式的总称。人们在社会活动中要进行正常的交往,便需要逐步建立和完善各种礼节和仪式,这是人类文明进步的表现。人们之间的社交活动往往是有一定目的性的,活动的组织者可以事先策划,安排日程和活动计划并精心设计与之相符合的礼仪程序,这就要利用礼仪文书进行宣传,增强社交活动的效果。礼仪文书是社会活动中人们相互交往的书面表达。

二、礼仪文书的作用

礼仪文书在社会交际和社会活动中起着调整和沟通人际关系的作用。礼仪文书能促进人际关系的确立、改善和增强,在当今信息时代,人们的交往活动更加活跃频繁,礼仪文书更是一种不可缺少的交际工具。

三、礼仪文书的应用范围

礼仪文书应用范围较广。它应用于人们一切交往所需的礼节、仪式的文字沟通之中。包括组织与组织之间,组织与个体之间、个体与个体之间的交往所需。如贺电、贺信,感谢信、慰问信,祝词、悼词,请柬、聘书等等。

第二节 礼仪文书的特征

一、沟通性(交际性)

人类是相互依存的,并以此结成相互之间的人际关系。当人类从蛮荒走向文明以后,更注重人际间的交往。人类需要沟通、渴望沟通,礼仪文书就是使人们之间了解和交际的一种礼节性文体。人们往往根据活动的目的,安排好活动计划,将信息传播出去,以扩大影响,配合社交活动,使人与人之间的沟通更便捷、更融洽。

二、程式性

礼仪在中国是一种文化形态，包括一套以人、义、礼、智、信为中心的价值观念，也包括一系列以礼节仪式为内容的风俗习惯。礼仪全面地规范着整个社会生活，制约着人的行为，并逐步成为一种具有相对稳定性的精神内容。在礼仪文化的发展进程中，礼仪文书的某些写作体例和使用方法已经约定俗成，形成一种程式化的写作。如书信，一般开头结尾常有问候语和祝颂语；请柬的正文交代活动的内容、时间、地点等，文后多以"敬请参加"、"敬候光临"、"请届时光临"等作结语；还有贺词、讣告、唁电，都有行之已久的礼仪程式。而且这些礼仪程式一代一代沿革，不断演进，使礼仪文书随时代的要求而发展。随着国际交往的频繁，对一些国际礼仪程式也要有一定的了解。

三、礼仪性

礼仪是指人们在相互交往中，为表示相互尊重、敬意、友好而约定俗成或制定的、共同遵守的行为规范和交往程序。礼仪文书就是在交往中形成的具有固定程式的写作文体。它的体式首先要合乎常规礼仪，行文注意语气，如对人用尊称，对己用谦称；道贺用吉祥语、悼念避指责；即使表面疏远，但有事也需往来；有时意见不同，但在礼仪文书中不可让对方为难。在礼仪文书中，往往借助较多的礼貌用语为重要的表述手段，这些礼貌性用语分别适用于不同的社交对象和礼仪场合。在国际交往中，更应该事先了解对方的风俗习惯和特殊礼节，使自己的行为举止和礼仪文书都合乎礼仪规范。

第三节 礼仪文书的类别

一、交际性礼仪文书

礼仪性文书在中国传统文化中占有重要地位。它是一种在人际交往中能够体现个人和组织的礼仪水准的应用文体。包括贺信、贺电、慰问信、感谢信、邀请书、请柬、聘书等。这些文体尽管其用途不一，但在写法上都有共同之处，要求切身份、切年龄、切时日、切场合、切感情。同时根据一定的场合、条件、环境等加以运用，决不能混淆。交际性礼仪文书不仅是个人在社交中常用的文体，而且也是组织常用的文体，尤其是组织的公关部门，更是经常地频繁地使用这种文体。有些告知类文书虽然不带有政策性、命令性和法定性。但是却有告知性，谦和性，委婉性，庄重性。如告示、启事、声明、讣告等。

二、致辞性礼仪文书

致辞性文书也是在社交礼仪中常见的礼仪类文书。其普遍用在一些会议的仪式或交往的礼节上。如：贺词、开幕词、欢迎(送)词、悼词等。致辞性文书承继着中国的传统文化，它的使用遍及我们的日常生活，而形式大都是约定俗成的，是在长期的历史发展过程中逐步形成的。它的形成和中华传统文化对礼教、伦理的重视有密切关系。

第十五章 交际性礼仪文书写作

第一节 贺信、贺电的写作

一、贺信、贺电的写作对象和目的

贺信、贺电是表示祝贺的信函和电文,用于喜庆场合。在组织与组织,组织与个人,个人与个人的交往过程中,对某一个单位或个人所取得的成就表示祝贺;对某一个单位或个人所遇到的喜庆事情表示祝贺,常常用贺信或贺电。贺信和贺电不受行政级别约束,上下级之间、同级单位之间、亲朋好友之间都可以发出贺信、贺电。

二、贺信、贺电的写作特点

贺信、贺电的主要特点是为了表达祝贺、道喜、祝愿的美好情感,因此感情色彩比较浓,往往语词热情、语调热烈,使人慰藉;有时贺信、贺电是向对方表达勉励和希望的内容,因此语言表达也会具有一定的鼓舞性。

贺信、贺电在写作上还应注意:① 感情真挚。对别人表示祝贺,应该是发自内心的真挚情感,反对和杜绝虚情假意。② 文字简练。无论是贺信或贺电都不靠堆砌华丽的辞藻来赢得别人的好感,也不要言过其实的空喊口号,而是通过精练的语言和真挚的情感表达祝贺之情。③ 行文规范。中国传统上对这类礼仪文书有固定的体式和相应的称谓,写作时应注意用语得当,典雅得体。

三、贺信、贺电的构成要素和正文结构

贺信、贺电的结构一般由以下几部分组成:

1. 标题

标题写在正文的上方,写上"贺信"二字;也可以在"贺信"前写上谁给谁的贺信以及被祝贺的事由,即"事由+文种"。如,"×××在×××工程竣工庆典上的贺词"。还可以用文章的主旨做标题,如"衷心的祝愿","热烈地祝贺"等。

2. 称谓

顶格写接受贺信、贺电的单位或个人及称谓,后加冒号。祝贺个人,可按书信称谓来写;祝贺团体,写团体组织的名称也可用泛称。如,"各位朋友","女士们先生们"等。

3. 正文

另起一行,空两格写贺信的内容。一般包括:

(1) 通常只用一两句话来交代背景,叙述缘由,借以引起下文。
(2) 向受文对象表示热烈祝贺。
(3) 阐述对方取得的成绩和意义。

(4) 提出希望或表示决心。如果是上级给下级的贺信、贺电,可以提出希望和要求;如果是下级给上级的,要有谦恭的态度;如果是平级之间的贺信、贺电,要表示出诚意和谦逊。

4. 祝颂语

祝颂语,即表示良好祝愿的词语。如,祝贺事业的词语"预祝大会获得圆满成功"、"恭贺贵公司贸易兴隆"等;祝寿的词语"祝贵公八十华诞,寿比南山"等。

5. 署名及日期

先署名,另起一行,在信的右下侧写明发信单位或个人名称,若以单位或团体的身份须加盖公章。最后注明年、月、日。

四、贺信、贺电的写作要求

1. 感情真挚

对别人表示祝贺,应该是发自内心的真挚情感,反对和杜绝虚情假意。

2. 文字简练

无论是贺信或贺电都不靠堆砌华丽的辞藻来赢得别人的好感,也不要言过其实的空喊口号,而是通过精练的语言和真挚的情感表达祝贺之情。

3. 行文规范

中国传统上对这类礼仪文书有固定的体式和相应的称谓,写作时应注意用语得当,典雅得体。

[例文1]

胡锦涛致中国青年报创刊五十周年的贺信

中国青年报社全体同志:

值此中国青年报创刊50周年之际,谨向你们表示热烈的祝贺和亲切的问候!

50年来,中国青年报始终遵循党的新闻工作方针,根据不同历史时期党的中心任务和青年进步的需要,积极宣传科学理论,广泛传播先进文化,大力倡导时代精神,热情讴歌青年英模,激励一代又一代青年投身社会主义革命、建设和改革的伟大实践,为促进青年的健康成长、推动青年事业的蓬勃发展作出了重要贡献。

从新世纪开始,我国进入了全面建设小康社会,加快推进社会主义现代化的新的发展阶段。实现"十五"计划和现代化建设第三步战略目标,需要包括广大青年在内的全国亿万人民的不懈奋斗。中国青年报作为在青年中具有广泛影响的报纸,肩负着启迪青年、引导青年、鼓舞青年的重要职责。希望你们坚持以马列主义、毛泽东思想和邓小平理论为指导,按照江泽民同志提出的"三个代表"的要求,牢牢把握正确的政治方向和舆论导向,紧跟时代步伐,贴近青年实际,勇于开拓创新,准确、鲜明、生动地宣传党的路线方针政策,及时、真实、充分地反映青年的创业实践和精神风貌,进一步办出自己的特色和风格,使中国青年报更好地成为青年获取有益知识和信息的重要渠道,成为党团结、教育和引导青年的坚强阵地。

祝中国青年报越办越好!

胡锦涛
2001年4月26日

[例文2]

第七届国际汉语教学讨论会贺信

国家对外汉语领导小组办公室:
第七届国际汉语教学讨论会筹委会:

欣悉第七届国际汉语教学讨论会即将在中国上海举行,我谨向大会并全体与会代表表示热烈的祝贺!

中华民族具有悠久的历史和灿烂的文化,各国人民渴望了解中国,重视与中国人民的交往。改革开放以来,随着中国国力的不断增强,中国在国际事务中发挥着越来越大的作用,汉语在国际交往中的地位、作用和应用价值也不断提高,世界各地的"汉语热"在持续升温。中国是汉语的故乡,发展对外汉语教学、弘扬中华灿烂文化是我们义不容辞的责任。相信本次会议必将进一步推动汉语教学向前发展,为中国与世界的沟通、交流与合作作出新贡献。

预祝大会圆满成功!祝各位代表身体健康,工作愉快!

罗豪才
2002年7月30日

[例文3]

中华全国青年联合会致江苏青年联合会的贺电

江苏省青年联合会:

值此江苏省青年联合会第九届委员会第一次全体会议召开之际,谨向大会表示热烈的祝贺!向与会各位委员,并通过你们向全省各族各界青年和青联干部致以诚挚的问候!

五年来,在中共江苏省委、省人民政府的领导下,江苏省青联紧紧围绕党和政府的中心工作,团结凝聚全省各族各界青年,积极投身富民强省,加快推进社会主义现代化建设的伟大实践,开展了一系列内容丰富、成效显著的活动,为促进大批青年人才健康成长,推动江苏的改革发展稳定作出了积极贡献。同时,江苏青联适应新形势,不断加强自身建设,努力拓展工作领域,创新工作形式,为新时期青联事业的发展进行了有益的探索,提供了宝贵的经验。

江苏省青联九届一次全委会是在全国上下深入贯彻党的十六大精神,投身全面建设小康社会新征程,掀起学习贯彻"三个代表"重要思想新高潮的形势下召开的一次重要会议,对江苏省青联的新发展将起到重要的推动作用。我们相信新一届江苏青联一定会在党的十六大精神指引下,高举邓小平理论和"三个代表"重要思想伟大旗帜,继续高扬爱国主义、社会主义旗帜,更加广泛地团结凝聚全省各族各界青年,与时俱进,开拓创新,扎实奋斗,在江苏率先全面建成小康社会,率先基本实现现代化的历史进程中,创造出无愧于时代的新业绩,谱写出江苏青年运动的新篇章。

祝大会取得圆满成功!

中华全国青年联合会
2003年11月8日

第二节　慰问信的写作

一、慰问信的写作目的

慰问信是以组织或个人的名义向集体或个人表示问候、慰勉、关切和鼓励的信函。它多在节日或遇有重大事件或特殊情况时使用。根据慰问对象的不同写作目的也不同,有的为赞扬有功之臣,有的为慰藉受灾群众,有的为慰问各条战线的无名英雄等。组织或领导通过慰问信表示关爱下级、关怀群众、对群众鼓舞激励,为自己树立形象。

二、慰问信的基本类别

慰问信广为人们所用,但主要有以下三种类别:

1. 表彰慰问

上一级组织常常会为某些在重大事件中作出卓越贡献的个人和组织表示慰问。如慰问在抗洪救灾中保卫人民财产安全的人民解放军、公安干警,表彰其英勇行为和先进事迹。

2. 受灾慰问

慰问由于某种原因或突发事件(自然灾害、事故伤亡)而遭受重大损失的人民群众,对其表示同情和安抚。并鼓励他们战胜困难,重建家园。

3. 节日慰问

这是组织公关文书最常用的。春节向有功之臣,如老红军、离休老干部给予节日慰问;教师节向教育工作者表示节日问候和祝贺。

三、慰问信的构成要素和正文结构

1. 标题

在正文的上方写"慰问信"或"×××致×××的慰问信"等字样。

2. 称谓

顶格写慰问对象的单位或个人名称。

3. 正文

另起一行空两格起,写慰问的主要内容。① 开头、事由。用简要文字陈述目前形势,写明慰问的背景和原因,以提起下文。② 主体内容。慰问什么,为什么慰问。接着应比较全面、具体地叙述对方的模范事迹或所遇到的困难,肯定其功绩,宣扬其精神,然后向对方表示慰问和学习。③ 结语。表示祝愿、慰问、希望、鼓励等。

4. 署名及日期

署名下一行写年、月、日。

四、慰问信的写作要求

1. 对象要明确。根据不同的对象确定慰问内容和重点。
2. 感情要真挚。组织应以高度的政治热情,赞颂或慰勉对方,使其受到鼓舞。
3. 语言要亲切。慰问信的主旨是向对方表示慰问,语言要精练、朴实、亲切、诚恳。可适当运用抒情的表达方式,要忌公式化、概念化的词语,也不宜套用刻板的公文语言。

[例文]

中共广东省委、广东省人民政府2004春节慰问信

中国人民解放军驻粤陆、海、空军和武警部队官兵,全省烈军属,革命伤残军人,转业、复员、退伍军人,军队离退休干部:

在2004年新春佳节即将来临之际,我们谨代表全省人民,向你们致以节日的慰问!

在过去的一年里,驻粤人民解放军和武警部队以邓小平理论和"三个代表"重要思想为指导,认真贯彻落实党的十六大、十六届三中全会精神,按照"政治合格、军事过硬、作风优良、纪律严明、保障有力"的总要求,以与时俱进的精神、奋发有为的姿态、深入扎实的作风,着眼推进中国特色军事变革和完成我军机械化、信息化建设的双重历史任务,努力实施科技强军战略,广泛开展科技练兵活动,认真抓好思想政治建设和以军事斗争准备为重点的各项工作,圆满完成了战备、训练、执勤、军事演习等各项任务,进一步增强了部队的整体素质和战斗力。

驻粤部队官兵牢记全心全意为人民服务的宗旨,发扬我军拥政爱民的光荣传统,积极参加广东省现代化建设,奋勇抗灾抢险,协助搞好社会治安,积极开展扶贫帮困和军民共建、创建双拥模范城(县)活动。特别是在抗击非典型性肺炎这场没有硝烟的斗争中,驻粤部队同全省人民一道,团结一心,众志成城,与疫魔进行了殊死搏斗,广大部队医务工作者不畏艰险、舍生忘死、救死扶伤、无私奉献,为广东省取得防治非典工作阶段性重大胜利作出了突出贡献,赢得了全省人民的高度信赖和赞誉。全省烈军属,革命伤残军人,转业、复员、退伍军人和军队离退休干部,继续发扬人民军队的优良传统,为广东省的社会主义现代化建设作出了积极的贡献。实践证明,你们不愧为党领导下的英雄部队,不愧为具有光荣传统的人民子弟兵。全省人民为有你们这样一支英雄队伍感到无比骄傲和自豪!

过去的一年,是极不平凡的一年。在以胡锦涛同志为总书记的党中央的亲切关怀和正确领导下,广东省各级党委、政府高举邓小平理论和"三个代表"重要思想伟大旗帜,深入贯彻党的十六大精神和胡锦涛总书记视察广东的重要指示,团结带领全省人民扎实工作,锐意进取,改革开放和现代化建设取得了新的成就,全面建设小康社会开局良好。全省上下统一思想、明确目标、振奋精神,形成了心齐实干的好局面;沉着应对非典疫情的突然袭击,赢得了防治非典工作阶段性重大胜利;扬长补短,加快发展,国民经济实现了高速增长;树立和落实科学发展观,推动社会经济向全面、协调、可持续发展的新阶段迈进。广东省取得的显著成绩,是全省人民与驻粤部队共同努力的结果。在此,我们代表全省人民向你们表示衷心的感谢和崇高的敬意!

2004年,是广东省狠抓落实,推动各项工作取得新发展的关键一年。在大力推进经济社会各项事业发展的同时,我们将一如既往,支持部队做好以军事斗争准备为重点的各项工作,帮助部队解决战备训练、战备执勤等方面的实际问题。认真落实优抚安置政策,提高重点优抚对象的生活保障水平,妥善安置好转业、复员、退伍军人,解除部队官兵后顾之忧。努力创建双拥模范城(县),进一步巩固和发展军政军民团结的大好局面,为改革发展稳定、国防建设和军队建设、全面建设小康社会提供坚强有力的保证。

同志们,让我们在邓小平理论和"三个代表"重要思想指引下,紧密团结在以胡锦涛同志

为总书记的党中央周围,全面贯彻落实党的十六大和十六届三中全会精神,落实省第九次党代会和省委九届四次全会的各项工作部署,发扬军爱民、民拥军的光荣传统,同心同德,励精图治,与时俱进,扎实工作,为广东省全面建设小康社会,率先基本实现社会主义现代化而努力奋斗!

中共广东省委
广东省人民政府
2004 年 1 月 16 日

第三节 感谢信的写作

一、感谢信的写作对象和目的

感谢信是受到对方某种恩惠,如受到邀请、接待、慰问或得到帮助,组织或个人为了感谢对方曾给过的某种关怀、支援、祝贺、勉励等而表达感谢之情的信函。感谢信可以直接寄给对方或对方的单位,也可以送交报社、电台、电视台刊登、广播,还可以亲自送往单位,张贴于公布栏,总之,以表达真诚的谢意。

感谢信往往与好人好事有直接关系,为了表示感谢之情,把对方的好思想、光荣事迹书写、公之于众,因此感谢信既有感谢之意,又有表扬的作用。

二、感谢信的写作特点

1. 叙述事件的真实性

感谢信是因事而起,所叙说之事应真实具体,说明在何时何地发生了何事,甚至有关数字都要准确无误。并且突出主要部分,恰如其分地评价对方。

2. 表达感情的真诚性

感谢信主要表达对对方的真诚谢意。文字叙述上要以事表情,以事感人。叙述要感情充沛,讲究文辞,避免平铺直叙。但也不要过于辞藻华丽惊人,显得虚假。语言也要精练,篇幅不宜太长。

3. 格式的规范性

感谢信的格式是书信的格式,所以要符合一般书信的要求。开头的称呼、文中的用词、结尾的敬语都要符合双方的身份和社会交往中的习惯。

4. 传递的张扬性

感谢信往往与好人好事有直接关系,为了表示感谢之情,把对方的好思想、光荣事迹书写后公之于众,因此感谢信既有感谢之意,又有公开或广泛的表扬作用。

三、感谢信的构成要素和正文结构

1. 标题

在正文的上方写"感谢信"或"致×××的感谢信"等字样,字体应大些。

2. 称谓

顶格书写感谢对象的名称,或单位名称,或是个人姓名,个人姓名后加上"同志"、"先生"

或职务等。称谓后加冒号。

3. 正文

另起一行空两格写感谢的内容,一般写为什么感谢和颂扬之意两方面。

(1) 简述事迹,说明效果。在交代清楚人物、事件、时间、地点、原因和结果后,应扼要叙述在关键时刻由于对方的帮助所产生的客观影响和社会效果。

(2) 颂扬品德,表示决心。在表达感激之情时,要赞扬对方所表现出的品德、精神。今后如何利用实际行动向对方学习。

4. 敬祝语

敬祝语写一些表示感谢的话,一般写"此致——敬礼",有时也写"致以——最诚挚的谢意"。敬祝语前半截一般连接正文,或另起一行空两格写;后半截另起一行顶格写,以表尊敬。

5. 署名及日期

在右下方写上单位名称或个人姓名,后一行写发信年、月、日。

[例文]

感 谢 信

尊敬的骨髓捐献志愿者:

感谢您在今天正式加入中华骨髓库!

骨髓移植(亦称干细胞移植)是目前世界上根治白血病最先进、最有效的手段,而白血病在我国的发病率约为十万分之四至五,其中大多数患者需要做骨髓移植手术。随着同胞间寻找供髓者的机会大大减少,所以只能依靠非血缘关系的捐髓者提供骨髓。虽然无关人群中配对成功率只有五千至一万分之一,但是只要我们的骨髓库有足够的志愿者人数,大部分的患者就有配对成功的机会(当骨髓库的人数达到10万,50%以上的患者就能找到与之配对成功的志愿者)。

从1996年10月,中华上海骨髓库成立至今,已有25 000名左右志愿者加入,并且已经有15名白血病患者配对并移植成功。

今天,您的血液样品将被带到实验室,进行HLA血型一类分型,然后加入骨髓库待患者检索,如果一类分型和患者配对成功,那么红十字会将通知您作第二类HLA血型分型,再对您的身体作全面的检查,如果您完全符合捐髓者的条件,那么,一位白血病患者就极有可能因为您而重燃生命之光!

在此,祝您和您的家人身体健康,工作顺利!

奉贤区红十字会
奉贤区卫生局团委
二〇〇二年十月八日

第四节 邀请信(书)、请柬、聘书的写作

一、邀请信(书)、请柬的联系与区别

邀请信和请柬都是邀请对方参加某一活动或某项工作而制发的专门书信,多用于比较

隆重的庆典、会议和筵宴，具有告知性和礼仪性。比一般的文书更具庄重性。邀请信多用于邀请某人或单位前往某地参加某项活动，信中往往要说明事情的原委，写作上要详细具体一些。

请柬又称请帖，是单位或个人用于邀请公众参加庆典、宴会、纪念会、展览会等活动时常用的通知性的人际交流文书。请柬的内容较简单，只要交代活动的内容、时间、地点即可。两者在写作形式上略有区别，邀请信采用书信的形式，有一定的篇幅，而请柬常用非常简练的文字语言，配上固定的格式和文体表达意愿。

邀请信可以根据情况和需要而调整内容迭次发寄，请柬按传统的用法只能是一次性的，并且是郑重其事地登门呈送。

二、邀请信(书)的格式与内容

1. 标题

可在正文的上方用大于正文的字体标出"邀请信(书)"三个字，如为示喜庆还可以做适当装饰；也可以不写标题。

2. 称呼

顶格写被邀请者(个人或单位)名称。以亲切、尊敬的口吻称谓被邀请人，姓名之后加职称或尊称，如：校长、经理、教授、女士、先生等。单位名称要用全称。

3. 正文

另起一行写正文内容。正文一般包括前言和事项两部分。前言简单地说明何时何地有什么活动和邀请语，相当于一张请柬的内容；事项部分，分条列出活动的有关事项。

4. 落款

在正文右下方注明邀请单位或个人的名称以及发出邀请的时间。邀请信的措辞要诚恳有礼，热情洋溢，使收信人感到亲切。

三、请柬的写作

请柬由标题、正文、结尾及落款和时间几部分组成。

1. 标题

标题写在封面上，如"请柬、请帖"。请柬前亦可加上活动的名称。封面要讲究艺术性，可加图案装饰，字体可用美术体，有条件者还可以烫金印刷。

2. 正文

正文是请柬的主体，要写明受邀请人的姓名，拟举行的活动名称，活动的时间、地点及注意事项等要尽量做到用词准确、精练、恳切、得体。

3. 结尾

结尾处空两格写上"敬请、恭候、敬约"等字样，再另起一行写上"光临、莅临"字样。落款写在下方由发柬者署名。再另起一行注明日期。

请柬写好后，最好提前一段时间发出，以便受邀者有安排时间的余地。

四、聘书的性质与目的

聘书，又称聘请书。聘，即聘请、延请，是用以聘请有关人员担任某一职务或承担某项工作的凭证,也是一种专门的文书,一般应有聘礼或聘约。因此,聘书不仅起着告知被聘人的作用,而且表示着聘者对受聘者的尊重。一些单位在工作、生产、科研活动中,因为自身力量不足,需要聘请外单位有关人员承担某个职务或某项工作时发给聘书作为凭证,既可以表示聘方的郑重信任和守约,也可以加强被聘者的荣誉感和责任心。

五、聘书的格式与内容

聘书主要由以下几方面构成:

1. 标题

在正文上方正中写"聘书"或"聘请书"作为标题,标题的字要大而醒目。

2. 称谓

顶格写被聘人姓名、职务、职称等,后加冒号。

3. 正文

正文交代聘请的缘由、任务、要求、权限、职务、任期等。最后用敬语表示感谢或祝愿。

4. 敬语

敬语多用"此聘"、"特聘"、"此致,敬礼"、"敬请台安,诸维垂鉴"、"敬请大安,诸维爱照"等等。

5. 落款

在正文右下方署聘请单位名称(全称)、发聘书日期并加盖公章。如果是私人聘请,则应署上聘请者的姓名并加盖私人用章。

聘书的内容应力求具体、详细,表述力求简洁、严密。聘书的封面比较讲究,有用丝绸面的,锦纶面的,"聘书"二字应烫金。

[例文1]

第六届中国—东盟博览会邀请函

尊敬的女士们/先生们:

我们诚挚地邀请您参加将于2009年10月20~24日在中国广西南宁举办的第六届中国—东盟博览会工程机械及运输车辆展。

中国已经成为世界范围内的工程机械生产大国,中国的技术和产品物美价廉、性价比优越,正逐步成为东盟国家采购商的首选。随着中国及东盟各国自由贸易区的发展,机械行业的进口税将逐步降为零,这意味着东盟国家进口中国机械的成本将更低。同时,东盟各国经济加速发展,基础设施建设的力度加大,也为中国工程机械和运输车辆进入东盟市场提供了极好机遇。历届中国—东盟博览会上,机械产品的成交额始终高居榜首,占了商品贸易成交总额的20%以上。

为了应对全球金融危机的影响,我国政府出台了"四万亿扩大内需"、"增加固定投资"等新政策,使市场对各种工程机械的需求潜力大增。同时中央政府对北部湾经济区发展给予高度重视,制定了更大的优惠政策。为此,广西政府作出决策,以超常规的办法,加快项目建设,全年力争完成全社会固定资产投资6 000亿元。其中,北部湾经济区的南北钦防四市的投资逾2 000亿元,确保钦州保税港区一期工程今年底封关运作、启动建设凭祥综合保税区一期工程,加快保税物流体系建设。交通投资将达到815亿元,保障一批铁路、高速公路、沿海港口、机场等项目建设,更好地融入中国—东盟自由贸易区。

中国—东盟博览会正在成为我国企业参与中国—东盟自由贸易区建设,分享自由贸易区成果的一个直接而有成效的平台。中国—东盟博览会以崭新而稳健的姿态走向世界,释放出"10+1>11"的无穷力量。

中国机械工程学会
二〇〇九年三月

[例文2]

宴会请柬

×同志：

为庆祝2009年中国西部经贸洽谈会圆满成功,定于2009年10月18日晚6时在重庆大饭店二楼宴会厅举行答谢宴会。

敬请光临

中国西部经贸洽谈会组委
2009年10月15日

训 练 题

1. ××公司成立,请写一封贺信表示祝贺。
2. 你的同学×××被美国××××大学录取,请写一封信表示祝贺。
3. 新年之际,以上级的身份写一封慰问信向下属各公司的员工进行慰问。
4. 以下是一封感谢信,请将不适合的地方进行修改。

感 谢 信

南通市××中学初一(1)班同学：

感谢你们对南通市红十字会组织地"接受抗击非典型肺炎捐款活动"地大力支持。

"非典"疫情爆发后,党中央、国务院和地方和各级党委、政府得到了一定地遏制。在抗击"非典"地斗争中,举国上下,同舟共济,众志成城,涌现出很多可歌可泣地感人事迹。但是,防治"非典"的任务仍十分艰巨,责任十分重大。收治"非典"病人所需大量专用医疗设备,"非典"病人的昂贵治疗费用,大规模环境消毒所需经费,均存在大量缺口。

面对"非典"病魔与人类的较量;面对疫情对人类意志、智慧、情感和道德的考验,你们伸出了援助之手,向奋战在抗击"非典"一线的医护工作者及那些"非典"病魔折磨的高危人群,献出了无私爱心,尽己所能,捐献款物,帮助政府共渡难关,为抗击"非典"作出了贡献。

压力能凝聚空前的力量,灾难会催生伟大的品格。朋友们：让我们团结一致,同舟共济,用事实向世界再次表明：中华民族是不可战胜的!

对你们的高尚行为,再次致以诚挚的谢意!

南通市红十字会
2003年5月22日

第十六章　致辞性礼仪文书

致辞的运用在我们的生活中比比皆是。各种聚会、庆典、节日、婚礼、生日等等都离不开致辞。生活中的每个人都可能是致辞者。而致辞是一种语言艺术,因此掌握致辞用语非常重要。

第一节　致辞性礼仪文书的特点

一、恭敬性

致辞往往都是对别人的喜庆日子或喜事表示良好的祝颂,致辞的语言更加注重表达时的恭敬。无论是婚礼还是祝寿,是庆典还是聚会,良好的祝愿就体现在短短的致辞之中,热情洋溢的致辞会带给对方幸福和安慰。因此,致辞在写作中要注意运用一些恭敬性语气,比如婚礼致辞有"诸位嘉宾的光临带来祥云瑞气,给新婚喜宴增光添彩,蓬荜增辉",聚会致辞有"承蒙×××提供机会(场地),衷心感谢",生日祝寿有"对前来祝寿的各位亲朋好友表示深深谢意"、"祝福、禄、寿三星高照,吉祥如意。"等等。

二、真挚性

致辞作为一种礼仪,是人们之间表达情感的方式。这时的情感往往是友谊、友情、亲情,表达的应是一份真挚感情。朋友相聚,悠悠岁月,几多感慨,几多悲喜;祝福生日,亲戚朋友,良好祝愿;婚礼喜庆,亲朋好友,八方来宾,更是热烈而衷心的祝福;而公务会议上的欢迎词、开幕词则要表达出既庄重又热情的气氛。总之,致辞在这种种场合,表达的是真情、挚爱。

三、精练性

致辞也是一种高超的语言艺术。因为致辞的场合有时间的限制,致辞的内容有情感的要求,所以,一篇好的致辞应是语言精练,情感丰富,热情洋溢。致辞在不同场合表达的方式和内容各有不同,篇幅的长短也有区别。现代婚礼致辞无固定格式,通常是先向来宾问候、介绍新人,送上祝福语;生日致辞也无固定格式,一般因人而异,根据祝福对象的年龄差别和不同的身份,相应的送上祝福语即可。而会议庆典致辞要根据不同的庆典内容而定,欢迎词要扼要、得体且精致,表现出亲切和平易;开幕词要紧扣会议的主旨,语言精练而又突出主题;节日致辞有时是政府对公众的慰问和祝福,还伴随着一定的思想号召,在语言上更需要精确性。

第二节　致辞性文书的格式

一、标题与署名

在正文的上方写致辞的标题,如欢迎词、开幕词、贺词等,有时前面加上署名,如"××××大会开幕词","×××致欢迎词","××节致辞"。

二、称谓

称谓要有敬辞并写全称。如"尊敬的×××部长阁下","亲爱的×××先生","尊敬的女士们、先生们"等,对于来自不同方面的来宾,称谓也要照顾到。

三、正文结构

正文表达：第一,开头要表示祝贺、欢迎、感谢之类的话。第二,表达或赞颂双方的交往、友谊、会议的意义和议题。第三,最后表示良好的祝愿和希望。第四,结尾再一次表示祝贺、欢迎、感谢,表述祝愿、希望及共勉之类的话。

最后,正文右下方署名,署名下一行标明日期。

四、写作要求

致辞的种类较多,在写作上总体要注意以下几方面：
1. 称谓要恭敬和全称。
2. 正文结构注意层次性。
3. 语言和篇幅要简练。
4. 内容表达的情感要真诚、真挚。

第三节　开幕词、闭幕词的写作

一、开幕词、闭幕词的联系与区别

开幕词与闭幕词都是在隆重大会举行时所作的致辞。它们简要的代表其组织发表热情友好致意的言辞,都与会议内容有紧密联系,致辞中对会议主旨和精神能够有所体现。写作格式也基本相同。

它们的区别在于开幕词有为会议确定议题、奠定基调的作用,常常对会议提出希望和要求。闭幕词往往对大会经验进行总结,有时对大会所解决的问题进行评价,对贯彻大会精神提出希望和要求。

二、开幕词的写作

1. 标题
（1）会议全称＋开幕词,如"《中国共产党第十二次全国人民代表大会开幕词》"

(2) 领导人姓名＋会议名称＋开幕词,如"毛主席在中国人民政协第一届会议上开幕词"

(3) 正、副标题结合的形式,如《我们的文学应该站在世界的前列——中国作家协会第四次会员代表大会开幕词》

2. 称谓

一般根据会议的性质及与会者的身份确定称谓,如"同志们"、"各位代表、各位来宾"、"女士们、先生们"等,如有特邀嘉宾,可先称"尊敬的××先生,各位代表、朋友们"。

3. 正文

包括开头,主体和结尾三部分:

(1) 开头部分。一般开门见山地宣布会议开幕。也可以对会议的规模及与会者的身份等作简要介绍,如"参加这次大会的代表有×××人,其中有来自……",并对会议的召开及对与会人员表示祝贺。需要说明的是,开头部分即使只有一句话,也要单独列为一个自然段,将其与主体部分分开。

(2) 主体部分。这是开幕词的核心部分。通常包括三项内容:

第一,阐明会议的意义,通过对以往工作情况的概括总结,和对当前形势的分析,说明会议是在什么形势下,为了解决什么问题和达到什么目的召开的;

第二,阐明会议的指导思想,提出大会任务,说明会议主要议程和安排;

第三,为保证会议顺利举行,向与会者提出会议的要求。

(3) 结尾部分。提出会议任务、要求和希望。

结语:开幕词的结束语要简短、有力,并要有号召性和鼓动性。写法上常以呼告语领起一段,用"预祝大会圆满成功"作结,也可以提出带有鼓动性的口号。

三、闭幕词的写作

闭幕词是在会议结束时,致辞人代表组织所发表的热情友好,带有总结性的致辞。

1. 标题

与开幕词的标题构成形式基本一样,一般由事由和文种构成,如《中国共产党第十二次全国代表大会闭幕词》;有的只写文种,以"闭幕词"作为标题;也有的由致词人、事由和文种构成,其形式是《×××同志在××××会议上的闭幕词》。

2. 称谓。

根据会议性质及与会者的身份来确定称谓,如"同志们"、"各位代表"等。

3. 正文

包括开头、主体和结尾三部分:

(1) 开头。简要说明大会经过,是否圆满完成了预定的任务。

(2) 主体。对大会进行概括总结。

(3) 结尾。对保证大会顺利进行的有关单位及服务人员表示感谢。

结束语:宣布会议结束,通常只有一句话:"现在,我宣布,××××大会闭幕。"

第四节 欢迎词、欢送词、答谢词的写作

一、欢迎词、欢送词、答谢词的涵义

欢迎词是在接待迎送宾客的欢迎仪式或宴会上对来宾光临表示欢迎的致辞。欢迎词根据欢迎场合的不同而略有变化。在来宾刚刚到达机场、码头、车站时,由于环境和宾客心理缘故,欢迎词篇幅要短,内容简要。而在欢迎仪式上所致的欢迎词,由于时间较从容,篇幅可以长一些,内容也可略微丰富一些。如是宴会还可增加祝酒的内容。

欢送词是在接待迎送宾客结束时,在欢送仪式或宴会上对其离去表示友情欢送的致辞。欢送词与欢迎词除应用的时间、场合不同,并无实质性区别。但一定要注意了解宾客来访期间的活动情况,签订了哪些协议,有哪些方面的合作,哪些问题形成共识等。这样,欢送词才有针对性内容。

答谢词是宾客对于主人的热情接待,在仪式或宴会上表示感谢的讲话。能交流主客之间的感情,以达到相互尊重,友好相处,以诚相待的目的。答谢词要求语言生动,感情真挚、热情、有礼貌。

二、欢迎词的写作

1. 标题

第一行正中写标题,字体略大,可写"欢迎词"三个字或写"×××在欢迎×××会上的讲话"。

2. 称谓

第二行顶格写称谓。称谓要有敬词并写全称。"尊敬的×××总理阁下"、"亲爱的×××先生"、"尊敬的×××董事长先生"等。对不同方面的来宾,称谓也要照顾到。

3. 正文

正文要表达三层意思:① 开头向出席者表示热烈的欢迎,诚挚的问候和致意。② 概括以往取得的成就以及变化和发展,也可回顾双方之间的交往和友谊,赞扬之间的友好合作,并展望未来。③ 表示良好的祝愿和希望。

4. 结尾

再一次对客人表示热烈的欢迎和良好的祝愿。

5. 署名、日期

正文右下方署名,署名下一行标明日期。如标题上有署名,可不必在文后署名。

三、欢送词的写作

欢送词的写作格式基本同于欢迎词,只是正文部分要简练一些。

四、答谢词的写作

答谢词的写作格式与欢迎词、欢送词基本相同,只是在正文内容上,首先对对方致以衷心的感谢,然后对对方的成就和双方的友谊表示赞颂,结尾提出自己的希望和良好的

祝愿。

[例文1]

在尼克松总统的答谢宴会上周恩来总理的欢送词

尼克松总统先生，尼克松夫人，

女士们，先生们，

同志们，朋友们：

首先，愿以所有在座的中国同事们和我本人的名义，感谢尼克松总统和夫人邀请我们参加宴会。

总统先生一行明天就要离开北京，前往中国南方参观访问。在过去几天里，总统先生会见了毛泽东主席，我们双方举行了多次会谈，就中美两国关系正常化和关心的问题交换了意见。我们双方之间有着巨大的原则分歧，经过认真、坦率的讨论，使彼此的立场和主张有了更清楚的了解，这对双方都是有益的。

时代在前进，世界在变化。我们深信，人民的力量是强大的，不管历史的发展会有什么曲折反复，世界的总趋势肯定是走向光明而不是走向黑暗。

增进中美两国人民之间的了解和友谊，促进中美两国关系的正常化，这是中美两国人民的共同愿望。中国政府和中国人民将坚定不渝地为实现这一目标而努力。现在，我提议：

为伟大的美国人民，

为伟大的中国人民，为中美两国人民的友谊，

为尼克松总统和夫人的健康，

为在座的其他美国客人们的健康，

干杯！

[例文2]

在云南省青年联合会宴会上的欢迎词

各位来宾，女士们、先生们、朋友们：

晚上好！

在中华民族传统中秋佳节即将来临之际，我们满怀喜悦的心情，与台湾同胞在风光秀丽的滇池之畔，济济一堂，品茗言欢，共话中华民族的美好未来。借此机会，我谨代表云南省青年联合会向各位来宾，尤其是向来自海峡彼岸的台湾青年朋友表示热烈的欢迎！

神奇美丽的云南，历史悠久，具有得天独厚的自然资源和独具魅力的文化资源，可以说是人文荟萃，人杰地灵。长期以来，云南和台湾在经济、文化、科技等各个领域的交流与合作，一直保持着蓬勃旺盛的发展势头。云南承办第五届海峡两岸青年中秋联欢活动，是中华全国青年联合会对我们的信任和鼓励，也是对我省青年工作的有力促进。第五届海峡两岸青年中秋联欢活动的举办，必将进一步促进两岸青年之间的相互了解，相互学习，增进友谊，加强团结。

两岸同胞情同手足，休戚与共。让我们海峡两岸青年团结起来，为中华民族的美好明

天,携手并肩,共创辉煌!

  现在,我提议:为这次活动的圆满成功,为各位来宾的身体健康,干杯!

2004 年 9 月 22 日

[例文 3]

广州亚运会闭幕词

  尊敬的国务委员刘延东女士,亚奥理事会、各国地区奥委会及国际奥委会的各位同事,女士们,先生们,朋友们:

  今晚,第 16 届亚运会即将圆满落幕,在过去的 16 天里,我们共同度过了许多激动人心的时刻,这是一届精彩绝伦的亚运会,她将永远成为亚运会历史上的宝贵财富,共同珍藏于你我心中,美丽的花城广州现在成为体育与和平的城市。

  首先,请允许我向中国政府和人民以及来自亚洲和世界各地的朋友们表示感谢。有了你们的支持,才有了亚运会的圆满成功。亚运会期间,来自亚洲 45 个国家和地区的 10 000 多名体育健儿在 53 个赏心悦目的场馆里,演绎了亚洲奥林匹克运动的最高水平,他们无疑是推动奥林匹克运动在亚洲发展的最佳使者。

  感谢所有的运动员、技术官员、随队官员及所有的参会人员,你们的卓越才能、出色表现以及对运动事业的热忱令人赞叹,你们的体育风尚、团队精神令人振奋,让我们相信凡事皆有可能,希望你们回国以后,让亚运精神,让友谊、宽容和理解的信念在亚洲辽阔的大地上生生不息、永久长存。

  感谢 60 000 多名赛事志愿者,亚运会的成功离不开你们辛勤的汗水、无私的奉献和甜蜜的微笑,我代表亚洲奥林匹克大家庭对你们表示衷心感谢。感谢国内外媒体和记者,亚运会是世界上仅次于奥运会的重大体育赛事,媒体在亚运会上发挥了举足轻重的作用,感谢你们对亚运会的关注和辛勤报道,你们通过电视、广播、报纸、杂志、互联网和其他各种信息媒介,将精彩赛事带到各个角落。

  亚运会动人的故事、难忘的瞬间通过你们传播到亚洲各国和世界各地,我们期待未来继续得到你们的支持。

  这是一届高水平、有特色的亚运会,举办如此重大的赛事需要巨大的决心、不懈的努力和精心的准备。在此,我衷心祝贺广州人民的筹备工作取得了圆满的成功。今天,广州亚运会就要闭幕了,我号召全亚洲的年轻人和运动员们 2014 年相聚韩国仁川第 17 届亚运会,再续辉煌,谢谢大家。

2010 年 11 月 27 日

[例文 4]

中艺华海"三亚"会议开幕词
董事长 金 华

各位董事、各位股东、各位同志:

  中艺华海进出口有限公司一届五次董事会、监事会、股东会今天开幕了。

  本次会议的主要任务是:"总结经验、展望未来、开拓创新、共谋发展。"这是在 2003 年完成多元化改造以后,最盛大的一次会议,不但全体股东、全体董事、全体监事参加,又请了各部门主要负责人列席会议，目的是共同为华海的未来发展、献计献策。

大家知道，2005年我们公司发生了很大变化，如完成华海增资扩股；南海"3.12"经营决策发展战略高层会议；珠海十周年庆典；华海新的增资方案报批；南通新春答谢联谊会等活动；企业内部实施人性化管理；公司实施"走出去"发展战略也初见成效，华海继续得到较快发展；公司经营规模和经济效益创历史最高水平。

此次选择来三亚开会因正值一年四季最美好的季节——春天，也是我们华海发展的关键时期——青春期，预示着我们华海新的春天来临！我衷心感谢各位董事、各位股东和公司的全体同仁，对公司的理解、关爱、信任和支持，是你们造就了美好华海的现实。在这里，还要特别提及的是王建清总经理，正是由于他带领公司员工忠诚地执行了南海"3.12"会议精神，稳中求进、理智决策、以经济效益为中心，才会有我们今天这样一个灿烂美好的春天！

开会是为了更好的统一思想，统一认识，统一决策，统一行动，孕化积极和谐，争取新的胜利。如我们党的西柏坡会议，在由创立国制向建设国家的转换关头，科学分析形势，正确决定以新的观念、机制和作风，及时地指引全党和全国人民把工作重点、思维和精力转向了开展全面建设和发展的新阶段，成为具有伟大历史意义的会议。

我们华海公司，历经十年磨炼，从面临着由找配额求生存，转化为集中精力用好国家现有政策求发展；由开拓新业务、新市场找出路，转化为齐心协力稳步经营创宏业；由艰难探索保企业，转化为同德同心同奋斗，向具有中等规模企业发展的历史性时期。我们更应真诚为公，学习革命前辈的精神、情操和真知灼见，以科学发展观为指南，把此次会议开成一个具有历史意义的华海三亚会议，为公司全面、协调、稳定、可持续发展制定正确的方略和科学举措，适应时代要求和市场经济发展需要，以全体股东及职工利益为前提，求稳、求实、求强，为国家做出更大贡献！

我们务必要保持和发扬谦虚谨慎、戒骄戒躁、艰苦奋斗、居安思危的优良传统和作风，保持冷静的头脑去思考，保持更加谨慎的态度去工作，认真总结华海这些年发展的成功经验，更要从理性的高度总结我们的教训。只有这样，才能使我们前进有方向、奋斗有目标、集体有力量，才能在新的形势下不断发展，才能带领华海全体同仁为实现华海的发展战略目标，去夺取新的更大进步！

各位董事、各位股东、各位同仁，决策华海发展战略规划，净化经营理念，强化经营机制和优化管理举措，创造华海美好未来，是我们责无旁贷的历史重任。抓住千载难逢的大好时机，把握和驾驭华海的前途命运，发展华海事业是我们的共同心愿。我认为我们完全有能力、有信心去实现企业发展战略目标，去履行责任、圆满心愿，因为我们具备：

第一，有品德优良、懂业务、肯吃苦、高素质的华海高层领导集体和优秀的华海团队；

第二，有十多年积累起来的创立华海、建设华海的丰富经验；

第三，有实业、有设施、有渠道、有市场、有朋友等良好发展基础；

第四，有国家部委、地方各级政府的支持，还有通过多年合作建立起来的国内外银行可值得信赖的新型银企关系；

第五，有通过多年共同培育的良好企业形象和很好的企业影响力。

相信充分运用以上条件，以人为本，一定能优化经营、健康前进、持续发展，成功必将属于我们华海人。

我真诚地希望继续贯彻南海"3.12"会议精神,切实抓好以效益为中心和以财务管理为核心的各项管理工作,争取2006年全面丰收;同时充分利用好新加坡的政府资源、政策资源、环境资源、银行资源、人力资源和石油市场资源,加快华海新的发展步伐,不断创新,促进华海早日走向国际;要全面提升华海人的综合素质和经营管理的质量,加强对各关联企业的目标管理,做到高创收、低成本和无重大责任事故。我坚信,本次会议后,我们华海人将更加团结,目标更加明确,更能共同把华海事业推向新的成功,创建以石油贸易为龙头,以实业为基础,国内外贸易有机兼容的中等规模的国际性石油公司的美好愿景,一定能够实现!

最后,我希望我们这次会议能开成一个高效、交心、和谐、温馨,有利再战,夺取新胜利的会议!并预祝会议圆满成功!也祝大家身体健康,事业兴旺,家庭幸福!

2006年2月25日
于三亚喜来登度假酒店

第五节 贺词、悼词的写作

一、贺词、悼词的区别

贺词是在喜庆的仪式或场合下,表示友好、祝贺的话。贺词要表示出友好和热情,并且感情真挚,给人以鼓舞。悼词是由领导代表组织在追悼会上缅怀、悼念逝者,对逝者表示哀悼、敬意的专用文体。我国古代就有祭文、吊文、诔文、哀辞一类的哀祭文体,其中祭文和诔文属于宣读性悼词,吊文和哀辞则属于书面体悼词。现代悼词一般也都是力叙死者生平,表彰其业绩并致哀悼,但目的是为了化悲痛为力量,更好地勉励生者去学习、工作。它对后人有激励、鞭策的积极作用。

二、贺词的写作

贺词的写作与贺信在写法上基本一致,要求文字简练,语言朴素,不空喊口号,不夸大其词。贺词有一些常用的经典的词句,可以借鉴用之。(见附录)

三、悼词的写作

1. 标题

一般写"悼词"二字即可,也可以写为"在×××同志追悼大会上的讲话"、"×××悼词"或"悼×××"。题下正中写作者的姓名。

2. 正文

正文是悼词的主体部分。开头,写大家怀着悲痛的心情悼念什么人,然后以沉痛的语气介绍死者的生前身份、职务、职称、称呼等,逝世的具体时间、地点、原因、享年多少岁。简要说明死者的籍贯、出身,依时间顺序追叙死者的生平。重点写死者一生的主要贡献、功绩、荣誉,称颂其高贵品格。最后,写追悼者对死者的总体评价。结尾用感叹一类的词语寄托哀悼、追念之情。可用"×××安息吧"、"×××同志精神永存"、"×××同志永垂不朽"等祈词结束全文。

3. 日期

可注在标题正文下,加括号;也可正文后右下方。

最后注意:写追悼词在语言上要忌浮华,重稳妥且情深意厚。

[例文1]

重庆大学网络教育学院2003年秋季新生开学典礼贺词

值此重庆大学网络教育学院2003年秋季新生开学典礼之际,我谨代表中国人民大学网络教育学院向李海拉院长及重大网院全体师生表示热烈、诚挚的祝贺!

中国人民大学网络教育学院院长　顾宗连
2003年11月29日

[例文2]

APEC中小企业技术交流暨展览会贺词

值此第三届APEC中小企业技术交流暨展览会隆重开幕之际,我谨向大会表示热烈的祝贺,向与会的APEC成员体代表和各界朋友致以诚挚的问候。

中小企业在推动经济增长、扩大劳动就业和促进社会发展等方面发挥着越来越重要的作用,日益受到国际社会的重视。APEC作为当今世界最大的区域经济合作组织之一,一直把促进中小企业合作与发展作为重要工作议题。第三届APEC中小企业技术交流暨展览会秉承前两届的成功经验,凭借各成员体的认同和信任,将进一步加强交流,增进友谊,为促进APEC成员体中小企业合作与发展构筑新的平台,做出新的贡献。

祝第三届APEC中小企业技术交流暨展览会圆满成功!

中华人民共和国国务院副总理　曾培炎
2004年6月2日

[例文3]

第七届国际汉语讨论会贺词

值此第七届国际汉语讨论会召开之际,表示祝贺!加强和改进汉语教学与研究,对于弘扬交流中华文化,增进中国与世界各国人民的了解和友谊,具有重要意义。希望通过这次会议,进一步加强国际汉语教学与研究,扩大汉语教学研究领域的交流与合作。

李岚清
2002年7月31日

[例文4]

萧三同志追悼会悼词

1983年2月4日9时55分,中国共产党优秀党员萧三同志与世长辞了。我们党失去了一位老一代的无产阶级革命家,一位杰出的无产阶级文化战士,国际著名诗人,一位为中国革命、为保卫世界和平和促进各国人民的友谊和文化交流做出了积极贡献的政治活动家和国际活动家。此刻,我们的心情非常沉重和悲痛。

萧三同志1896年10月10日生于湖南省湘乡县萧家冲。少年时代，他曾和毛泽东同志在湘乡县东山小学同学，之后一起在长沙湖南第一师范求学。他和毛泽东、蔡和森等同志一起创建了"新民学会"，并为毛泽东同志主办的《湘江评论》撰稿。此后，他参加了"五四"运动。1920年加入了赵世炎、周恩来等同志组织的"少年共产党"（即"社会主义青年团"）。1922年他经胡志明同志介绍和王若飞等五位同志加入法国共产党，同年转入中国共产党，协助陈乔年、邓小平等同志出版刊物《少年》，1923年到莫斯科东方劳动者共产主义大学学习。1924年夏回国。曾任共青团湖南省委书记、中共湖南省委委员、中共张家口地委书记、共青团中央组织部部长和代理书记等职，1927年出席中国共产党第五次全国代表大会，1945年出席党的第七次全国代表大会。全国解放后，先后出席了第一、第二、第五届全国政治协商会议和第一、第二届全国人民代表大会，并当选为第五届全国政协常委。

萧三同志对中国无产阶级文艺运动和世界各国人民的斗争以及文化交流事业做出了重要贡献，1928年在莫斯科期间，就开始从事文学活动。1934年他出席了苏联作家第一次代表大会，会见了高尔基，并代表中国左翼作家联盟作了大会发言。在苏联其间，他与鲁迅保持着亲密的通讯联系，并通过文艺作品向全世界介绍了中国的工农红军、土地革命及其领导人物，写了毛泽东、朱德等同志的传略，写了大量的诗歌、散文和一些小说、报告文学等作品，被译为俄、保、英、德、法、西、捷等多种文字，在国际上产生了广泛的影响。

萧三同志的作品，充满高度爱国主义和国际主义精神。由他主编的《革命烈士诗抄》及其续集，成为进行革命传统、革命理想和革命情操教育的宝贵教材。它的主要诗集有：《和平之歌》、《友谊之路》、《萧三诗选》、《伏枥集》等，俄文诗集《湘笛集》、《我们的命运是这样的》、《埃弥·萧诗集》、《萧三诗选》等。萧三同志是著名的文学翻译家，是广为流传的《国际歌》歌词的主要译者之一。

萧三同志对我国文学运动的贡献是多方面的，他长期担任文艺界各种领导职务，做了大量的工作。全国解放后历任中国文联委员、中国作协书记、顾问、作协外国文学委员会主任和国际笔会中心副会长等职，为我国文学事业的发展作了长期不懈的努力。

萧三同志又是一位著名的国际文化活动家和保卫世界和平的战士。他曾担任中华人民共和国文化部对外文化联络事务局局长等职，作为一位著名的文化战士和中国人民的和平使者，常年奔走于世界各地，出席历届保卫世界和平会议，访问过许多国家，两次出席亚非作家会议。

萧三同志一贯坚持马克思主义、毛泽东思想，坚持社会主义，时刻以普通党员的标准严格要求自己，尊重组织，关心群众。1962年他把自己主编的《革命烈士诗抄》全部编辑费上缴，1981年又把《萧三诗选》的全部稿费捐赠给四川灾区人民。

在十年动乱中，萧三同志受到林彪、江清、康生一伙的诬陷和迫害，被非法关押七年多，恢复自由以后，他虽然以八十高龄、体弱多病，但始终以老骥伏枥的精神顽强工作，还尽力参加各种社会活动。晚年，他写了大量的革命回忆录和诗歌。他在辛勤劳动和与疾病顽强斗争中走完了他生命的最后历程。

萧三同志是中国人民和我们党的忠实儿子，是世界进步人类的忠实朋友，他为中国人民的革命事业和人类的进步事业奋斗了一生，鞠躬尽瘁，献出了自己的一切。我们要学习他对敌斗争的顽强精神、一丝不苟的工作作风、热爱人民的高尚品质、严于律己的崇高精神。萧三同志永远是我们学习的榜样！

萧三同志和我们永别了，我们要化悲痛为力量，为把我国建设成为一个高度民主、高度文明的社会主义现代化国家，为开创我国社会主义文学事业的新局面，为促进中外文化交流，为发展同各国人民的友好事业和保卫世界和平，而努力奋斗！

附经典贺词

贺 新 婚

天作之合	心心相印	永结同心	相亲相爱	百年好合	永浴爱河	佳偶天成	宜室宜家
白头偕老							
百年琴瑟	百年偕老	花好月圆	福禄鸳鸯	天缘巧合	美满良缘	郎才女貌	瓜瓞延绵
情投意合							
夫唱妇随	珠联璧合	凤凰于飞	美满家园	琴瑟和鸣	相敬如宾	同德同心	如鼓琴瑟
花开并蒂							
缔结良缘	缘订三生	成家之始	鸳鸯璧合	文定吉祥	姻缘相配	白首成约	终身之盟
盟结良缘	许订终身						

贺 嫁 女

淑女于归	于归协吉	之子于归	百吉御之	凤卜归昌	祥呈凤律	燕燕于飞
适择佳婿	妙选东床	跨凤乘龙	乘龙快婿	蒂结同心		

祝男女寿

九如之颂	松柏常青	福如东海	寿比南山	南山献颂	日月长明	祝无量寿	鹤寿添寿
奉觞上寿							
海屋添寿	松林岁月	庆衍箕畴	蓬岛春风	寿城宏开	庆衍萱畴	天赐纯假	晋爵延龄
称觞祝假							

祝夫妻双寿

福禄双星	日年偕老	天上双星	双星并辉	松柏同春	华堂偕老	桃开连理	
鸿案齐眉	极婺联辉	鹤算同添	寿域同登	椿萱并茂	家中全福	天上双星	

贺 生 子

天赐石麟	啼试英声	石麟呈彩	弄璋徵喜	德门生辉	熊梦呈祥	
明珠入手	弄瓦徵祥	女界增辉	喜比嵩斯	辉增彩悦		

贺双生子

双芝竞秀	璧合联珠	玉树联芬	棠棣联辉	班联玉荀	花萼欣荣

贺新居落成

秀茁兰芽　玉笋呈祥　瓜瓞延祥　怡座腾欢　兰阶添喜　莺迁乔木　燕入高楼　玉笋呈祥
鸣凤栖梧　燕贺德邻　室接青云　堂构增辉　华厦开新　金玉满堂　新基鼎定　堂构更新
焕然一新

训 练 题

1. 南京××大学即将召开全校共青团第十次代表会，请为其拟写一份开幕词。
2. 写一份欢迎词，代表龙海贸易公司向前来洽谈贸易合作事宜的宾客表示欢迎。

主要参考书目

1. 叶黔达主编.应用写作.成都：四川人民出版社,1998
2. 王景科主编.大学应用文写作.济南：山东人民出版社,2007
3. 裴显生主编.写作学新稿.南京：江苏教育出版社,1987
4. 郜文斌,褚国刚主编.公务员实用写作.北京：中国人民大学出版社,1997
5. 欧阳周,彭小平编著.现代实用经济写作.长沙：中南工业大学出版社,1997
6. 徐中玉主编.应用文写作.北京：高等教育出版社,2000
7. 张德实主编.应用写作.北京：高等教育出版社,2003
8. 杨文丰主编.实用经济文书写作.北京：中国人民大学出版社,2004
9. 杨润辉主编.财经写作.北京：高等教育出版社,2001
10. 奚华主编.实用商务文书写作.北京：首都经济贸易大学出版社,2002
11. 胡明扬主编.财经专业写作.北京：中国人民大学出版社,2003
12. 程大荣主编.现代应用写作.杭州：浙江大学出版社,2002
13. 韩国海主编.现代应用写作教程.杭州：浙江大学出版社,2002
14. 余荩主编.文秘写作.杭州：浙江大学出版社,2001
15. 江少川主编.新编大学实用写作训练.北京：北京大学出版社,2004
16. 王桂森主编.最新实用公文规范与写作.济南：山东人民出版社,2001
17. 岳增亮主编.现代公文处理规程.济南：山东友谊出版社,2000
18. 余永祥主编.应用写作.长沙：湖南科学技术出版社,2000
19. 陈子典主编.应用文书写作.广州：暨南大学出版社,2003
20. 孙泽文主编.应用写作教程.汕头：汕头大学出版社,2004

后　记

　　本教材第一版是南京林业大学和南京人口学院两所学校的中文教师最早在 2004 年 7 月的酷暑之下编写的。其间虽经 2006 年 7 月的修改，但在教学过程中还是发现有许多不满意的地方，于是，2011 年春天，我们又利用教学之暇，对本教材做了修订。

　　第二版基本保留了原书的结构，全书还是分为四编：第一编党政公文的写作，鉴于《2012 年最新党政机关公文格式和条例》的发布，由杨安翔、陈蔚对该编进行了修订；第二编管理文书写作，由赵锁龙、董自厚、尚林三人负责修订；第三编职场文书写作，由陈蔚、杨安翔二位负责修订；第四编礼仪文书写作，由杨安翔、何琰负责修订。此外，缪军荣、卢振二位修订了绪论部分，最后，卢振、杨安翔、赵锁龙三人分别对全书进行了统稿。

　　我们对第一编的修订动作较大，不仅更换了一些旧的例文，而且对其中我们认为不妥的地方做了许多修正。第二编基本保持了原样，只是更改了一些例文和练习。第三编和第四编顺序上进行了调换，并将原来的"个体性应用文写作"改为"职场文书写作"。在这章中，增加了公示、倡议书和演讲稿，将申请书换成招聘启事。第四编除了将标题中"公关"去掉外，没有做大的改动。

　　这次修订改版，对我们编者来说，确实是花了一番工夫的。但是，错漏之处肯定难免，还请广大读者多提宝贵意见。

编者
2013 年 5 月 20 日于紫金山麓